股市逃顶技术图谱大全

庞　堃◎编著

中国铁道出版社有限公司
CHINA RAILWAY PUBLISHING HOUSE CO., LTD.

内 容 简 介

　　本书从逃顶的视角出发，为股民介绍了多种技术逃顶方法，以便帮助股民更好地判断股价顶部，顺利了结获利。书中的内容安排上以图解为主，文字为辅，知识点讲解过程中均使用一图展示、要点剖析、操盘精髓和分析实例的结构，深入地介绍了每个知识点的用法，以便读者能快速理解和掌握。

　　全书共 11 章，分为 3 个部分，包括技术逃顶准备部分、入门部分和进阶部分，既适合初入股市的股民和希望通过炒股实现理财的读者，也可以作为有一定经验的股民的参考了解用书。

图书在版编目（CIP）数据

股市逃顶技术图谱大全 / 庞堃编著 . —北京：中国
铁道出版社有限公司，2021.6
　ISBN 978-7-113-27651-5

　Ⅰ.①股… 　Ⅱ.①庞… 　Ⅲ.①股票投资 – 基本知识
Ⅳ.① F830.91

　中国版本图书馆 CIP 数据核字（2021）第 042360 号

书　　名：**股市逃顶技术图谱大全**
　　　　　GUSHI TAODING JISHU TUPU DAQUAN
作　　者：庞　堃

责任编辑：张亚慧　　编辑部电话：（010）51873035　　邮箱：lampard@vip.163.com
编辑助理：张秀文
封面设计：宿　萌
责任校对：苗　丹
责任印制：赵星辰

出版发行：中国铁道出版社有限公司（100054, 北京市西城区右安门西街 8 号）
印　　刷：三河市宏盛印务有限公司
版　　次：2021 年 6 月第 1 版　2021 年 6 月第 1 次印刷
开　　本：700 mm×1 000 mm 1/16　印张：19　字数：271 千
书　　号：ISBN 978-7-113-27651-5
定　　价：69.00 元

前 言

在股价最高的时候顺利卖出持股，获取最大利润，是每一个进入股市淘金的股民的终极理想。

但是，要想在变幻莫测的股市中精准地找到股价顶部谈何容易，一旦股民逃顶失败，轻则损失部分可能获得的收益，重则资金被套，陷入无尽的深套中。那么，股民应该如何逃顶呢？什么时候逃顶才更安全呢？

针对这一系列问题，笔者特地精心编写了本书。全书以逃顶的视角出发，为广大股民介绍多种逃顶方法和技术分析，以便股民能够顺利了结获利，顺利规避被套风险。

精彩内容

全书共11章，通过图解方式向读者展示了多种技术分析方法，并讲解具体的实战应用。

第 1 部分	**技术逃顶准备**（第1章） 本部分是准备篇，股民在正式学习逃顶技术之前需要对必要的逃顶相关知识有所了解。主要介绍了逃顶入门的股市周期理论、顶部形态认识、不同行情下的逃顶判断，以及根据周期制定不同的逃顶策略。
第 2 部分	**技术逃顶入门**（第2~7章） 本部分是技术逃顶的入门篇，主要介绍了炒股分析中比较常用的一些分析方法，包括K线组合分析、K线形态分析、MACD指标运用、辅助指标、股价运行通道、成交量与均线。
第 3 部分	**技术逃顶进阶**（第8~11章） 本部分是技术逃顶的进阶篇，也是股民提升能力的内容。主要包括筹码形态分析、股价背离现象、财务分析以及炒股仓位管理4个部分，以便帮助股民更从容、冷静地应对股价走势变化。

内容特点

书中介绍了多种逃顶技术分析方法，融入了丰富的图例，每种逃顶方法都配有一个股价实际走势案例，且案例中有充分的图标注说明，能帮助读者更直观地感受案例所要表达的内容，让读者更快地学会本书包含的知识。

一图展示
一张截图，充分展示当前知识点下的指标形态和其特点。

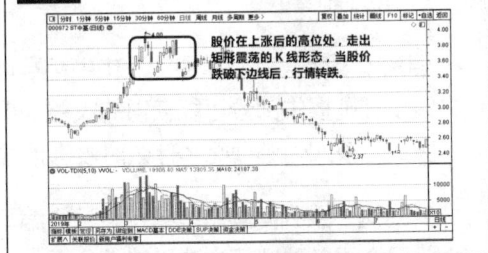

一图展示

股价在上涨后的高位处，走出矩形震荡的K线形态，当股价跌破下边线后，行情转跌。

要点剖析
简洁明了，摒弃模糊概念，直指当前知识点关键所在。

要点剖析

股价在上涨过程中是做多资金主导市场，但是随着盈利盘的涌出，股价出现频繁调整，当股价下降到某个点位时，做多资金积极买入，随着股价的持续上涨，盈利盘则继续卖出，双方就在各自认定的点位重复进行着买入卖出的动作，随着时间的延长，股价未能突破新高后，做多资金也开始信心不足，股价逐步见顶，不久将面临下跌。

分析实例
实战例证，用标准的、具体的实例介绍指标的运用。

分析实例 网宿科技（300017）高位震荡矩形的顶部形态

网宿科技2019年2~7月的走势如下图所示。

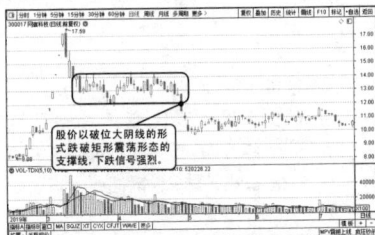

股价以破位大阴线的形式跌破矩形震荡形态的支撑线，下跌信号强烈。

图 网宿科技2019年2~7月的走势

读者对象

无论是初次接触炒股的读者还是有一定经验的股民，都可以从本书中了解股市、培养炒股技能，掌握更多的逃顶方法，从而更好地完成了结，获利离场。

编 者
2021年3月

目　录

第4章 技术逃顶入门——利用MACD指标逃顶.... 87

第5章 技术逃顶入门
——借助辅助指标做逃顶分析 115

第9章 技术逃顶进阶
——从背离现象中寻找逃顶信号 231

第 **1** 章
技术逃顶准备

掌握股市逃顶基础知识

　　A 股投资者在实战过程中最希望能够做到的两件事：一是抄底；二是逃顶。底部或许有迹可循，但顶部却往往难以琢磨。本章作为逃顶技术的第一部分，一起来回顾一下 A 股过去典型的牛市、熊市和震荡市行情，结合不同投资理念灵活运用逃顶的实战形态。

No.001　股市周期理论
No.002　顶的大小和级别
No.003　逃顶的实战形态
No.004　牛市行情的逃顶
No.005　熊市行情的逃顶
No.006　震荡行情的逃顶
No.007　长线投资的逃顶
No.008　中线投资的逃顶
......

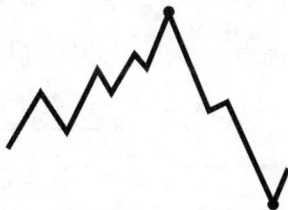

1.1 图解逃顶入门必备知识

　　所谓大道至简，在A股有一个最为简单却最难以运用的规律，即"涨多了就跌，跌多了就涨"。这个规律的背后是经济周期理论在股市中的体现，也是资本流动在股市中的体现。

No.001
股市周期理论

　　任何一个国家的经济发展都存在一个波动周期，任何一个行业的发展也存在一个波动周期。而股市作为经济的"晴雨表"，自然会受到经济周期的波动影响，才有了顶部。投资者要做的就是摸清经济周期与股市周期之间的时间关系和关联系数，在经济下滑之前逃离顶部。

一图展示

要点剖析

A股指数从创立至今的走势可以总结一个特点，波动性强。与美股动则数年甚至十年牛市相比，A股牛市的持续时间远远不及。因此，在A股这样的投资环境下，投资者要想做到成功逃顶，必须理解中国经济波动的周期、A股指数的周期。

No.002
顶的大小和级别

A股有"熊市不言底，牛市不言顶"的说法，投资者要想成功逃顶，必须先判断如果当前出现的高点是顶，那么是什么级别的顶？是上涨过程中的阶段小顶，还是成长性透支的中期顶，抑或是历史级别的大顶。

谨记，小顶可继续持有，中期顶要减仓，大顶要快跑！

一图展示

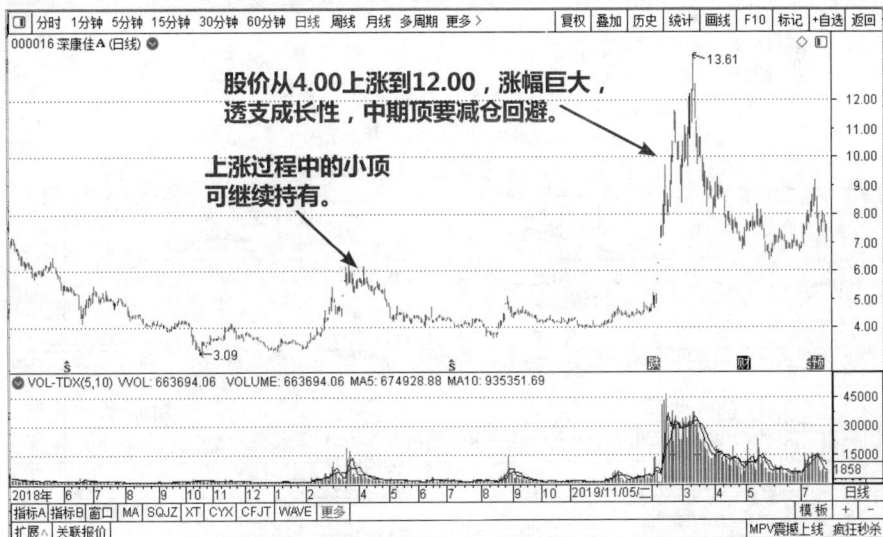

股价从4.00上涨到12.00，涨幅巨大，透支成长性，中期顶要减仓回避。

上涨过程中的小顶可继续持有。

要点剖析

如何判断顶的大小或者级别？最为简单的方法是观察其短期内的上涨幅度，根据大盘趋势不同可参考下面的数据。

大盘向上趋势良好的情况下，股价短期涨幅 10% ～ 50%，那么可能只是短期小顶，未来的阶段回调是买入机会；如果股价涨幅超过 100% 甚至更多，那么要防备出现中期顶，此时要和个股业绩进行对比，如果未来一段时间业绩增幅预期不佳，那么预示着透支了太多成长性，要减仓或离场。

大盘处于熊市或弱势震荡期，股价短期涨幅超过 10% ～ 30%，就要注意短期顶，而且弱势中的短期顶随时有转化为中期顶的可能。如果在熊市或弱势震荡环境下，股价短期涨幅超过 50% 甚至 100%，那么在未来很长一段时间可能都要回避这类股票。

实例分析 **深科技（000021）指数上涨趋势下遇到小顶**

深科技2020年1～7月的走势如下图所示。

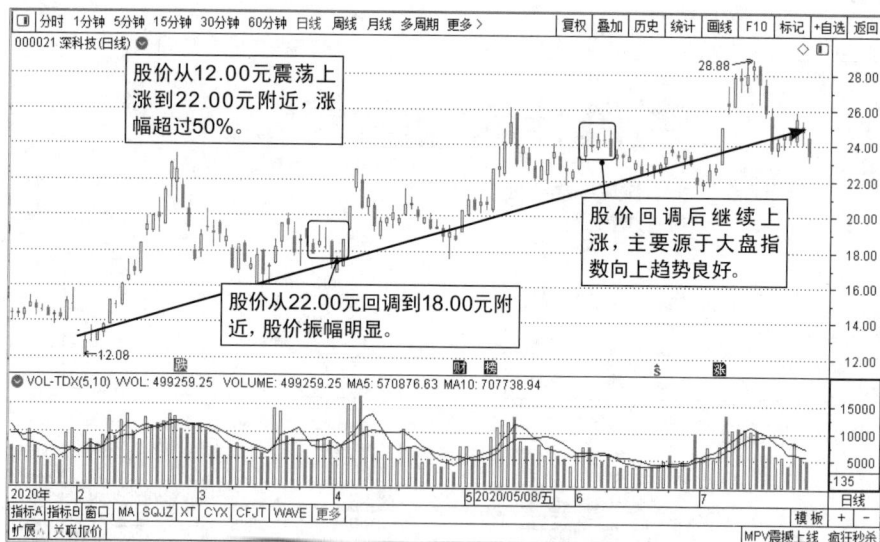

图　深科技2020年1～7月的走势

深科技的股价从2020年2月的12.00元左右，短期内迅速上涨到22.00元附近，短期涨幅超过50%，有出现短期小顶的可能。

但是对比同期的上证指数和深证指数来看，指数上涨趋势明显且向上空间巨大，因此可以判断，深科技股价短期见顶出现回调仍是买入机会，股价大概率在回调后还能继续回升。

从后市的表现来看，如果在深科技回调到18.00元附近继续加仓，把握买入机会，那么在后市上涨的过程中将获得更大的投资收益。

> **补充提示** *识别顶的其他方式*
>
> 在实战中，投资者还可以与股价前期的高点进行对比，如果股价在短期上涨过程中未能突破前期高点，那么确定为短期小顶的可能性较大。如果股价在上涨过程中连续突破前期的高点，且企业基本面改变不明显，那么就要注意形成大顶。

实例分析 深天马A（000050）弱势震荡环境下遇到中期顶

深天马A 2019年3月至2020年2月的走势如下图所示。

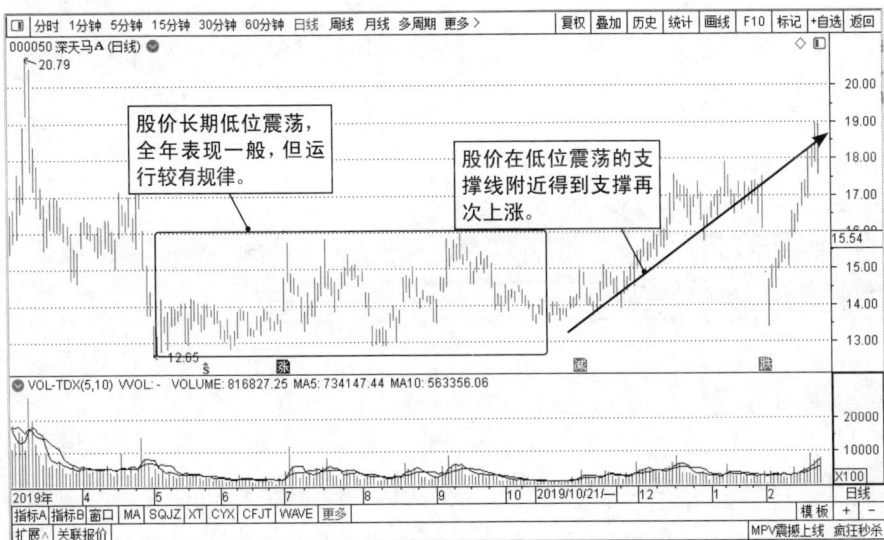

图 深天马A 2019年3月至2020年2月的走势

从上图可以看到，深天马A股价在2019年的整体表现较为一般，股价长期保持在13.00～16.00元的区间震荡。

而上证指数在2019年的表现也只能用弱势震荡来概括。在这样的大盘环境下，深天马A的股价在2019年11月左右，在低位震荡的支撑线附近得到支撑从而开始反弹，股价短期迅速上涨到19.00元附近，股价涨幅超过30%，甚至达到50%。

观察其基本面情况，深天马A所处的LCD行业仍处于下滑趋势中，受手机等电子产品出货量明显萎缩的影响，业绩预期情况并未改善，甚至处于恶化中。

综合大盘指数的表现以及其营收预期来看，短期近50%的股价涨幅大概率透支未来一段时间的成长性，很可能出现中期顶。

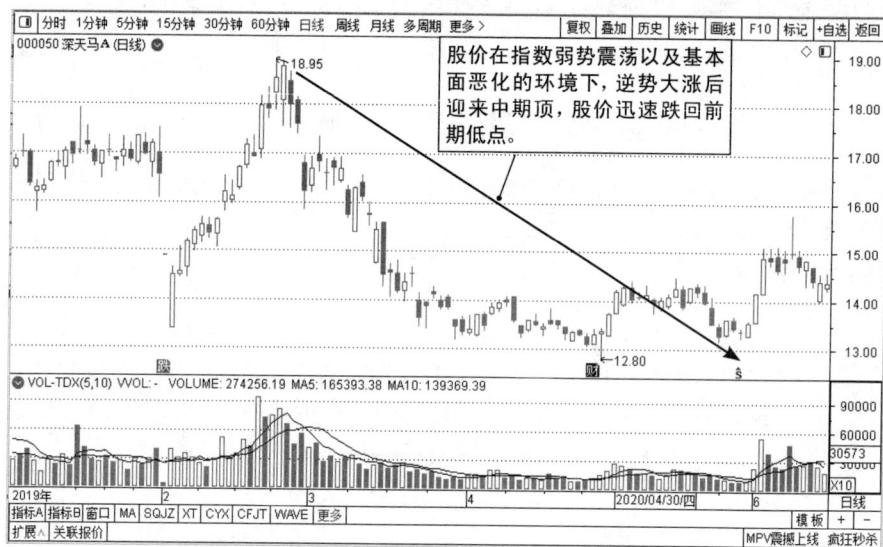

图　深天马A 2019年12月至2020年6月的走势

从上图可以看到，深天马A股价逆势上涨后很快就迎来了下跌，股价跌势凶猛，用了几乎一个月的时间，股价从19.00元跌回13.00元附近，如果投资者判断顶的大小和级别出现误差，将其误判为短期顶，那么很可能血本无归。

No.003
逃顶的实战形态

在 A 股市场，指数及股价的走势，表现为 K 线的形态，但其背后是资金的流动，是资金掌控者心态波动的表现。

一图展示

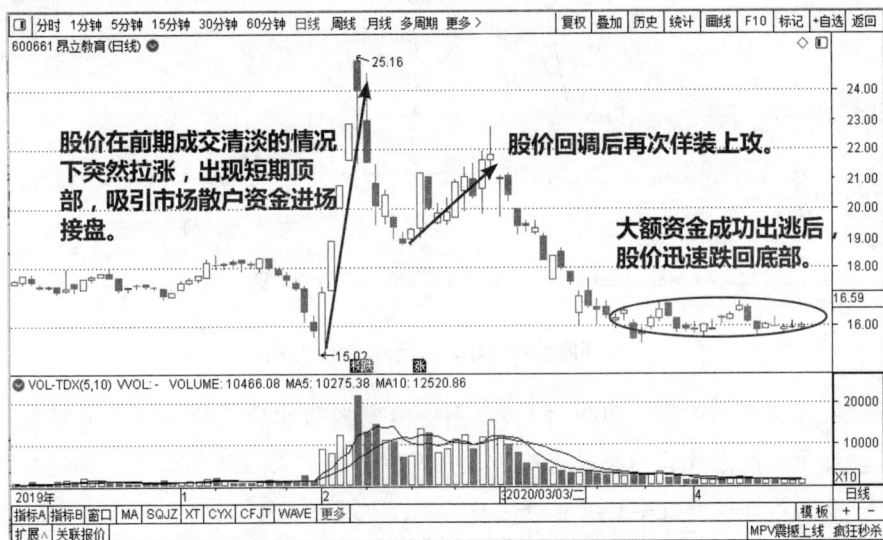

股价在前期成交清淡的情况下突然拉涨，出现短期顶部，吸引市场散户资金进场接盘。

股价回调后再次伴装上攻。

大额资金成功出逃后股价迅速跌回底部。

要点剖析

普通投资者或散户投资者作为 A 股市场中的"弱势"群体，因为信息不对称、专业度不够、投资心态不佳等多方面原因，很容易在市场中吃亏。面对市场突然出现的热点或"暴涨牛股"，投资者如果贸然追涨，往往十追九亏。

在实战过程中，出现的连续涨停大阳线甚至一字板，确实十分诱人，但投资者若在不了解的情况下贸然追入，后续将十分被动。通常建议投资者建立自己的股票池并持续跟踪。

实例分析 哈药股份（600664）实战中连续涨停的顶部形态

哈药股份2019年11月至2020年6月的走势如下图所示。

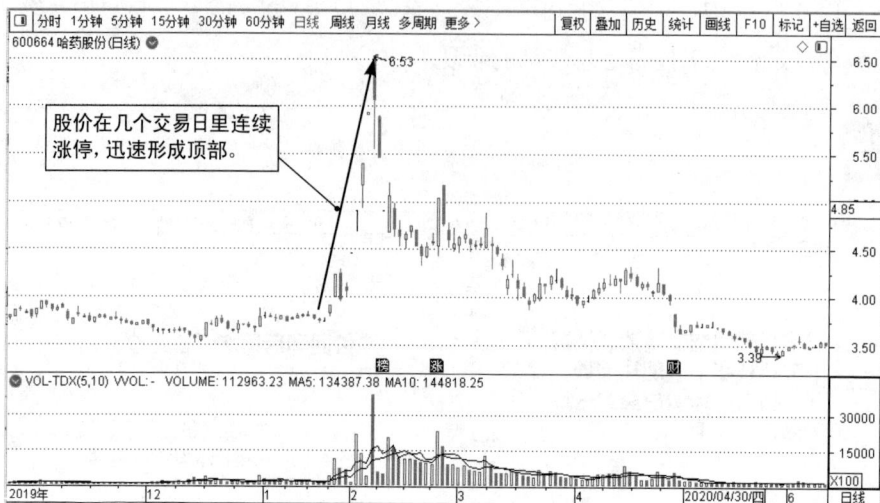

股价在几个交易日里连续涨停，迅速形成顶部。

图　哈药股份2019年11月至2020年6月的走势

从上图可以看到，2020年1月下旬，哈药股份出现了连续涨停的强势表现。对于不熟悉此股的投资者而言，在实战中一定要经得住诱惑，哪怕预判下一个交易日较大概率继续涨停的情况下，也要管住手。

因为对比同期的大盘指数来看，该股整体不具备强势上攻的基础。在这样的环境下形成的顶部形态，很容易套人。

仔细观察哈药股份的上涨过程，在最初两个交易日连续大阳线后，股价曾收出大阴线，跌幅达到6%左右，下一个交易日继续震荡。投资者如果在第二个大阳线时买入，将面临连续两个交易日的亏损。

在这两个交易日里，投资者如果接受不了亏损而选择止损，那么当股价在短期震荡后连续涨停时，往往会万分懊恼。投资者需要谨记，K线的形态其实是大额资金掌控者的心态波动，也是操作意图的投射。类似于哈药股份连续涨停而出现的顶部形态，尤其需要注意。

从后续走势来看，在2020年大盘指数整体表现不错的情况下，哈药股份股价连续走低，跌幅超过50%。

1.2 不同行情的逃顶判断

　　逃顶最为重要的是要判断当前整体大盘行情的情况，如果是牛市，那么是牛市初期还是中期，抑或是末期；如果是熊市，那么是熊市初期还是末期。不同行情不同阶段，对顶部的判断和逃顶的方法都有所不同。

No.004
牛市行情的逃顶

　　牛市行情的逃顶较为简单。首先要判断牛市处于哪个阶段。如果是牛市初期，那么也不存在逃顶，完全可以继续持有。如果是牛市中期，在没有更好的投资机会的情况下也可以继续持有。

一图展示

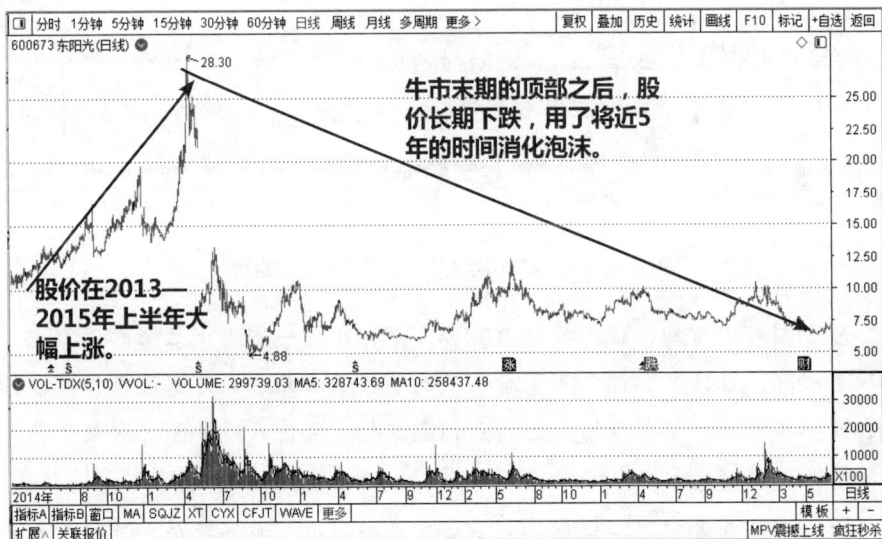

要点剖析

投资者需要注意的是，牛市后期的顶部，因为在经过牛市长期的上涨后，许多个股的股价已经存在或多或少的泡沫，这些泡沫可能需要很长时间进行"消化"，这个过程就是股价长期下跌的过程。

实例分析 川投能源（600674）牛市后期的顶部

川投能源2013年1月至2020年6月的走势如下图所示。

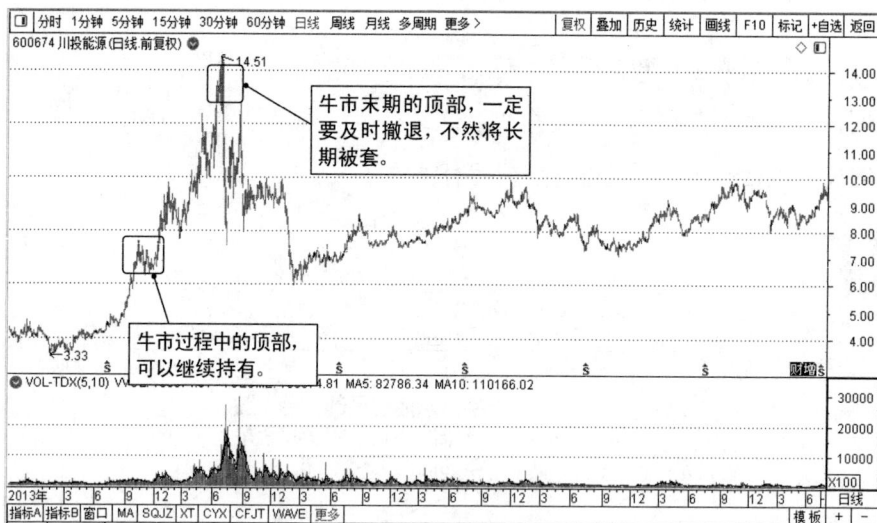

图 川投能源2013年1月至2020年6月的走势

从上图可以看到，在川投能源2013—2015年这一波牛市上涨的过程中，出现多次阶段性顶部，但牛市未结束，对于投资者而言均可以继续持有。但是在2015年以后，整个市场已经大面积泡沫化，股价表现早已经脱离了基本面的情况，股价严重泡沫化。

在这样的背景下，一旦见势不对应该及时撤退，哪怕是在跌停板上也要敢于减仓。从川投能源未来几年的走势来看，十分不乐观。川投能源主营的水力发电等业务，作为典型的传统行业，行业景气度不高，市场弱势时资金青睐度低得可怜，这样的环境下股价必然长期表现弱势。

补充提示 **一招判断牛市后期**

牛市后期的顶部必须提前逃离，要完全做到的前提是正确判断牛市已经处于末期。那么如何简单、快速地判断牛市是否处于后期呢？

通常来说，指数迭创新高，成交量必然随之攀升，如果某一个交易日里的市场交易量明显高于前期，出现天量之后还有天量的情况就需要注意。如果后市，交易量再出现持续的明显萎缩，那么指数大概率已经步入牛市后期。

No.005
熊市行情的逃顶

对于投资者而言，无论市场处于什么行情之下，其实都有赚钱的可能性，只是概率高低不同。对于熊市行情而言，市场中也仍有股票能走出不错的行情，但由于指数整体表现不佳，这些熊市里的"牛股"往往难以持续。

一图展示

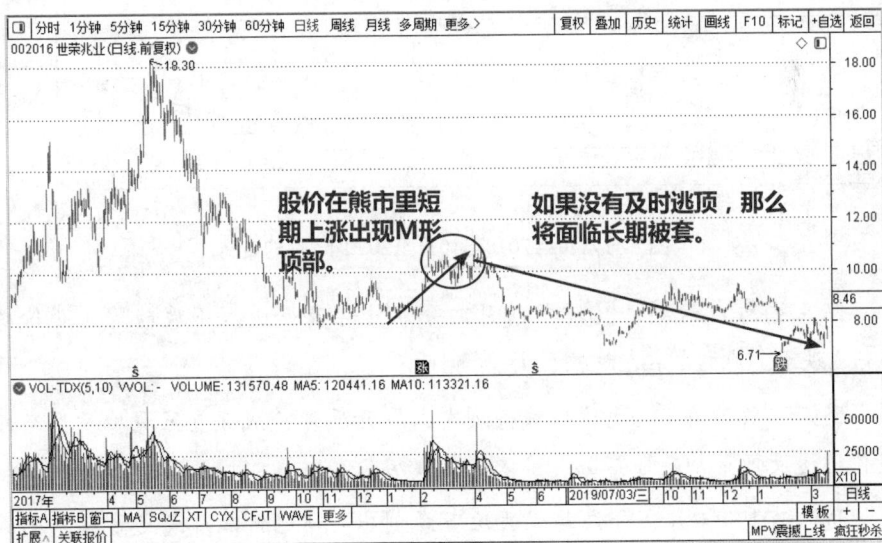

要点剖析

熊市里的顶部有一个较为明显的特征，即其上涨过程中的成交量很难超过前期牛市时的成交量。如果成交量能创出历史新高，那么股价的短期涨幅或许有较大的空间。

短期上涨过程中的成交量越小，顶部位置越低，股价涨幅越小。

实例分析 分众传媒（002027）熊市行情的顶部

分众传媒2018年10月至2020年1月的走势如下图所示。

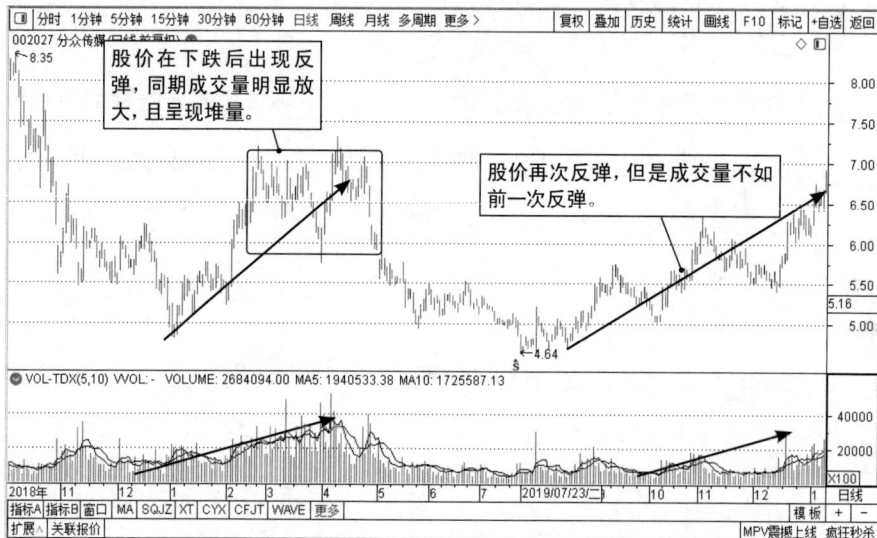

图　分众传媒2018年10月至2020年1月的走势

从上图可以看到，2018年10月，分众传媒开始进入下跌趋势，股价从8.35元跌至5.00元左右，跌幅巨大。

随后，股价在5.00元价位线得到支撑展开反弹，成交量呈现堆量形态，股价迅速反弹至7.00元左右。

进入2019年7月，分众传媒再次下跌创出4.64元新低，成交量也急剧萎缩。同期的A股市场处于震荡市与熊市更替的环境下。在指数表现较为弱势的情况下，分众传媒股价再次反弹，股价经过3个多月的上涨，再次回到7.00元附近。

但是，从上涨过程中的成交量来看，远远不如前期，同时叠加指数表现一般，意味着此次分众传媒的反弹空间十分有限。

下图所示为分众传媒2019年9月至2020年3月的走势。

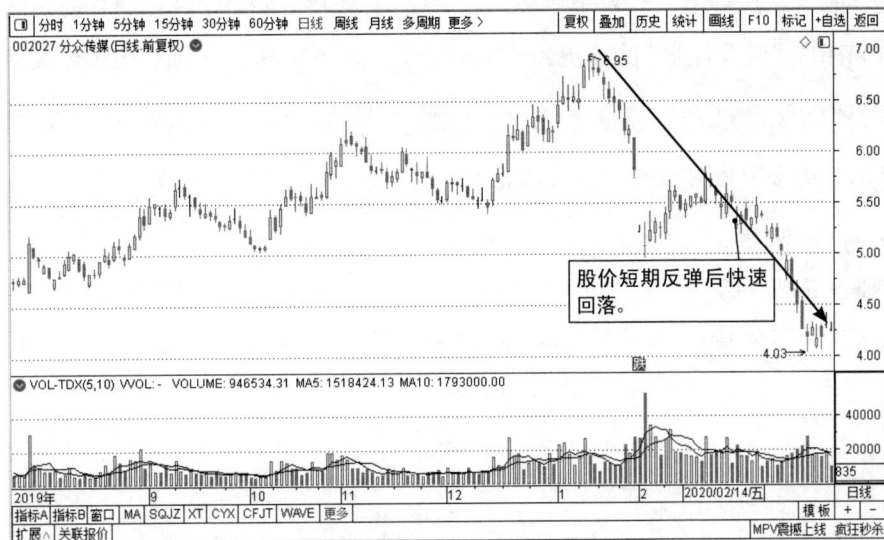

图　分众传媒2019年9月至2020年3月的走势

从分众传媒后续的走势来看，股价在短期反弹后迅速回落，甚至在连续8个交易日收出阴线后，再次出现大阴线和跌停，股价从7.00元附近迅速跌至4.00元，并再创新低。由此可见，即使是分众传媒这样的行业龙头，在熊市行情中也可以走出独立行情，股价的短期上涨大概率形成短期顶部，跟风买入或离场不及时的投资者往往成为被套的人。

补充提示 *指数处于熊市应如何操作？*

如果指数长期处于熊市行情下，而投资者又耐不住寂寞或是有强烈的投资需求，这种情况应该如何操作？

根据熊市不言底的历史经验以及市场资金掌控者的偏好，熊市行情下往往意味着经济的减速甚至衰退，这样的背景下必选消费行业往往成为各类公募基金、私募基金的基础配置，因此投资者可以在熊市中买入该行业股票进行长期持有。

No.006

震荡行情的逃顶

震荡行情下，赚钱效应两极分化较为严重。指数以及股价高频次、大波幅震荡时，对于专业投资者而言，是赚钱的良机，因为他们既是市场热点的追随者，也是创造者；对于普通投资者而言，面对指数和股价的震荡，往往容易出现"反复打脸"的情况，即买入就亏，亏了就止损，止损后股价就大涨。

震荡行情的顶最难琢磨，可以概括为"水无常形"。判断震荡行情下的顶部，更多要依靠投资者对市场的敏锐感，即盘感。

一图展示

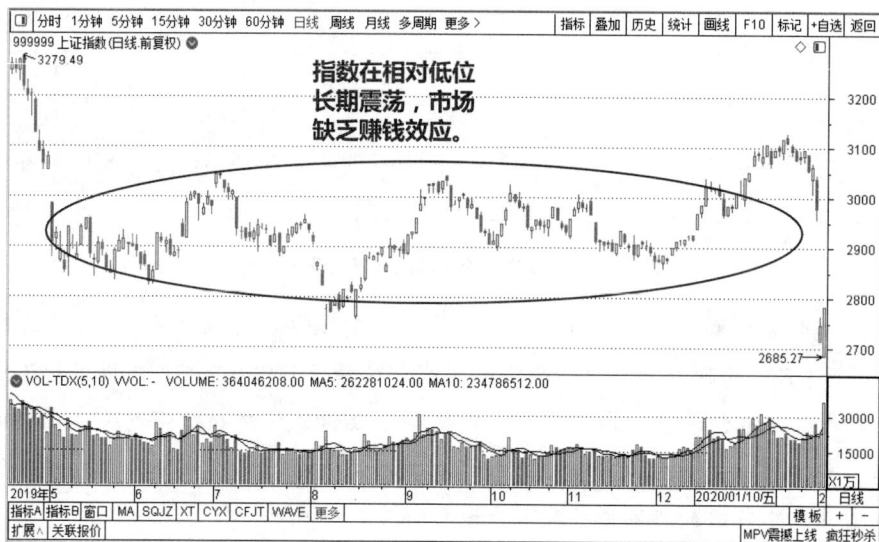

要点剖析

震荡行情下观察成交量的作用已经不是很明显，跟踪指数的意义也不是很大。因为指数是市场中所有资金情绪的综合体现，其多样性和复杂性决定了指数的震荡不太可能表示出明显的规律。

实例分析 湖南黄金（002155）震荡行情的顶部

湖南黄金2019年11月至2020年7月的走势如下图所示。

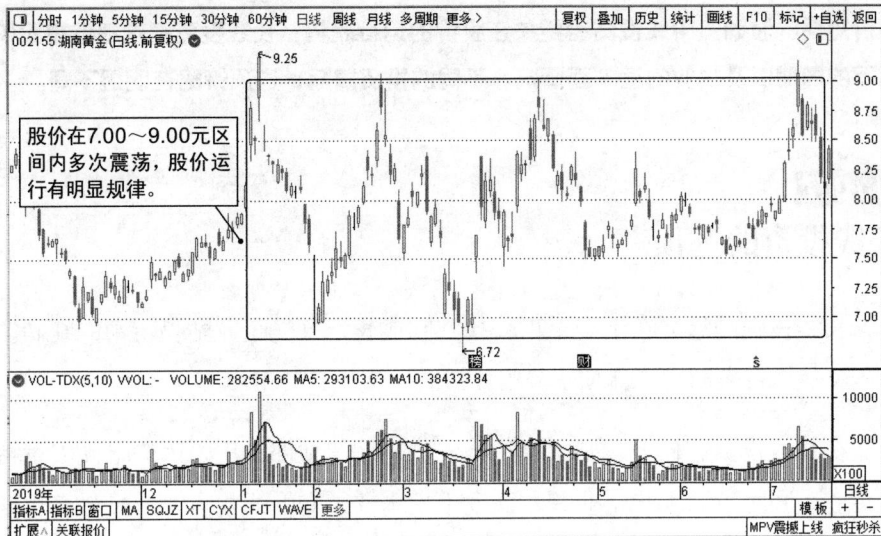

图 湖南黄金2019年11月至2020年7月的走势

从上图可以看到，2020年上半年，湖南黄金的股价表现波动十分剧烈。但与同期指数的震荡不同，湖南黄金股价上下波动有较为明显的规律。股价在2020年1月上涨到最高9.25元，随后快速下跌至7.00元附近，并在丝毫未做停留的情况下再次反弹，上攻到9.00元附近，至此9.00元附近形成上涨的压力线。一旦压力线形成，对投资者后续判断震荡行情中的顶部会十分有帮助。

补充提示 *股价震荡规律的使用细节*

如果股价开始呈现一定规律的震荡，那么这个规律能重复几次呢？通常来说，股价向上触碰压力线或向下寻求支撑的次数不会超过3次。在风云变幻的股票市场中，同一个套路使用次数过多往往就会失效。

1.3 根据投资周期确定逃顶策略

在 A 股市场中，不同的投资者有不同的投资思路和周期，短线投资者注重股价短期的波动；中线投资者更关注股价的运行趋势；长线投资者则最看重股价运行的周期以及企业的基本面情况。不同的投资周期，逃顶策略有明显不同。

No.007
长线投资的逃顶

长线投资的魅力在于与上市公司共同成长，享受企业增长带来的红利。对于长线投资者而言，逃顶十分重要但有时又无足轻重。

在长线投资过程中，要学会忽略一些短期的顶部，用长远的眼光去看待和持有。同时，当那些企业基本面发生根本性改变，即拐点时，投资者也要灵活处理，及时逃顶。

一图展示

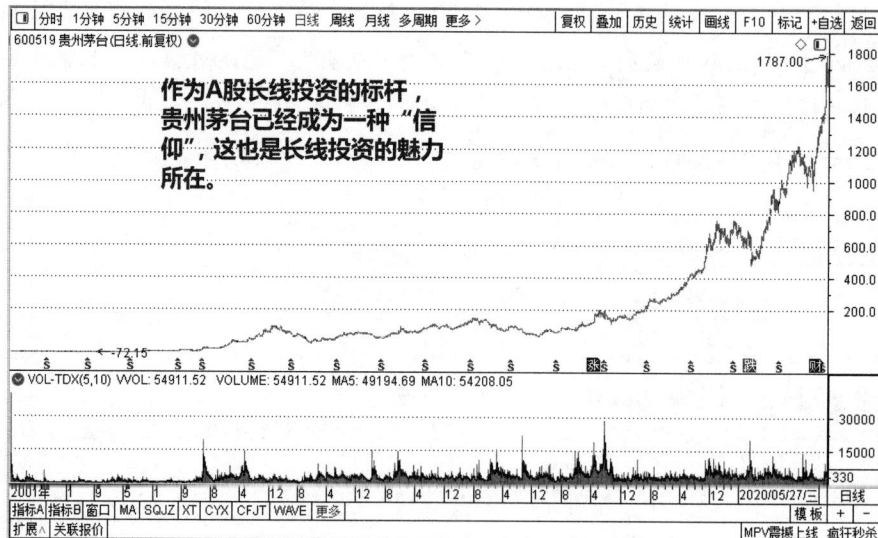

作为A股长线投资的标杆，贵州茅台已经成为一种"信仰"，这也是长线投资的魅力所在。

要点剖析

长线投资的逃顶策略可以总结为：基本面不变，小顶大顶不用逃；基本面拐点，小顶大顶都要逃。这里定义的长线投资与价值投资的概念基本一致，长线投资看的是上市公司所处行业的发展前景，看的是上市公司经营管理能力以及最为基本的业绩表现。

因此，如果上市公司所处的行业发展空间依旧巨大，上市公司依旧处于稳步或快速发展的趋势中，那么股价的小顶或大顶都可以选择忽略。A股市场永远是轮动的，业绩表现好的企业早晚会轮涨，所以，在基本面不变的情况下坚定持有，等待轮涨即可。

实例分析 天士力（600535）长线投资的逃顶

天士力2011年12月至2020年7月的走势如下图所示。

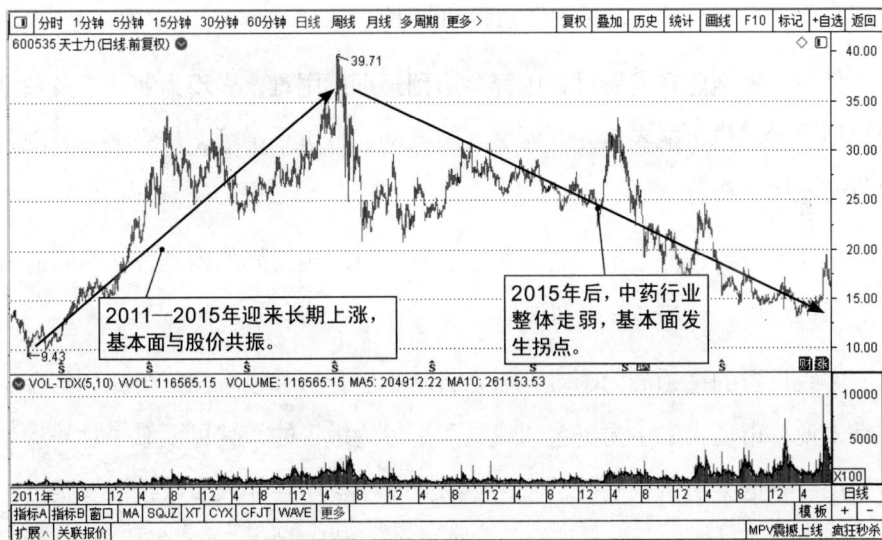

图 天士力2011年12月至2020年7月的走势

天士力作为中成药行业的细分领域优势企业，自2002年上市后，企业进入快速增长阶段。从上图可以看到，天士力的股价从2011年的10.00元左右上涨到2015年接近40.00元，区间涨幅巨大。

但是在经过2015年牛市破灭后，叠加中成药行业竞争加剧、舆论承压等多方面利空消息，中药行业整体出现拐点。

同期天士力的业绩表现也出现拐点，在这种情况下，投资者应及时卖出天士力以及中成药相关股票。

长线投资的逃顶需要投资者对持仓股票以及其所处行业有极高的熟悉度，保持密切的跟踪。

总体来说，长线投资的逃顶以基本面分析为主、技术分析为辅。

No.008
中线投资的逃顶

如果说长线投资是与企业"有福同享，有难同当"，那么中期投资就是仅与企业"有福同享"，尽力做到趋利避害。

任何一家企业在发展过程中都会遇到短期的困难，表现为业绩不及预期或短期下滑，也可能表现为管理层人员波动、订单下滑等，最终都会表现为股价的短期下跌。

中线投资要做的就是尽力避免企业发展过程中遇到的困难，从而回避股价的回调过程，成功逃脱中期顶部。

中线投资的逃顶最为困难，需要将基本面分析和技术面分析充分结合。通常来说，市场中的主力资金"嗅觉"是最为敏锐的，其可以第一时间从上市公司或其他渠道获取利空消息，然后先于市场中其他大多数投资者卖出。我们则需要通过技术分析来捕捉到主力资金的提前卖出，然后做出同向操作，实现中期逃顶。

一图展示

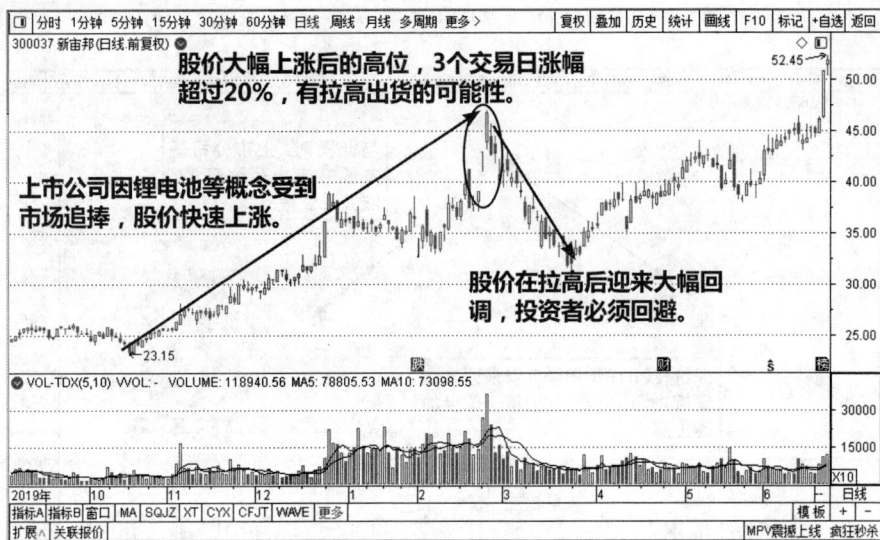

股价大幅上涨后的高位，3个交易日涨幅超过20%，有拉高出货的可能性。

上市公司因锂电池等概念受到市场追捧，股价快速上涨。

股价在拉高后迎来大幅回调，投资者必须回避。

要点剖析

与长线投资不同，中线投资过程中的逃顶不建议全仓出逃，如果上市公司只是暂时遇到困难，在可预见的未来某个时间节点将迎来改善，那么在中期顶部选择卖出大部分仓位，留下小部分仓位，有利于投资者把握上市公司股价下一次的上涨机会。

从技术面来看，市场主力资金有一些惯用的快速出货的方式，如连续拉升、盘中突然拉升，不论是什么样的出货方式，总体来看，都是通过上涨来吸引跟风盘买入。

所以中线投资者要注意的是，如果上市公司在基本面上没有亮点、市场概念也不热门的情况下，股价却突然大幅上涨，那么就要警惕，观察盘中买单和卖单的细节。通常表现为数量繁多的小买单，偶尔出现的大卖单。

实例分析 长盈精密（300115）中线投资的逃顶

长盈精密2019年10月至2020年7月的走势如下图所示。

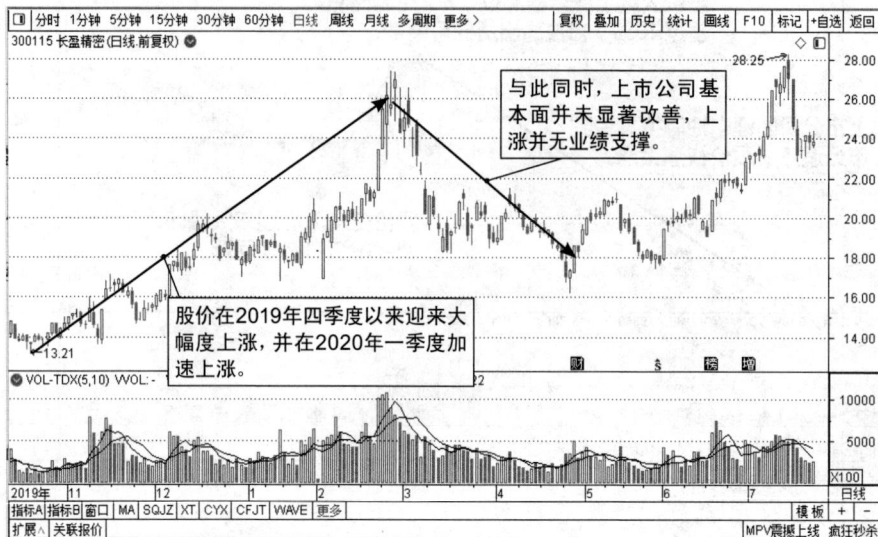

图　长盈精密2019年10月至2020年7月的走势

从上图可以看到，长盈精密的股价从2019年11月的13.00元左右到2020年3月上涨至26.00元附近，上涨幅度超过100%。从上涨过程来看，前期受益于长盈精密所处的电子制造行业预期改善的利好，但进入2020年2月之后，电子制造行业上市公司逐步开始披露2019年财务数据预告，从当时的行业数据来看，电子制造行业并未迎来改善，利好存在落空的可能。

作为"春江水暖鸭先知"的主力资金自然能率先捕获到此次利空消息，2020年2月21日，长盈精密拉出涨停，并在盘中多次打开涨停板吸引跟风盘买入，当日成交额达23亿元。长盈精密后续成交量有继续放大的表现，但股价却在27.00元上方受阻，未能突破28.00元。在行业基本面利好落空的预期下，主力资金通过连续拉高成功出逃。中期顶部后，股价从27.00元跌至18.00元，跌幅超过30%。

No.009
短线投资的逃顶

短线投资的逃顶，投资者主要以技术分析为主，以基本面分析为辅，在一个或连续几个交易日里，上市公司基本面若未出现明显利空消息，那么就需要重点关注技术面的运行情况。

对于短线投资而言，投资者要做的就是投资前做好止盈和止损计划，确定好股价上涨的压力线以及下跌的支撑线。无论因为何种原因导致下跌，只要跌破支撑线，那么就应该果断止损逃顶。

一图展示

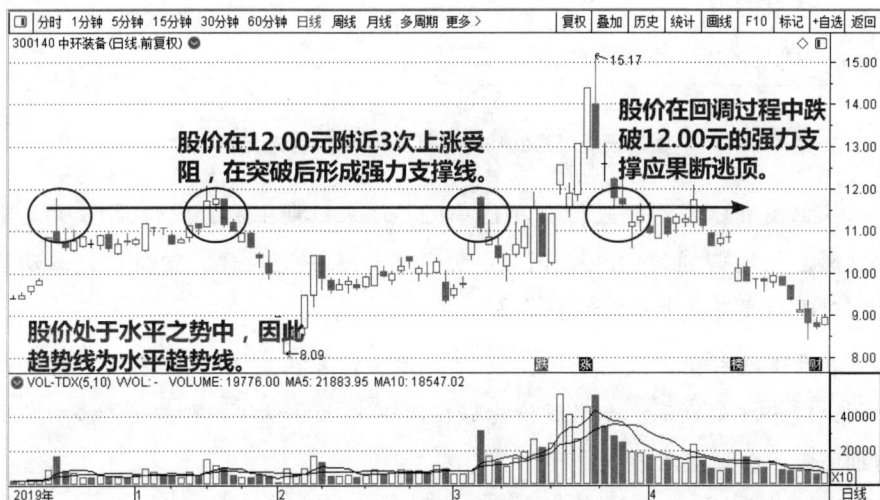

300140 中环装备（日线 前复权）

股价在12.00元附近3次上涨受阻，在突破后形成强力支撑线。

股价在回调过程中跌破12.00元的强力支撑应果断逃顶。

股价处于水平之势中，因此趋势线为水平趋势线。

VOL-TDX(5,10) VOL: - VOLUME: 19776.00 MA5: 21883.95 MA10: 18547.02

要点剖析

短线投资的逃顶要特别注意那些在股价大幅度上涨后出现的大阴线，阴线是做空资金的盘面信号，而大阴线更是资金做空决心的体现。所以投资者在短线逃顶的过程中，除了灵活运用支撑外，还要特别注意大阴线的出现和位置。

实例分析 天泽信息（300209）短线投资的逃顶

天泽信息2019年12月至2020年6月的走势如下图所示。

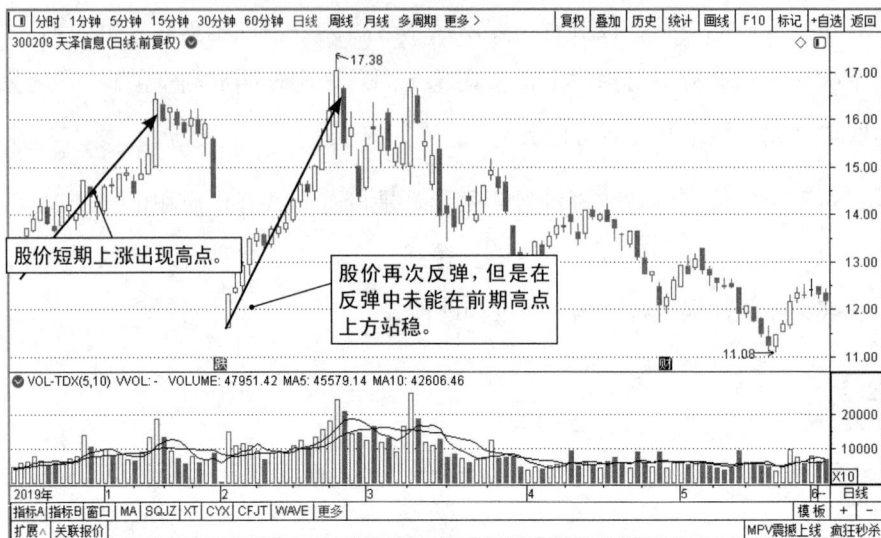

图 天泽信息2019年12月至2020年6月的走势

从上图可以看到，股价在2019年12月迎来短期上涨，股价至16.00元附近，随后快速回调到12.00元附近，紧接着迎来快速反弹，股价短期波动巨大，对于短线投资者而言机会多多。

在反弹过程中，股价再次上攻17.00元，结果在2月25日成功突破并在盘中创出17.38元的新高。如果股价能够在17.00元上方稳住，则意味着成功突破前期高点，向上空间进一步打开。

但是股价在2月26日就迎来大跌，当日跌幅超过9%，股价回到16.00元下方，未能站稳新高。突破前期高点失败也是短期见顶的信号之一，投资者见此信号应及时逃离，避免遭受大幅下跌的损失。

第**2**章
技术逃顶入门

K线组合逃顶分析

股价在每个交易日或每个时间周期内的涨跌，直接体现为阴线或阳线；涨跌幅度的大小直接体现为 K 线实体的大小；盘中的冲高和回落直接体现为 K 线的上下影线。所以，投资者想要掌握技术分析来成功逃顶，将 K 线以及 K 线组合作为入门基础是再合适不过的。

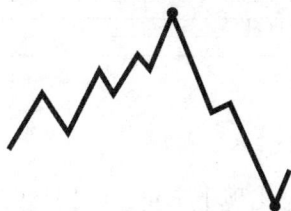

2.1 单根K线发出的见顶信号

K线是股价最直观的反映，也是市场资金情绪的最直接表现。简单来看，上涨的红色大阳线意味着市场资金做多情绪强，阴线则相反。所以，在通过技术分析来实现逃顶的过程中，单根K线发出的见顶信号是投资者首先要掌握的入门技术。

No.010
高位十字星

十字星的出现意味着市场中做多和做空资金势均力敌，但如果十字星出现在高位，则需要十分警惕。

一图展示

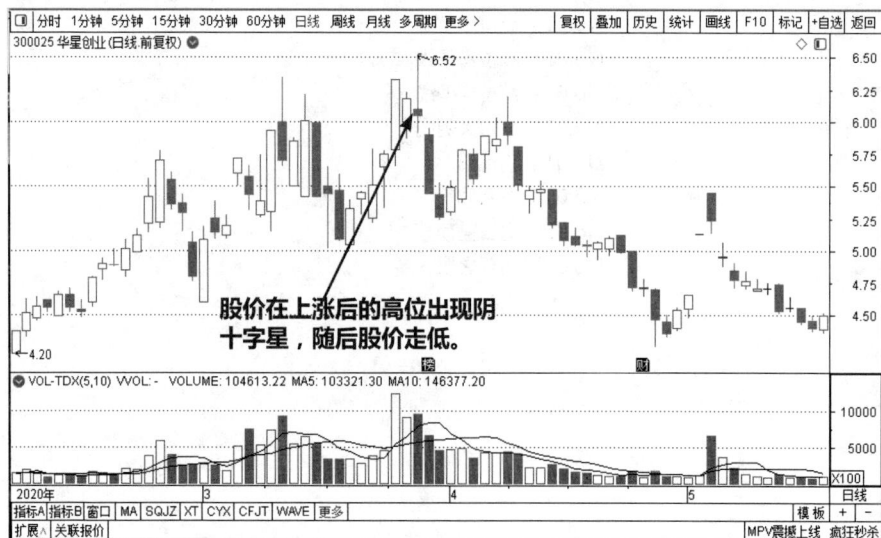

股价在上涨后的高位出现阴十字星，随后股价走低。

要点剖析

股价在上涨之后的高位出现十字星，特别是阴十字星，说明在做多和做空的市场资金力量对比下，做空资金暂时掌握局面。股价上涨后盘面堆积了许多浮盈资金，在股价出现短期调整时极易集中抛售，从而加剧股价的调整。

在观察高位阴十字星时还需要特别注意上下影线的长度。上影线越长，说明做多资金盘中试图上攻，但以失败告终，说明做空资金多，后续调整空间大；如果下影线长，说明盘中抛压大，但做多资金承接力度好，后续调整空间较小。

实例分析 金龙机电（300032）利用高位十字星逃顶

金龙机电2019年12月至2020年5月的走势如下图所示。

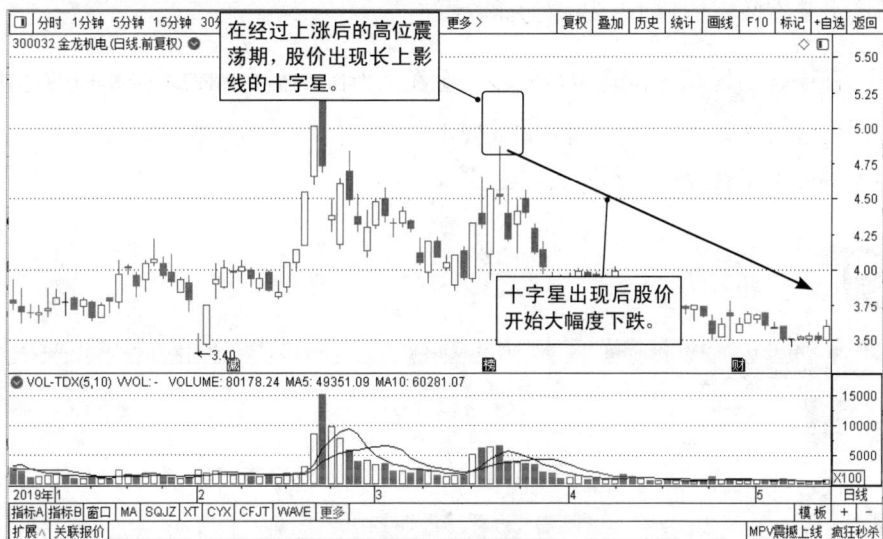

图 金龙机电2019年12月至2020年5月的走势

从上图可以看到，金龙机电在2019年12月前后交易较为平淡，成交量持续保持缩量，股价不足4.00元。但是进入2020年2月下旬，金龙机电股价突然大幅度上涨，伴随着成交量急剧放大，让市场认为又是一只"妖股"开始形成。

但是没有想到，股价仅仅从4.00元上涨到5.50元附近便剧烈震荡，投资者渴望的动辄翻倍的表现并未出现。在高位震荡的过程中，股价在2020年3月20日出现了长上影线十字星。在十字星前一个交易日股价收出大阳线，3月20日当天做多资金准备继续拉高时却遭遇了大笔卖单，股价冲高回落，最终收出长上影线十字星。

从后市的表现来看，股价在十字星之后迅速结束了高位震荡期，从4.50元跌至3.50元附近，几乎与前期震荡点持平。

No.011
高位锤子线

锤子线是股价在盘中大幅跳水，但被做多资金收回，多以阴线为主。从形态上来看像一柄锤子，故称为锤子线。

锤子线出现在高位看似是做多资金在下方的买盘支撑力量强，但要考虑到股价经过大幅度上涨，盘中的大幅下跌会让持股者筹码松动，跟风卖出者众多，后市极容易出现震荡后大跌。

一图展示

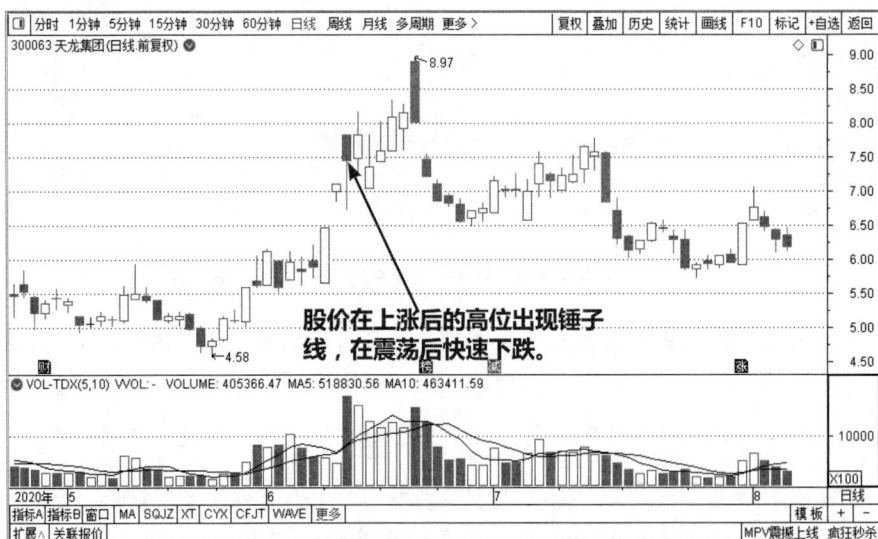

股价在上涨后的高位出现锤子线，在震荡后快速下跌。

要点剖析

锤子线又称为"上吊线"，从K线形态来看就极为令人不舒服。投资者在A股市场中要重视自己的直觉和盘感。锤子线是主力资金常用的诱多手法，通过把股价从低位拉回，然后在盘中吸引抢反弹的资金进场，从而抛售自己手中的筹码。

高位锤子线下影线长短的意义与高位阴十字星下影线长短有明显不同。锤子线的下影线越长，说明盘中卖单规模越大，在松动的筹码没有得到充分释放的情况下，这些卖单都是后期调整过程中的"炸弹"。

锤子线出现后，股价在短期内可能不是迅速下跌而是表现震荡，投资者在逃顶过程中要把握震荡时的离场机会。

实例分析 碧水源（300070）高位锤子线

碧水源2020年1～6月的走势如下图所示。

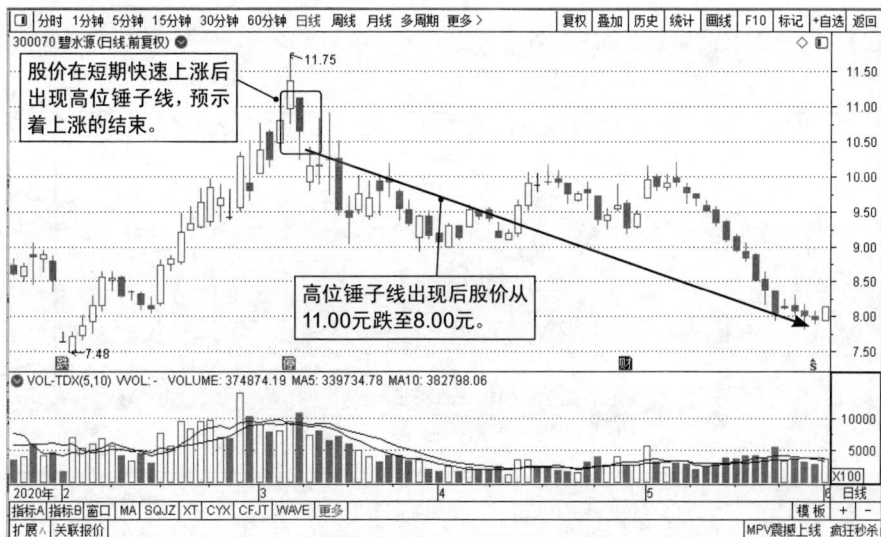

图　碧水源2020年1～6月的走势

从上图可以看到，碧水源在2020年3月之前股价出现了一次较为快速的上涨，从7.48元上涨到最高11.75元，涨幅巨大，且花费时间较短。

在上涨过程中，3月5日股价还是表现为放量上涨创出新高，而下一个交易日股价就突然收出锤子线，预示着上涨的结束。

为什么会出现这样的情况呢？其实从3月5日的上涨表现来看，股价创出新高，而当天的成交量却明显不如2月27日，即股价创下新高而成交量未创下新高。

在3月12日股价出现锤子线后，碧水源的表现可以说是让人大跌眼镜，在指数表现不错的情况下，股价从最高11.75元跌至8.00元。

No.012
高位墓碑线

墓碑线是指K线收出具有一定长度的上影线却几乎没有下影线的阴线，上影线越长，说明股价盘中冲高回落越明显，越需要注意。

一图展示

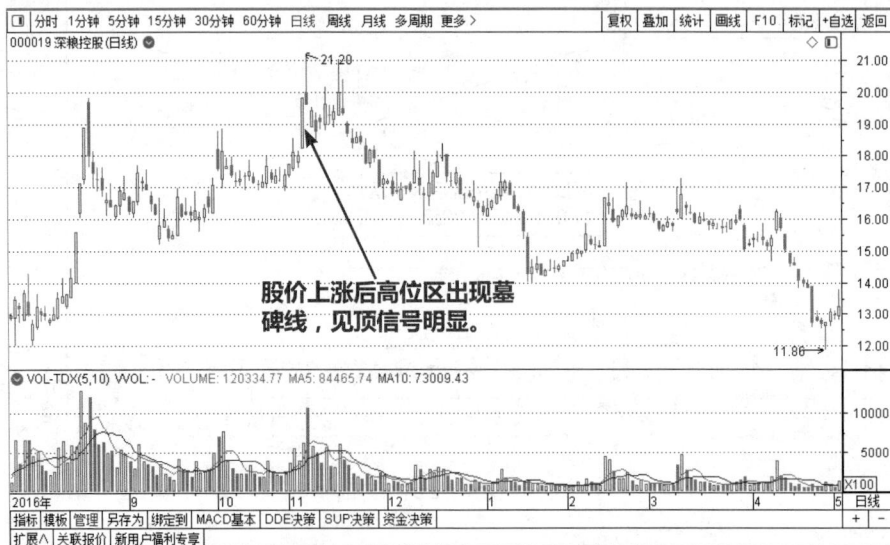

股价上涨后高位区出现墓碑线，见顶信号明显。

要点剖析

墓碑线与锤子线一样，在实战投资的盘面中出现时，往往给投资者的观感就极为不舒服，特别是上涨过程中以阳线为主，而突然出现的墓碑线会给人一种"当头一棒"的感觉。

墓碑线在实战中出现的频率并不高，但指示未来股价调整的准确率却很高，是实用性极强的一个K线形态。

实例分析 振芯科技（300101）高位墓碑线

振芯科技2020年1~4月的走势如下图所示。

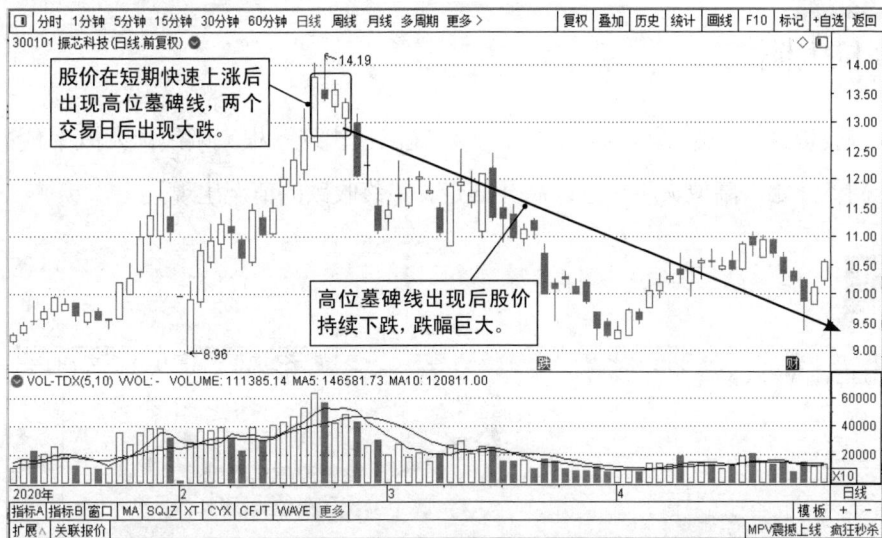

图 振芯科技2020年1~4月的走势

从上图可以看到，在2020年2月前后，振芯科技前后受市场热炒芯片和半导体等概念的影响，股价从9.00元附近快速上涨到14.00元，从2月14日至2月20日连续5个交易日收出阳线。

然后凌厉的上涨攻势却在2月21日戛然而止，股价在当天出现明显的冲高回落走势，全天振幅超过5%，在K线形态上形成了高位墓碑线。

墓碑线形成后，股价快速走低，基本跌回到前期起涨点。投资者若是在看到墓碑线出现后未及时离场，那么将面临利润回吐，甚至亏损。

补充提示 *墓碑线的上影线长短和实体大小*

墓碑线的上影线长短在一定程度上说明了做多资金拉升的意愿强度，同时也说明做空资金的抛售力度。上影线越长，做多资金越想拉升，但同时卖单规模也更大。如果收出长上影线的同时，阴线实体不大，那么说明抛单还未得到充分释放，短期内或许还有大幅调整。投资者在遇到墓碑线时，要对当天盘中波动和成交量分布情况进行详细复盘，综合进行研判，从而决定是否逃顶。

No.013
高位大阴线

股价经过一定幅度的上涨后，突然在高位出现一根大阴线，大概率预示着调整开始。高位大阴线多以高开低走，最终收跌的情况出现。

一图展示

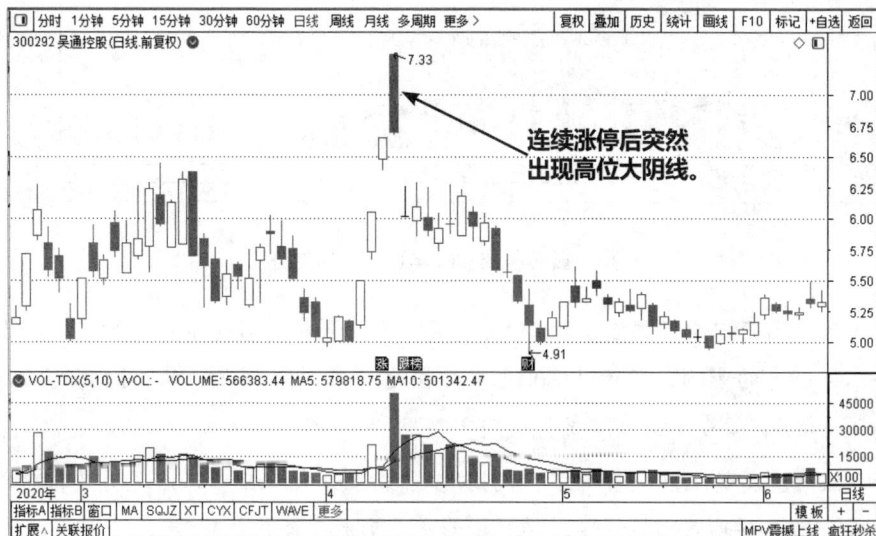

连续涨停后突然出现高位大阴线。

要点剖析

在经过较大幅度的上涨后，股价在某个交易日里继续高开，吸引短线投资者跟风买入，但股价并未像前几个交易日一样高开高走，反而是高开低走，股价不断跳水，盘中甚至连反弹的抵抗都没有，最终收出高位大阴线。

在上涨后，股价在某个交易日里平开甚至低开，场外的投资者会把盘面的短期调整看作买入机会，却不知这也是主力资金出逃的信号。

在利用单根K线进行逃顶时，一定要跟紧盘面，注意成交量放大的区间和价格，综合进行研判。

实例分析

汉鼎宇佑（300300）高位大阴线

汉鼎宇佑2019年9～12月的走势如下图所示。

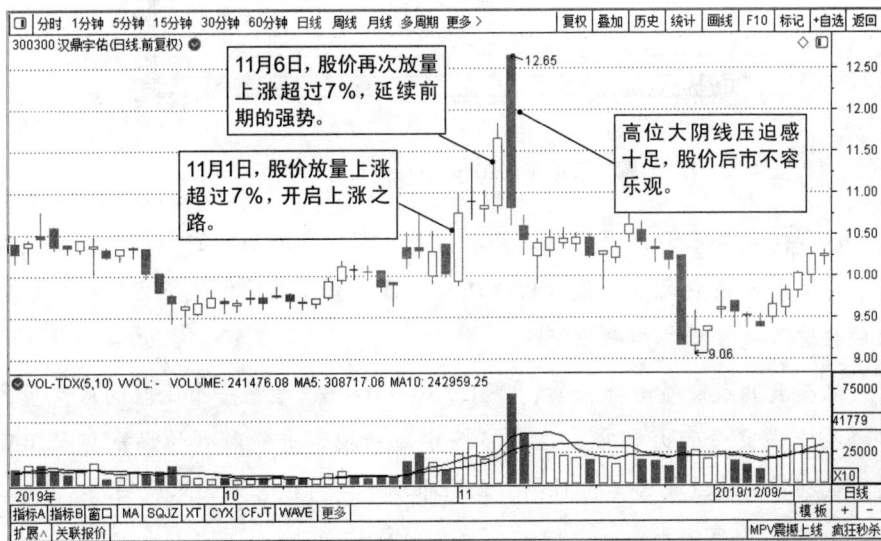

图 汉鼎宇佑2019年9～12月的走势

从上图可以看到，在2019年11月之前，汉鼎宇佑的股价并不活跃，成交量也长期保持地量的状态，处于无人问津的状态。

进入11月之后，股价开始放量上涨，11月1日大涨超过7%，11月6日再次上涨超过7%，股价成交量同步放大，后市似乎一片光明。

11月7日，股价开盘延续前期的强势，直接高开超过7%，大有冲击涨停的趋势，吸引投资者在集合竞价时纷纷挂单买进。但是从当天的分时图来看，高开不过是获利资金出逃的手段（见下图）。

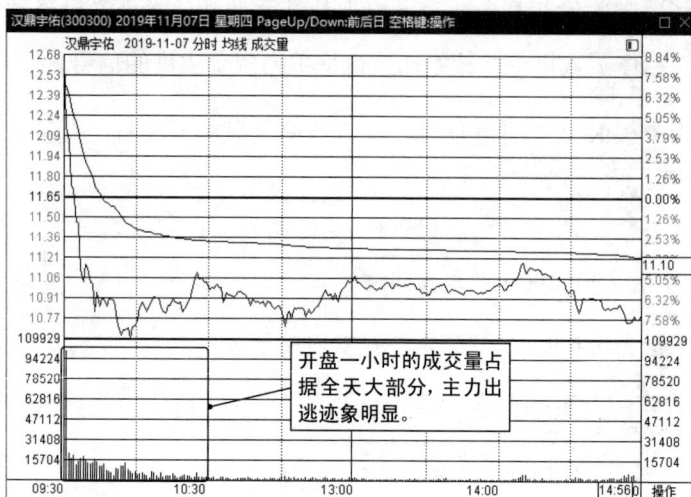

图　汉鼎宇佑2019年11月7日分时走势

从分时走势来看，股价在高开后丝毫没有继续冲高的迹象，反而直接跳水，伴随着巨额成交量。股价快速跌至绿盘，全天在均价线下方运行，最终收跌超过7%，全天振幅将近15%。

从全天的成交量分布来看，早上9:30～10:30这短短一个小时的成交量，占据全天成交量的大部分，这是市场中散户投资者能做到的吗？显然不现实。获利资金通过集合竞价拉高，吸引市场中"打板客"的跟风买入。

因为汉鼎宇佑前期跌幅够大，股价够低，11月7日之前的涨幅也并不算大，所以是拉涨停板的好对象。但很明显，这是前期获利资金的一个陷阱和套路。

从K线形态来看，股价在短期上涨后形成大阴线，压迫感十分明显，汉鼎宇佑后市的走势也在预料之中了。

下图所示为汉鼎宇佑2019年10月至2020年5月的走势。

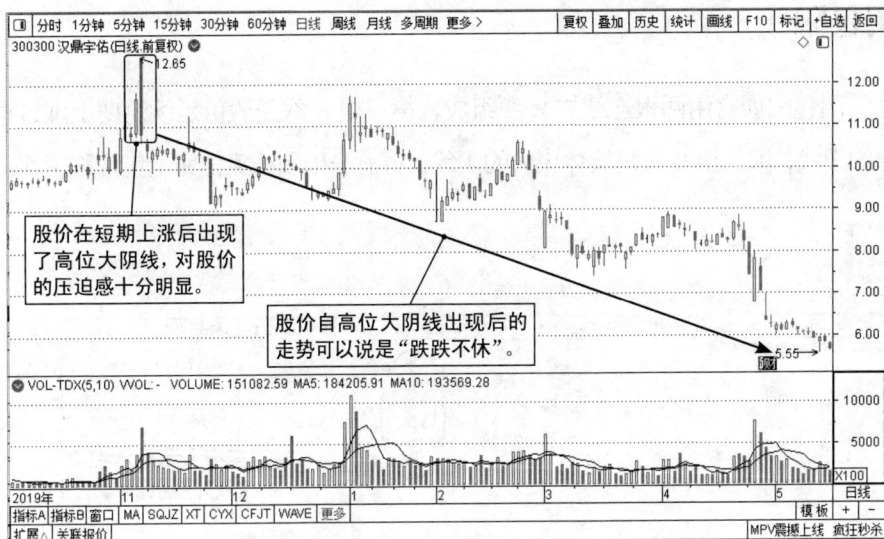

图 汉鼎宇佑2019年10月至2020年5月的走势

11月7日出现高位大阴线后，股价持续走低，虽然在下降途中多次反弹，但总体而言，股价从12.00元上方最低跌至8.00元附近，跌幅超过30%。

补充提示 *高位大阴线的类别*

大阴线在高位形成的过程有所不同，其意义也不同。如果是延续前期上涨趋势的高开低走大阴线，伴随成交量放大，那么后市股价调整力度较大；如果是平开低走，则后市跌幅较缓；如果是低开低走，若没有触及跌停，那么短期可能有反弹的机会。但无论哪一种高位大阴线，投资者都应及时选择逃顶，避免遭遇较大的跌幅，从而导致亏损。

2.2 利用两根K线组合识别顶部

单根K线是最为直接和简单识别顶部的方法，但如果在使用过程中把握不准，则可以通过与上一个或下一个交易日的K线进行组合，利用两根K线进行综合研判，这样既能提高准确率，又能拥有更多的逃顶空间。

No.014

阴包阳

阴包阳通常由两根连续的 K 线组成，第一根 K 线是股价延续前期上涨过程中的阳线，第二根 K 线是实体更大的阴线，将前一根阳线实体完全包含和覆盖。

一图展示

连续大涨后两根K线形成阴包阳。

要点剖析

在阴包阳的 K 线组合中，如果与第一根阳线相比，第二根阴线的实体越长，则说明股价下降的动力越大；收出阴线当天的成交量越高，说明股价回落的可能性越大。

在出现阴包阳之前，如果股价的涨势越快，涨幅越大，那么在阴包阳之后股价的调整速度越快，调整空间也越大。

实例分析 天华超净（300390）阴包阳判断顶部

天华超净2019年12月至2020年4月的走势如下图所示。

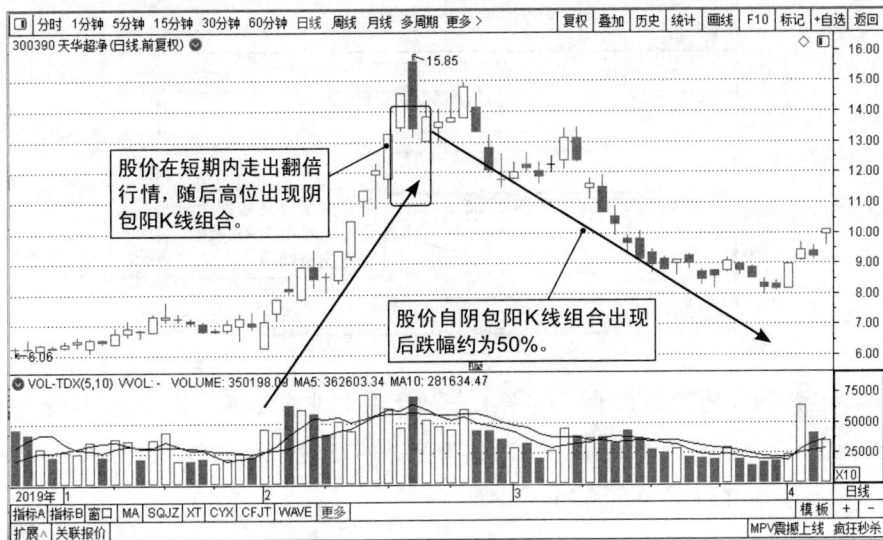

图 天华超净2019年12年至2020年4月的走势

从上图可以看到，天华超净的股价从2019年12月开始就有所异动，股价通过实体极小的阳线和阴线震荡上涨，从6.00元上涨到7.00元上方。

进入2020年1月下旬后，股价曾短期缩量调整，经过短暂的洗盘后开启了一波迅猛的上涨态势，股价从2月3日最低6.25元上涨到2月19日最高15.85元，涨幅达到150%左右。

2月18日，股价延续上一个交易日的强势继续涨停，连续6个交易日收出大阳线，其中6个交易日里出现5个涨停，可以说是"妖气凛然"。

但是在2月18日涨停后，2月19日的股价却让投资者大失所望。从分时图来看，当天虽然继续高开，但是经过短暂冲高后，做多资金便不再恋战，纷纷抛售离场。

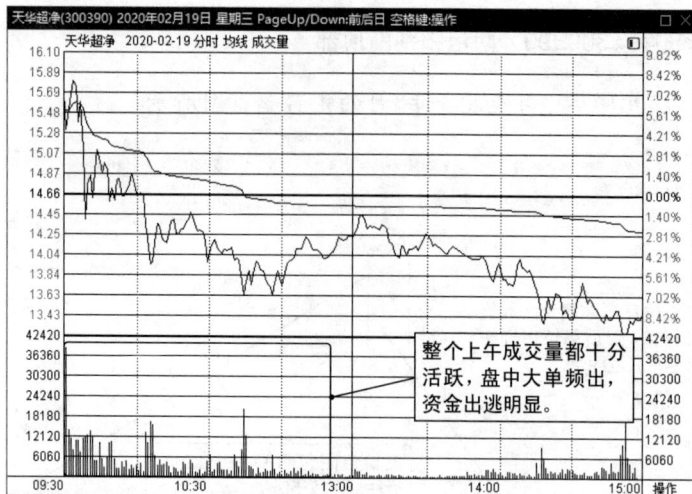

从2月19日的盘面来看，整个上午的交易都非常活跃，成交量巨大，股价虽然开盘冲高并创出新高，但做多资金并不坚定，在前期巨大涨幅的基础上，选择获利了结，卖出离场。

从K线图来看，虽然2月19日之后股价继续有所震荡，但这也是投资者最后的离场机会，后续股价跌幅巨大。

No.015
双黑鸦

双黑鸦是上升行情中出现的见顶回落信号，由两根K线组成。在股价位于高处时，第一根K线跳空高开却仍以阴线收盘，而第二根阴线也是跳空高开，且实体部分较长。

从形态来看，连续两根高开低走的阴线，如同在K线上空盘旋的两只乌鸦，给投资者心理带来极大的不利影响。

从K线背后的意义来看，连续高开代表做多资金买入意愿强烈，但收盘都被卖单打压，股价短期难以突破，后市自然需要调整。

一图展示

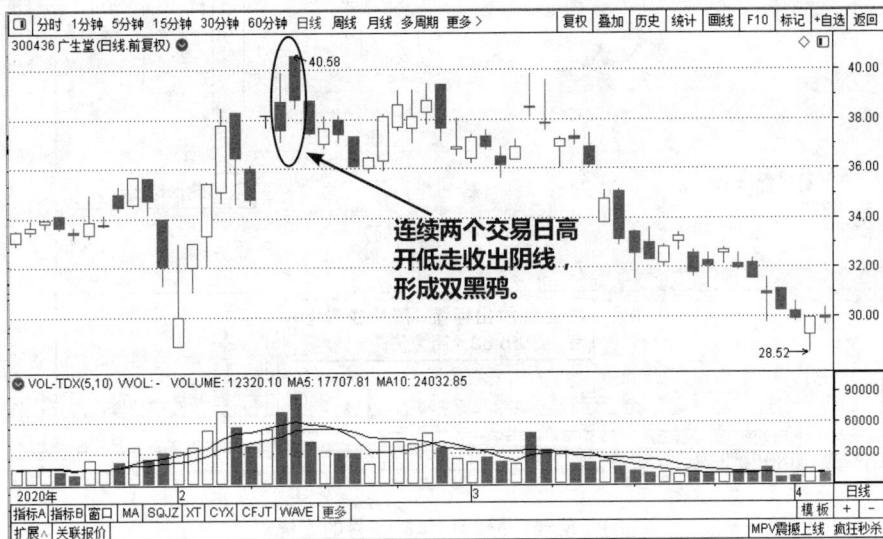

连续两个交易日高开低走收出阴线，形成双黑鸦。

要点剖析

双黑鸦代表在多空双方的博弈中，做空一方暂时掌控局面。这主要取决于前期涨幅的大小，前期涨幅越大，双黑鸦的交易日内成交量越大，前期盈利盘需要大量卖出。

对于在大幅上涨后出现的双黑鸦，投资者要十分重视，切勿因为其短期未出现大幅下跌就贸然进场抢反弹。在 A 股投资过程中，投资者要时刻谨记，好的投资机会很多，切勿和见顶信号对抗。

双黑鸦的阴线实体越大说明卖单压力越大，后市调整的空间也越大。

实例分析 重药控股（000950）双黑鸦判断顶部

重药控股2019年6～9月的走势如下图所示。

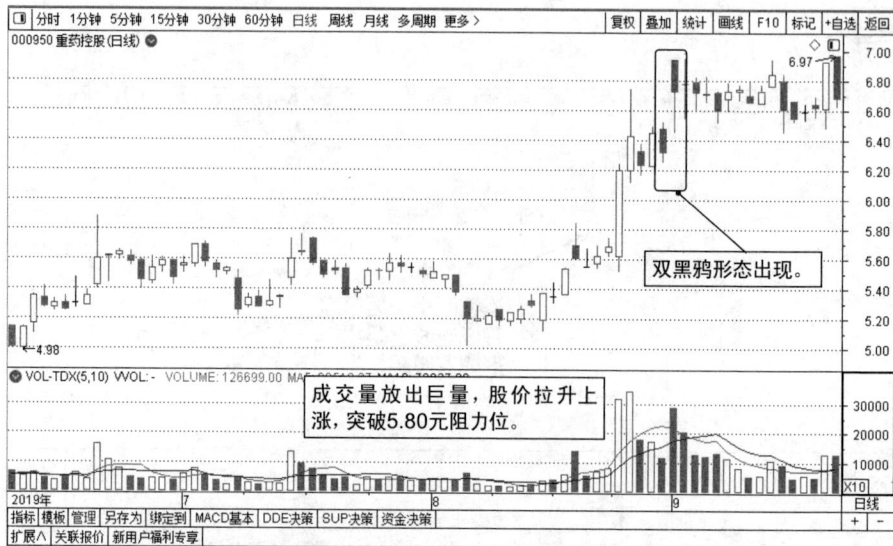

图中文字：

000950 重药控股(日线) ●

6.97

双黑鸦形态出现。

成交量放出巨量，股价拉升上涨，突破5.80元阻力位。

图　重药控股2019年6～9月的走势

从上图可以看到，该股经历了一波下跌行情后，股价跌至5.00元后止跌，随后在5.20～5.60元区间波动横行。8月26日、27日成交量突然放出巨量，K线收出大阳线向上突破5.60元阻力位，似乎在说明股价已经摆脱底部，转入上涨行情中，后市看涨。

但此番上涨并未持续，股价上涨至6.40元后止涨，并在该价位线上横盘。8月30日股价跳空高开却低走，K线阴线收盘。9月2日，该股也出现跳空高开，将股价拉升至6.80元价位线上，但当天却收出一根中阴线。两天的K线形成了典型的双黑鸦形态，这是股价见顶的信号。

同时，查看下方的成交量发现，成交量出现明显缩量，说明场内空头实力仍然强劲，做多气氛不浓，后市看跌。

下图所示为重药控股2019年8～12月的走势。

从下图可以看到，该股股价果然在6.80元价位线横盘见顶，随后转入下跌走势中，跌势明显。股价从最高6.97元跌至最低5.40元，跌幅达到22.5%。投资者在看到双黑鸦形态时就应该警惕，及时离场，避免追涨被套，不必强求每一个上涨。

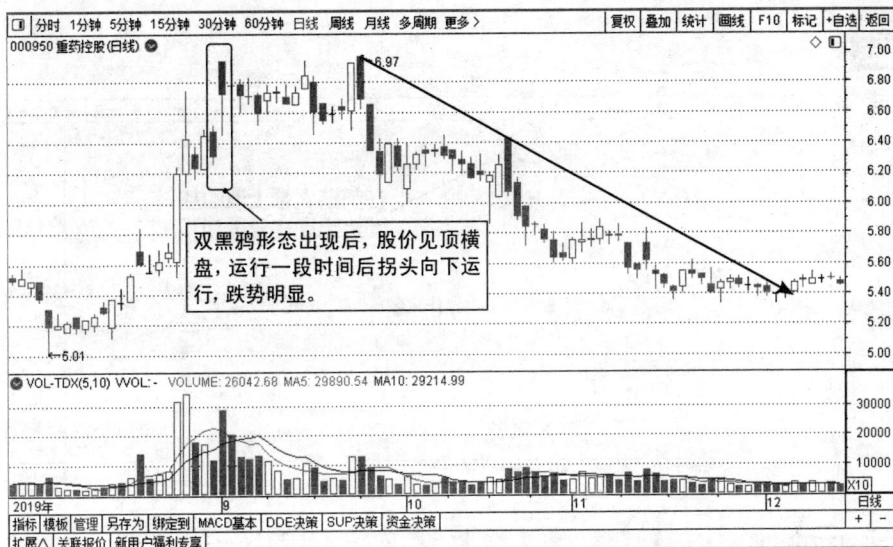

图　重药控股2019年8～12月的走势

No.016

乌云盖顶

乌云盖顶形态由两根 K 线组成，其中，第一根 K 线是大阳线或者中阳线，第二根 K 线是高开低走的阴线，其开盘价比上个交易日的开盘价高，收盘价低于第一根 K 线实体的二分之一以下。

注意：乌云盖顶的形态要点，第二根 K 线应高于第一根 K 线的最高价，但收盘价大幅回落，深入第一根 K 线实体部分一半以下。第二根 K 线实体深入第一根 K 线实体越多，股价见顶回落的可能性就越大。

乌云盖顶是较为常见的见顶信号，当出现该组合形态时，说明股价调整或者下跌行情即将到来，阴线越长，行情见顶回落的可能性就越高。

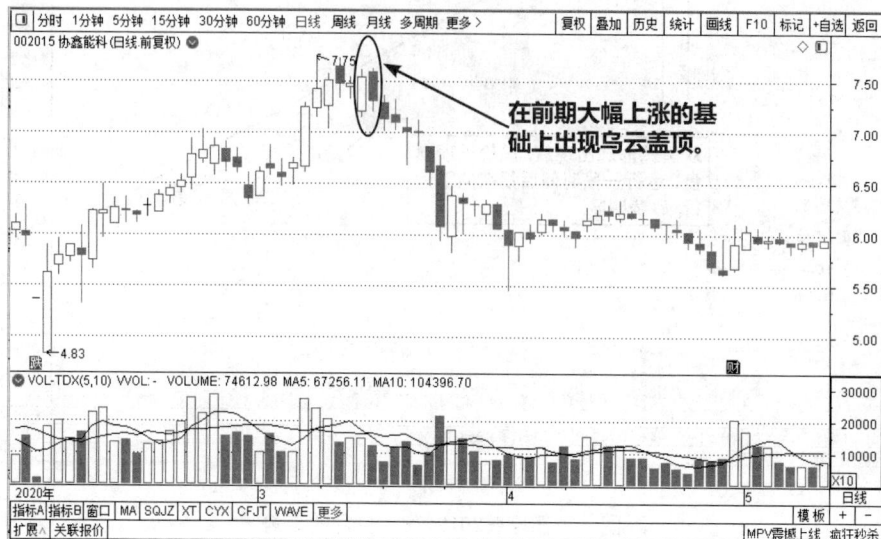

在前期大幅上涨的基础上出现乌云盖顶。

乌云盖顶是常见的顶部信号，但股价在上涨过程中也经常会出现类似的K线形态，如何分辨是上涨途中还是见顶呢？需要投资者对盘面进行针对性分析。该股的基本面是否能够支撑股价继续大涨，该股前期的涨幅是否已经透支其潜在的利好和预期。

另外，投资者还需要结合指数的大趋势以及市场资金做多的意愿进行分析。若指数上涨趋势良好，而个股虽然在上涨过程中出现了类似乌云盖顶的走势，但前期涨幅不大，意味着股价只是短期调整，未来在指数的带动下仍有继续上涨的动力。

所以在使用乌云盖顶进行逃顶时，一定要着重观察其前期涨幅以及结合市场环境、资金意愿等进行综合研判。

实例分析 海特高新（002023）乌云盖顶判断顶部

海特高新2019年12月至2020年3月的走势如下图所示。

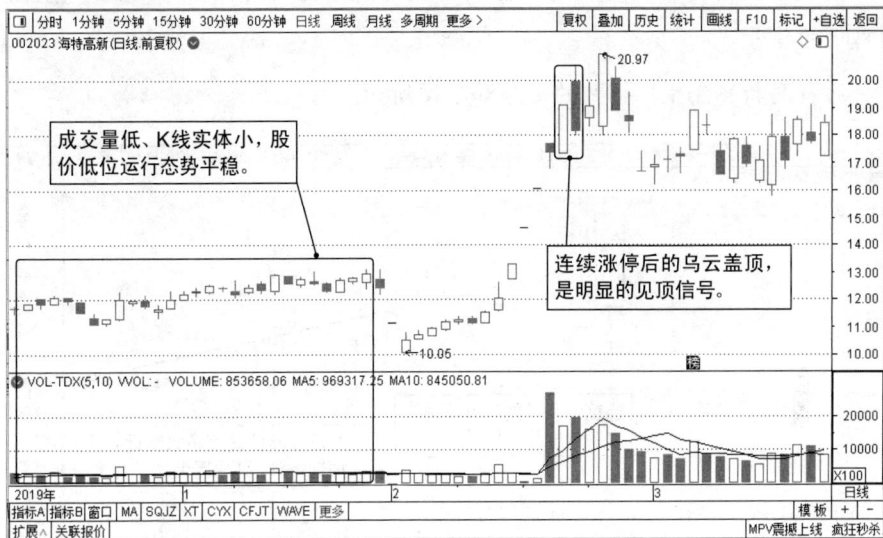

图 海特高新2019年12月至2020年3月的走势

从上图可以看到，2019年12月至2020年1月，海特高新处于一个交易平淡的周期里，成交量较低和K线实体较小（股价波动不大），有一种主力资金成功控盘的迹象。

进入2月后，股价跌停后创出新低10.05元，随后止跌回升，但成交量仍然很低，说明市场资金并不热衷于对该股进行抄底。

经过几个交易日的震荡上涨后，市场突然爆发该股的利好消息，从2月14日开始连续3个交易日涨停，2月14日开盘一分钟拉升封死涨停，随后两个交易日直接一字涨停，根本不给跟风资金进场的机会。

2月19日，股价高开低走，盘中触及涨停但未能封死。2月20日，股价再次涨停，大有开启新一轮上涨的态势。2月21日，股价虽然继续高开，但是盘中持续走低，最终收跌约5%，与2月19日K线形成乌云盖顶。

从最低10.05元到最高20.52元，股价已经翻倍。而此时的大盘指数只是处于低位反弹的区间，并未走出良好的上涨趋势，所以仅靠概念和利好无法支撑海特高新的股价持续新高。

因此可以判断，此处的乌云盖顶是股价短期见顶的信号，是主力资金获利离场的信号。

海特高新2020年1～5月的走势如下图所示。

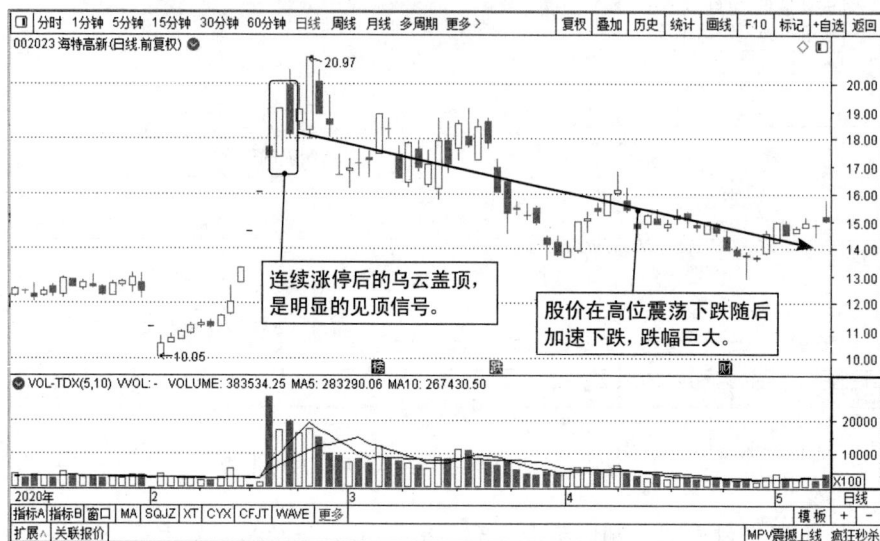

图　海特高新2020年1～5月的走势

从上图可以看到，海特高新在出现乌云盖顶之后股价并未立即下跌，甚至在第二个交易日还出现涨停并创出新高20.97元。但对于投资者而言，"鱼尾"阶段的风险与收益相比并不高，不值得去冒险。

在创出新高后，股价震荡下跌，先跌至18.00元附近的平台进行震荡，随后加速下跌到14.00元左右。

投资者在分析K线走势时应该多去问为什么。为什么出现乌云盖顶后没有立即下跌？为什么震荡了一个月的时间？

通过观察上涨之前的情况，资金在低位埋伏时间长，手里握有大量的低位筹码，股价爆发式上涨到高位后，没有足够的出货时间，所以选择匀速卖出的方式，逐步将手里的筹码抛售，而不是在一两个交易日里清仓。

2.3 通过多根 K 线组合研判行情顶部

单根 K 线和两根 K 线的组合更适用于短期顶部的研判，而多根 K 线组成的 K 线组合则更适合中长期大顶的研判。因为只有在经过长期、大幅的上涨后，股价才需要较长周期的高位震荡来形成顶部，而较长周期的高位震荡则会形成许多有意义的见顶信号。

No.017
黄昏之星

黄昏之星的见顶信号通常由 3 根 K 线组合而成。其中，第一根 K 线是处在延续上涨的大阳线或中阳线，第二根 K 线是跳空高开、实体短小、有明显上下影线的小阳线或者小阴线，第三根 K 线为阴线，其开盘价低于第二根 K 线的开盘价。

一图展示

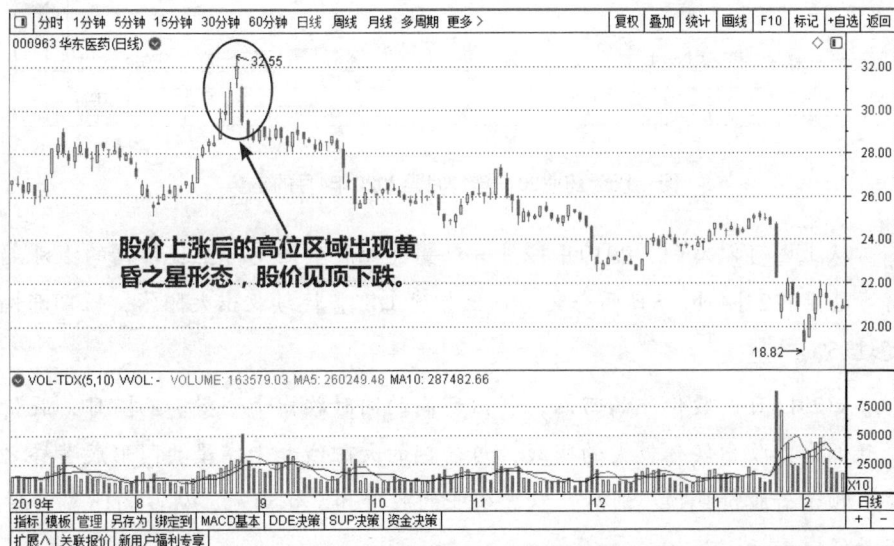

股价上涨后的高位区域出现黄昏之星形态，股价见顶下跌。

要点剖析

在黄昏之星的K线见顶信号里，与第一根K线相比，如果第三根K线的收盘价接近或者低于第一根阳线的开盘价，其后市看跌的信号就越强，即第三根K线的实体越大，下跌动能越强。

实例分析 双鹭药业（002038）黄昏之星判断顶部

双鹭药业2019年12月至2020年4月的走势如下图所示。

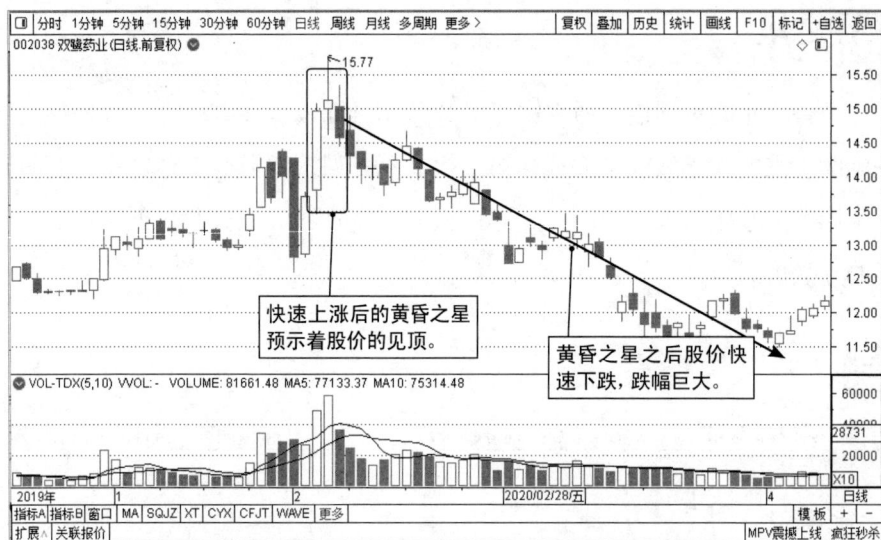

图　双鹭药业2019年12月至2020年4月的走势

从上图可以看到，2019年12月，双鹭药业股价的走势呈现不错的上涨趋势。甚至在2月4日、5日两个交易日里加速上涨，连续收出大阳线，短期涨幅超过15%。

但2月6日，股价冲高回落，创出新高的同时收出十字星。2月7日，股价低开低走，收出实体较大的阴线，与前期的大阳线和十字星共同形成黄昏之星，预示着股价见顶。随后，双鹭药业的股价如水银泻地，从最高15.77元跌至最低11.37元。

No.018

黑三鸦

在技术分析中，黑三鸦也常被称为见顶三鸦或三只乌鸦，它是股价见顶的信号，通常由高位的 3 根阴线组成，其中第二根与第三根阴线的开盘价分别是前一根阴线的收盘价水平稍上的位置。

一图展示

K线连续收阴，
形成黑三鸦。

要点剖析

黑三鸦是双黑鸦的加强版，预示着更强烈的见顶信号。在黑三鸦的应用中，阴线实体的大小并不是第一重点，因为实体小的高位阴线十字星同样具备极大的杀伤力，投资者需要关注的是前后的走势以及同期的成交量。

前期涨势越大越快，黑三鸦的出现就显得十分突然，盘面变化迅速将导致后市跌势凶猛。

实例分析 东土科技（300353）黑三鸦判断顶部

东土科技2019年11月至2020年5月的走势如下图所示。

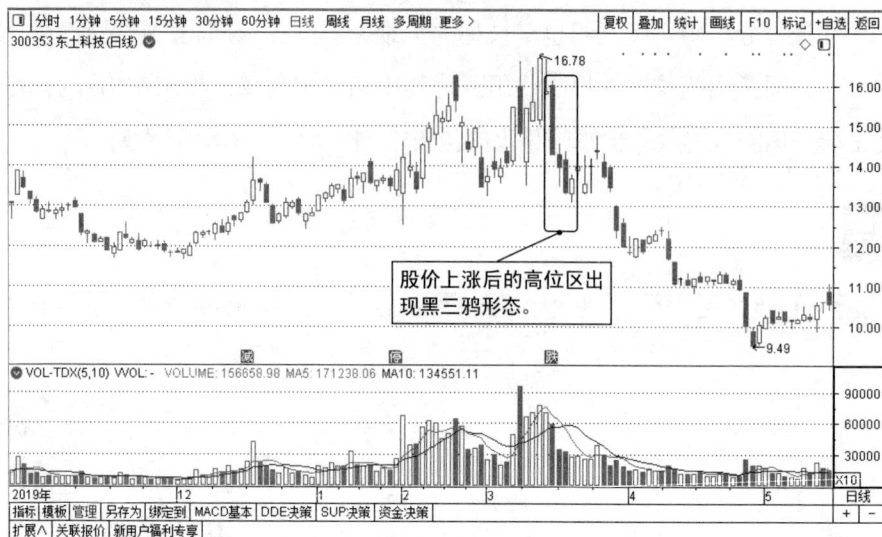

图　东土科技2019年11月至2020年5月的走势

从上图可以看到，该股前期经历一波下跌行情，股价跌至12.00元价位线，并在该价位线上横盘运行。

2019年12月初，成交量温和放量，拉升股价上涨打破之前横盘运行的平衡状态。经过一段时间的拉升，股价上涨15.00元价位线附近后止涨，小幅下跌回调后继续上涨至最高16.78元。

本应该继续乘胜追击，拉升股价继续上涨，但3月16～18日K线连续收出3根下跌阴线，一改之前的上涨态势，形成明显的黑三鸦形态。

从之后的走势来看，黑三鸦形态出现后，股价见顶，在14.00元价位线上短暂横盘运行后便转入大幅下跌的态势中，股价最低跌至9.49元，跌幅达到43.5%。

投资者在确认黑三鸦形态形成之后就不要再有期待了，股价横盘运行是投资者出逃的好机会。

No.019
下降插入线

下降插入线是指在股价高位回落的初期，连续出现几根小阴线后，突然一个交易日里出现一根低开高走的阳线看似股价有反弹的趋势，当天的阳线成为下降插入线，但这并不是反弹信号，而是见顶信号。

一图展示

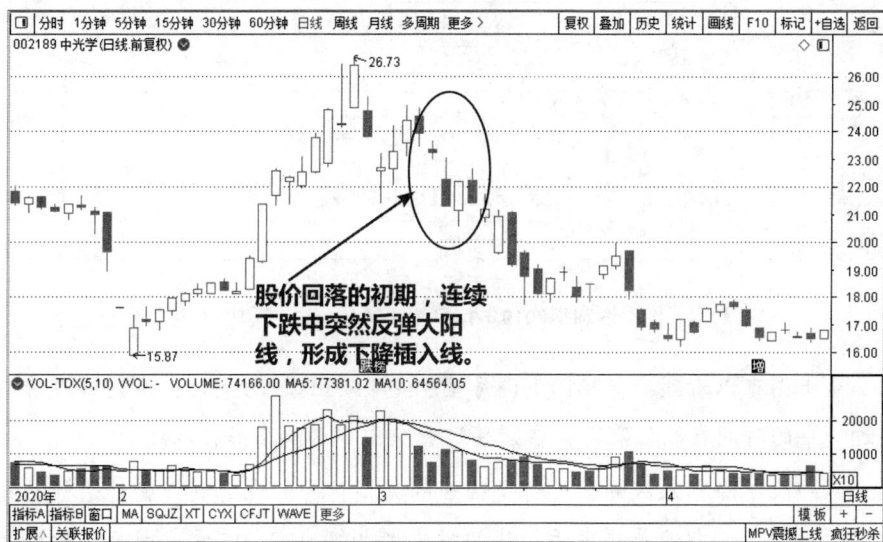

股价回落的初期，连续下跌中突然反弹大阳线，形成下降插入线。

要点剖析

下降插入线通常出现在股价从高位回落的初期，前几个交易日股价回落迅速，短期跌幅较大。此时，股价从客观上来说有短期超跌反弹的需求，主力资金也配合拉出一根阳线，吸引抢反弹的投资者进场。

但作为聪明的投资者，下跌初期的反弹并不值得留意，而连续阴线后的反弹大阳线反而是逃顶的信号和机会。

实例分析 海利得（002206）下降插入线判断顶部

海利得2019年11月至2020年4月的走势如下图所示。

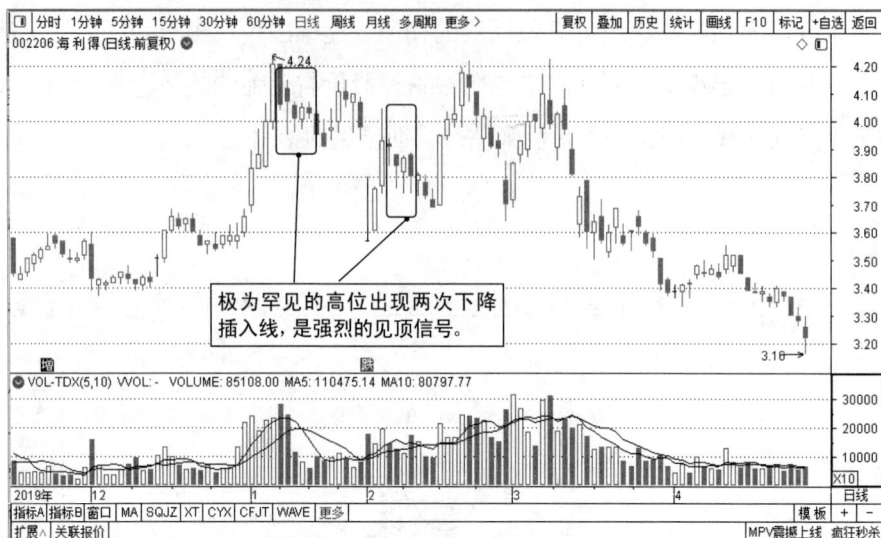

图 海利得2019年11月至2020年4月的走势

从上图可以看到，在2019年12月至2020年4月这段时间内，海利得股价有超过一半的时间在高位震荡，在震荡过程中出现两次下降插入线。

每一次下降插入线的出现都是强烈的见顶信号。在海利得股价这样的频繁波动走势下，即使是热衷于短线的投资者也极为容易吃亏，因为股价运行没有明显的规律和节奏。但无论如何，投资者在确认下降插入线形成之后就要做到及时离场，避免在其中遭受亏损，在经过震荡后，股价从4.00元多跌至3.00元附近，跌幅近30%。

补充提示 *下降插入线的研判*

投资者在实战中可以通过观察下降插入线，即反弹大阳线当天的成交量进行研判。如果是下降趋势中的假反弹，那么反弹当天的成交量不会很大，通常表现为缩量反弹。若是放量反弹，则可重点观察后市，寻找买入机会。

No.020
空方尖兵

空方尖兵的K线组合在下降行情中出现的频率较大，它由若干K线组成，第一根K线为大阴线或中阴线，一般会有一根较长的下影线，随后股价小幅回升，最后K线收出一根阴线跌破第一根阳线的最低点。

一图展示

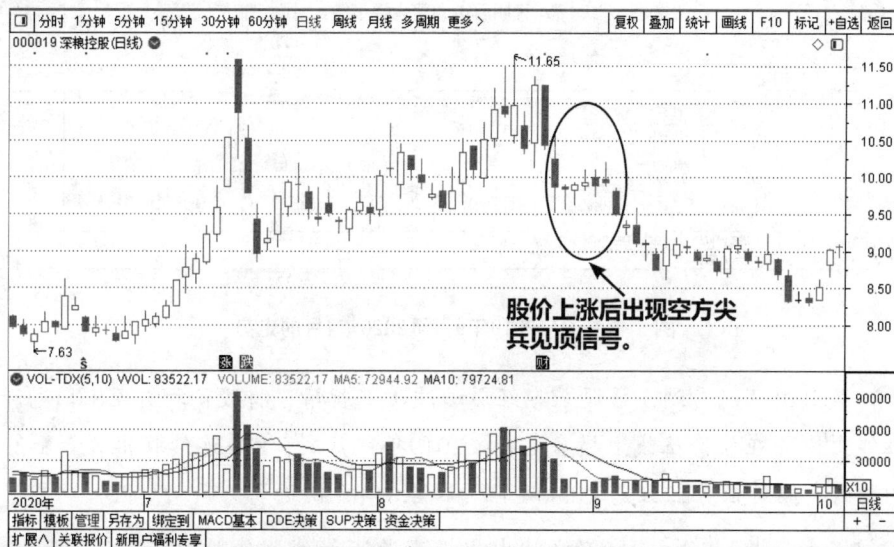

股价上涨后出现空方尖兵见顶信号。

要点剖析

空方尖兵的关键在于一个"尖"字，意味着K线需要具备长下影线，即股价在大幅度上涨后，盘中出现浮盈筹码抛售将股价打压到低位，但下方买盘承接力度好，把股价又拉回，从而形成下影线。

古语云"一鼓作气，再而衰，三而竭"，当股价在高位多次收出下影线，意味着有源源不断的浮盈筹码在进行抛售，股价的见顶势不可当。

实例分析 粤高速A（000429）空方尖兵判断顶部

粤高速A 2019年9月至2020年4月的走势如下图所示。

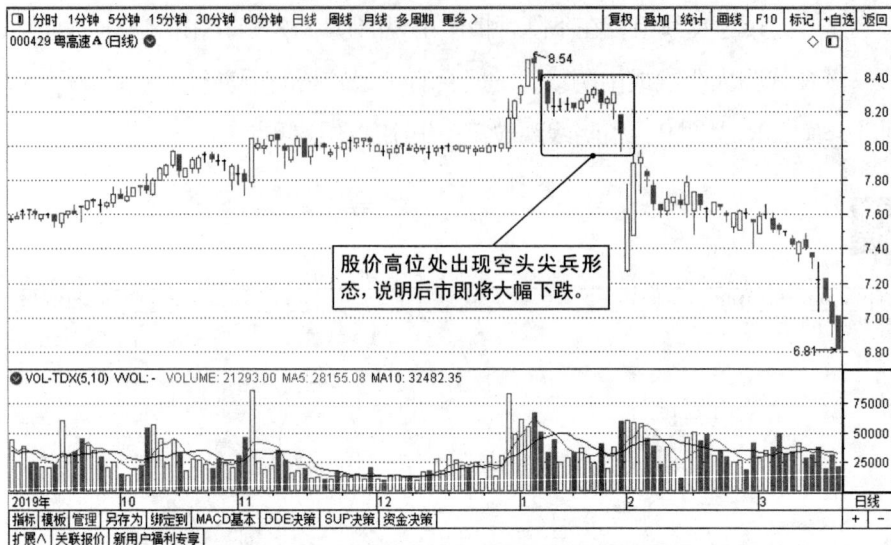

图　粤高速A 2019年9月至2020年4月的走势

从上图可以看到，该股前期经历一波上涨行情，将股价拉升至8.00元价位线上，并在该价位线上横盘运行。2019年12月底，K线连续收出放量上涨的阳线，股价强势上涨突破8.00元阻力位至8.40元附近。

好景不长，1月6日，K线收出一根带长下影线阴线股价止涨下跌，行情有见顶之势。进一步查看发现，1月8日，K线收出一根带长下影线的大阴线，紧接着K线收出一连串小K线，股价止跌甚至出现小幅回升的迹象，行情有回暖的趋势。1月23日，K线收出一根长下影线阴线，跌破1月8日大阴线的最低价。这段时间的K线形成了典型的空方尖兵形态，是股价见顶下跌的信号。

空方尖兵的出现，打破了投资者对该股后市的期待，后市转跌。股价从8.20元附近跌至最低6.81元，跌幅达到17%。

No.021
下降三部曲

　　下降三部曲一般出现在股价下跌的初期，预示着股价在后市还有较大的调整空间，投资者要注意回避。

一图展示

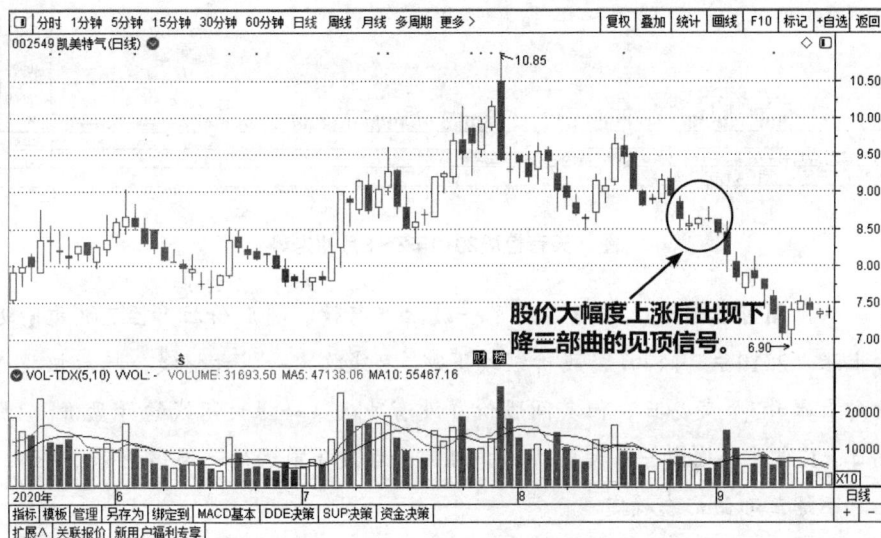

股价大幅度上涨后出现下降三部曲的见顶信号。

要点剖析

　　标准的下降三部曲形态由 5 根或更多 K 线组成，第一根 K 线是实体较长的中阴线或大阴线，随后连续出现 3 根小阳线持续反弹，呈向上阶梯状排列，最后连续出现一根中阴线或大阴线破位下行。

实例分析 天音控股（000829）下降三部曲判断顶部

　　天音控股2019年2~8月的走势如下图所示。

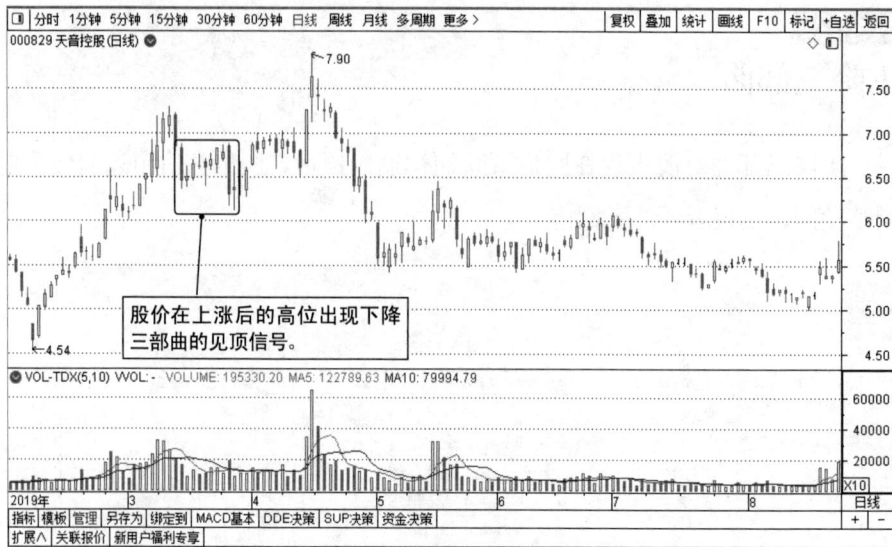

图　天音控股2019年2～8月的走势

从上图可以看到，该股经历了一波上涨行情，将股价拉升至7.00元附近后止涨。2019年3月14日，股价继续下跌，K线收出一根大阴线，随后该股连续向上攀升7个交易日，但其间股价并没有冲破第一根大阴线的开盘价。3月26日，K线再次收出一根大阴线，并且完全吞没了前面的一连串上涨小K线，此时下降三部曲形态确定。

下降三部曲形态的出现发出了股价见顶、后市看跌的信号，并且下降三部曲中的两根阴线实体较长，后市看空的信号越强烈，投资者应在此处积极出逃，避免被套。从后市走势来看，下降三部曲出现后，股价小幅拉升后便转入下跌行情中，跌势明显。

补充提示 *下降三部曲的研判*

下降三部曲最为关键的就是第一根大阴线之后的反弹小阳线，可能是3根小阳线也可能更多，也可能最后一个反弹交易日的收盘价高于第一根大阴线的开盘价，但都可以统一看作是下降三部曲。还有一个关键是反弹过程中的成交量，一般都会低于第一根大阴线以及反弹后阴线当天的成交量。

No.022

高位盘旋

高位盘旋既会出现在高位的顶部，也会出现在价格下跌途中的横盘区域，通常由多根 K 线组合而成。

一图展示

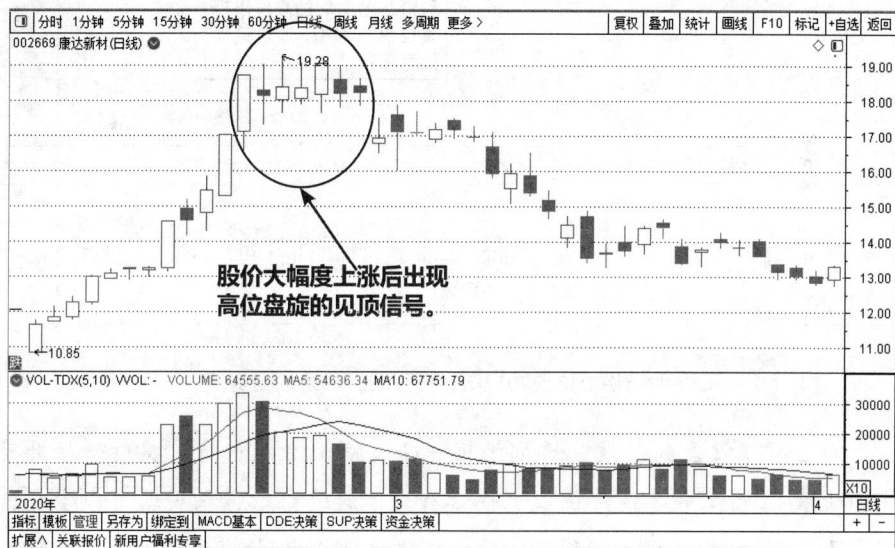

股价大幅度上涨后出现
高位盘旋的见顶信号。

要点剖析

高位盘旋出现在高位顶部通常表现为第一根大阳线延续前期上涨，随后在大阳线右上方出现一连串实体较小的 K 线，股价表现为横盘，多空双方僵持之后，最终出现大阴线打开下跌通道。

出现在下跌过程中的横盘区域，表现为在一根大阴线或中阴线的右下方出现一连串小实体 K 线横盘，整理天数一般 5 ～ 14 天较多，局势由下跌转为多空双方僵持状态，但最终空头力量占绝对优势，再次出现一根中阴线或大阴线破位下行。

实例分析 格力电器（000651）高位盘旋判断顶部

格力电器2019年8月至2020年3月的走势如下图所示。

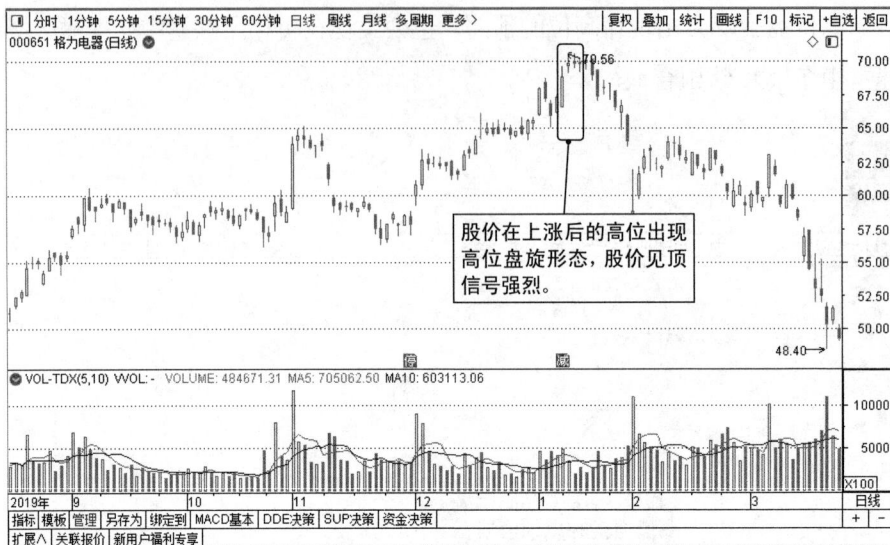

股价在上涨后的高位出现高位盘旋形态，股价见顶信号强烈。

图 格力电器2019年8月至2020年3月的走势

从上图可以看到，该股前期经历一轮大幅上涨的行情，将股价拉升至70.00元高位处，并在该价位线上横盘有见顶的迹象。仔细观察可以发现，1月8日，K线收出一根大阳线，紧接着该股连续收出4根在大阳线右上方横盘运行的小K线，形成高位盘旋的形态。

在股价上升后的高位区出现高位盘旋形态，说明股价可能触顶，上档抛压沉重，股价容易反转下跌。1月15日，K线收出一根阴线打破了小K线横盘运行的平衡状态，该股转入下跌行情中，股价快速下跌，最低跌至48.40元，跌幅达到30.9%。

No.023
九阴白骨爪

九阴白骨爪是高位出现连续多根小阴线的统称，意味着浮盈筹码正在蠢蠢欲动，主力资金在多个交易日里连续抛售筹码来试盘，试探盘面中承接资金的强弱，从而实现大规模出逃。高位连续小阴线是极为强烈的见顶信号，投资者要及时回避。

九阴白骨爪出现在高位区域，一旦均线（只包括5日、10日和20日3根）形成空头排列向下延伸，就形成爪子形态。

一图展示

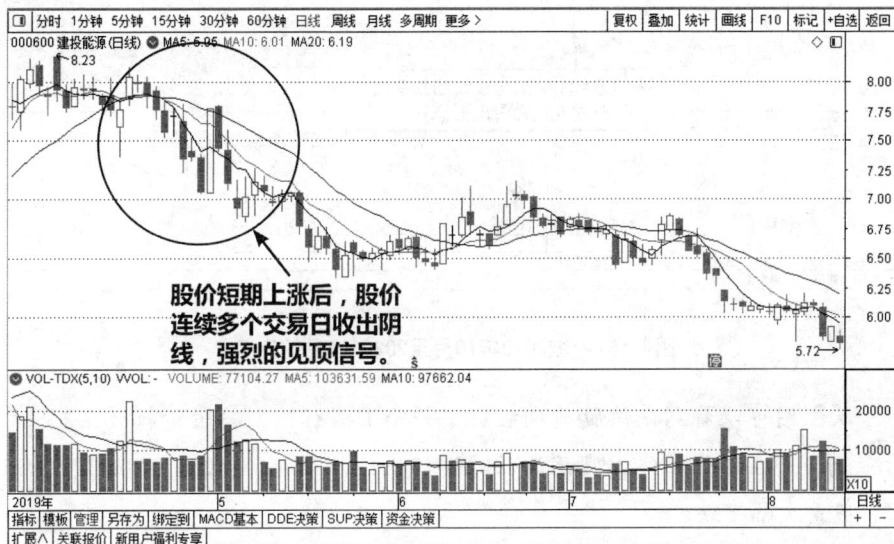

股价短期上涨后，股价连续多个交易日收出阴线，强烈的见顶信号。

要点剖析

九阴白骨爪见顶信号中K线的数量没有严格要求，但最好是连续的小阴线，数量越多，股价见顶的信号越强烈。

投资者应该在何时选择逃顶呢？应观察连续阴线的数量，一般超过3根阴线就需要重点关注，超过5根就应该减仓，超过9根就应该完全离场。连续阴线的数量越多，后市的调整空间越大。

实例分析 *ST中绒（000982）九阴白骨爪判断顶部

*ST中绒2019年10月至2020年4月的走势如下图所示。

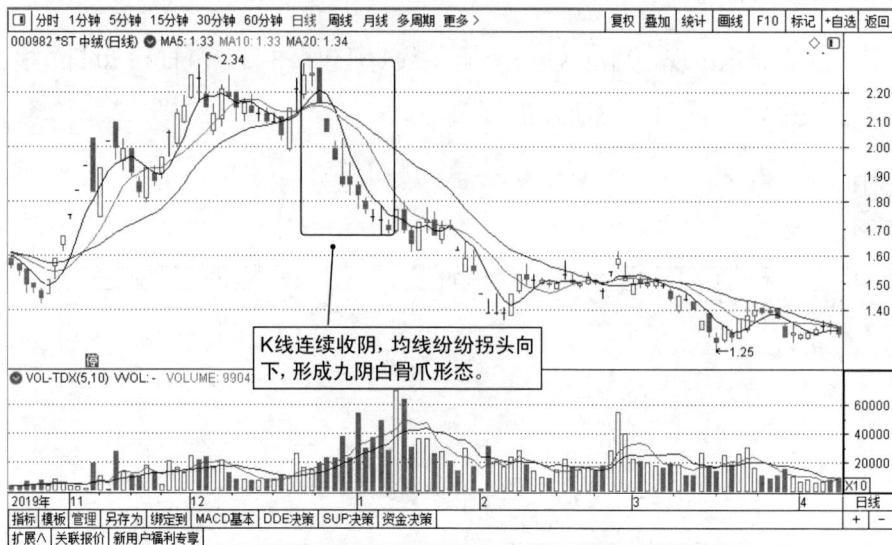

图　*ST中绒2019年10月至2020年4月的走势

从上图可以看到，该股前期经历了一轮上涨行情，将股价拉升至2.20元后止涨，并在该价位线上震荡波动。2019年12月下旬，K线连续收出多根阴线，股价大幅下跌。

此时，由于股价向下滑落，K线图中的5日均线、10日均线和20日均线纷纷拐头向下，出现死叉后，空头排列，出现向下的"爪"字形，至此，九阴白骨爪形态形成。

该形态的出现说明该股这一轮的涨势结束，一轮新的下跌行情开始，投资者应该趁早出逃。从后市的走势来看，九阴白骨爪形态出现后，股价果然转入下跌行情中，跌势沉重，跌幅明显。

第 3 章
技术逃顶入门

K线长期形态逃顶

　　K线是股价最为直接的反映，所以在技术分析中，对K线的分析最为直接也最为有效。在实战中，股价在高位运行过程中不会简单地在出现一根K线或几根K线的形态组合后就快速下跌，而是在高位持续震荡运行，走出一些有意义的K线形态。本章一起来看看那些典型的顶部K线形态。

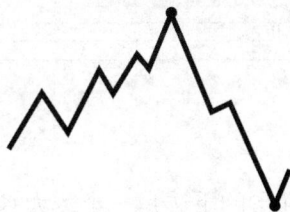

3.1 三角形形态寻找顶部的方法

根据股价的市场运行规律，股价一般会在高位以及下跌过程中形成三角形整理的K线形态。当股价在高位出现三角形整理，说明股价将由上涨转为下跌；如果在下降过程中出现三角形整理形态，则后市大概率会继续下跌。

No.024
高位下降三角形

股价在上涨后出现下降三角形整理状态，预示着顶部的出现，投资者要注意及时离场。

一图展示

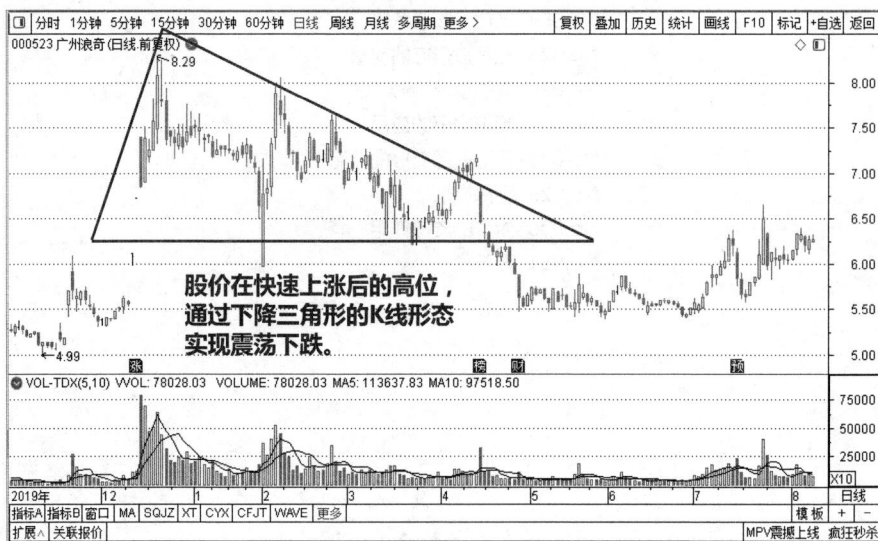

股价在快速上涨后的高位，
通过下降三角形的K线形态
实现震荡下跌。

要点剖析

下降三角形意味着三角形的下边是一个较为水平的支撑线，右边是股价在高位震荡过程中不断试图冲高的价位，这个价位随着时间的推移不断下移，将其连接起来就形成下降三角形的右边。

实例分析 冰轮环境（000811）高位下降三角形的顶部形态

冰轮环境2018年11月至2019年7月的走势如下图所示。

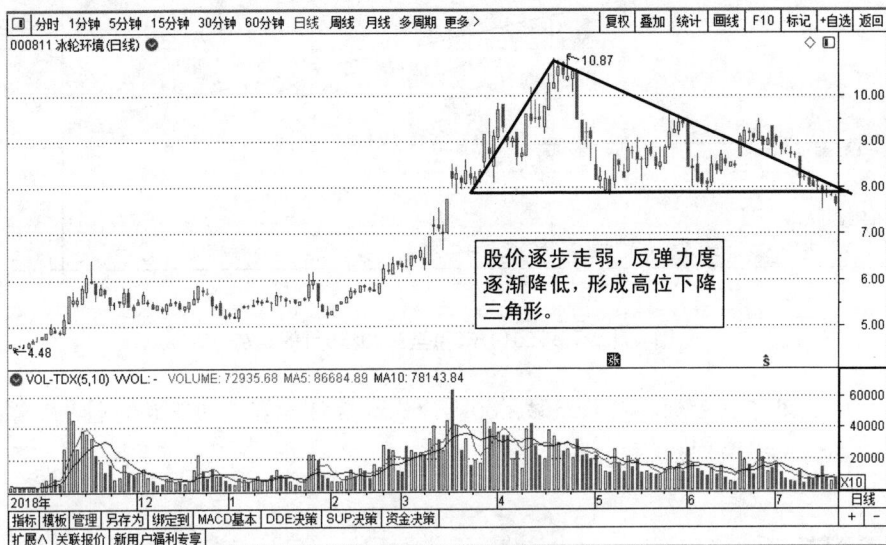

图　冰轮环境2018年11月至2019年7月的走势

从上图可以看到，该股从2018年9月开始表现为上涨走势，股价从4.48元低位向上攀升，创下10.87元的高价后止涨下跌。股价在8.00元价位线上受到支撑，反弹向上，但此次反弹幅度不大，很快便再次下跌。当股价再次下跌至8.00元价位线时再一次受到支撑反弹回升，此次回升的力度明显小于前一次。

仔细观察发现，股价跌至8.00元价位线时便止跌回升，但是市场中的沽售力量却不断加强，使得价格波动的高点逐渐降低，形成一条向下倾斜的线，将这些线连接起来可以看到，K线形成一个明显的下降三角形。

在股价上涨后的高位处出现下降三角形为可靠的见顶信号，后市看跌。当股价下跌跌破8.00元价位线的支撑后就会转入下跌行情中，投资者应该趁早出逃。

下图所示为冰轮环境2019年3月至2020年5月的走势。

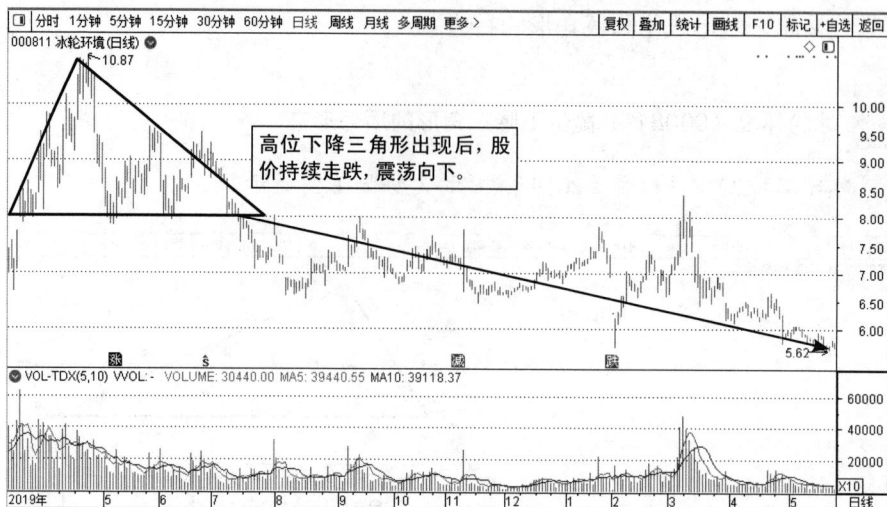

图　冰轮环境2019年3月至2020年5月的走势

从上图可以看到，股价跌破8.00元价位线后转入震荡的下跌行情中，最低跌至5.62元，跌幅达到29.8%。

No.025
三角形形态的支撑

在运用高位下降三角形的见顶信号时，最为关键的是要寻找到三角形的底边。通常股价在高位震荡时会多次回踩一个相近的股价，把这些地点连接起来，就能得到三角形的底边，即为下降三角形的支撑。

高位下降三角形的底边不一定都为完全水平的直线，也可能带一些斜度，只要三角形的右边是向下运行的即可。

投资者在实战过程中，要时刻注意观察高位个股的K线形态，一旦有形成高位下降三角形的趋势就要引起重视。因为高位三角形在A股中出现的频率不高，但成功率极高，且随之而来的股价跌幅一般都很大。所以高位下降三角形是投资者逃顶中不能忽视的技术知识点。

一图展示

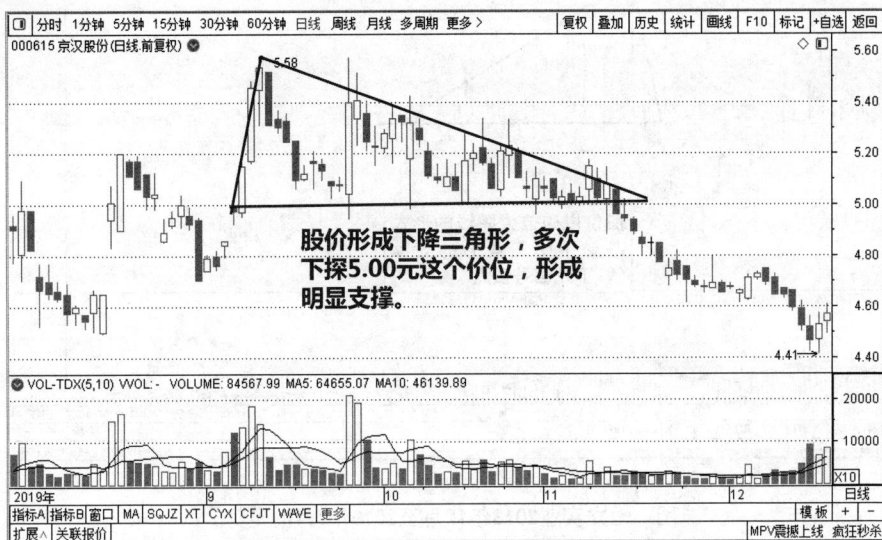

要点剖析

在实战中运用高位下降三角形的支撑时，一旦确认其支撑线，那么当股价向下跌破支撑线，且连续 3 个交易日并未收回到支撑线上方，那么说明顶部确认，股价将开启下跌趋势。

在实战中也会出现股价短暂跌破支撑线，3 个交易日内收回到支撑线上方，那么短期内或是投资者抢反弹的机会，当然反弹的幅度不会很大，并不值得每个投资者都去关注。

实例分析 恒立实业（000622）高位下降三角形的支撑线

恒立实业2018年12月至2019年7月的走势如下图所示。

投资者可以第一时间看出恒立实业在图中高位下降三角形的支撑线吗？答案是什么呢？我们一起往下看。

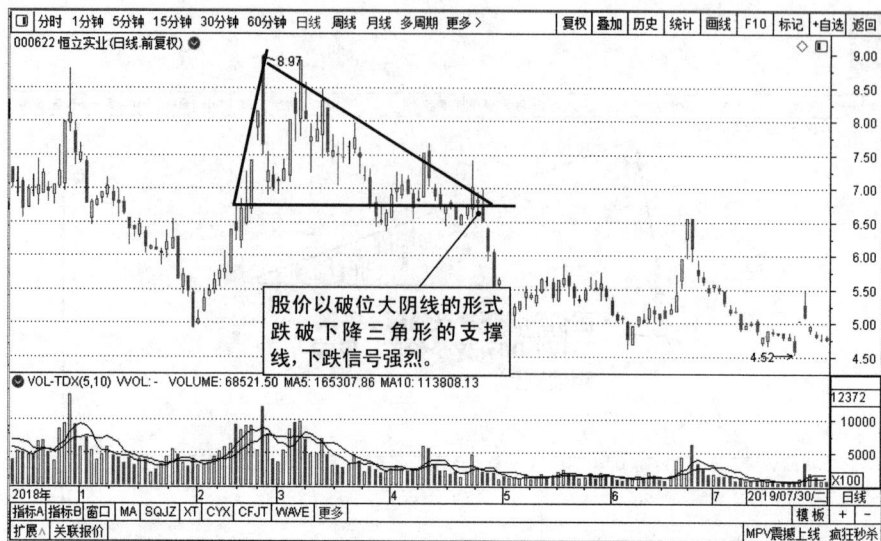

图 恒立实业2018年12月至2019年7月的走势

从上图可以看到，恒立实业在震荡上涨后形成下降三角形的K线形态，其支撑线为6.50元，股价在形成下降三角形的过程中曾多次下探6.50元，并在此得到支撑，因此可以将6.50元看作是下降三角形的支撑线。

2019年4月26日，股价大跌约7%，收出破位大阴线，以这样的形态跌破下降三角形的支撑线，是强烈的见顶信号。

3.2 矩形形态确认顶部的方法

根据股价的市场运行规律来看，相对于三角形的见顶K线形态，矩形的K线形态在实战中出现的频率更高一些。对于投资者而言，判别起来更为直观，使用的方法也更为简单，是投资者在进行技术分析实现逃顶的学习过程中必不可少的一环。

No.026
高位震荡矩形

在经过较长时间以及较大幅度的上涨后，获利资金没办法短期迅速离场，而主力资金也为了维护盘面，选择高位震荡出货，在震荡过程中就可能产生矩形，也就是箱体震荡的 K 线形态。

一图展示

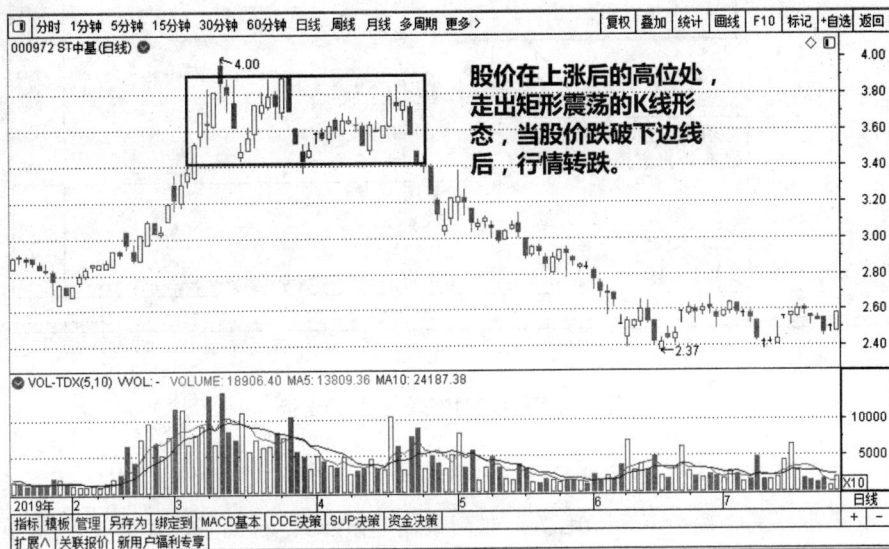

要点剖析

股价在上涨过程中是做多资金主导市场，但是随着盈利盘的涌出，股价出现频繁调整，当股价下降到某个点位时，做多资金积极买入，随着股价的持续上涨，盈利盘则继续卖出，双方就在各自认定的点位重复进行着买入卖出的动作，随着时间的延长，股价未能突破新高后，做多资金也开始信心不足，股价逐步见顶，不久将面临下跌。

实例分析 网宿科技（300017）高位震荡矩形的顶部形态

网宿科技2019年2~7月的走势如下图所示。

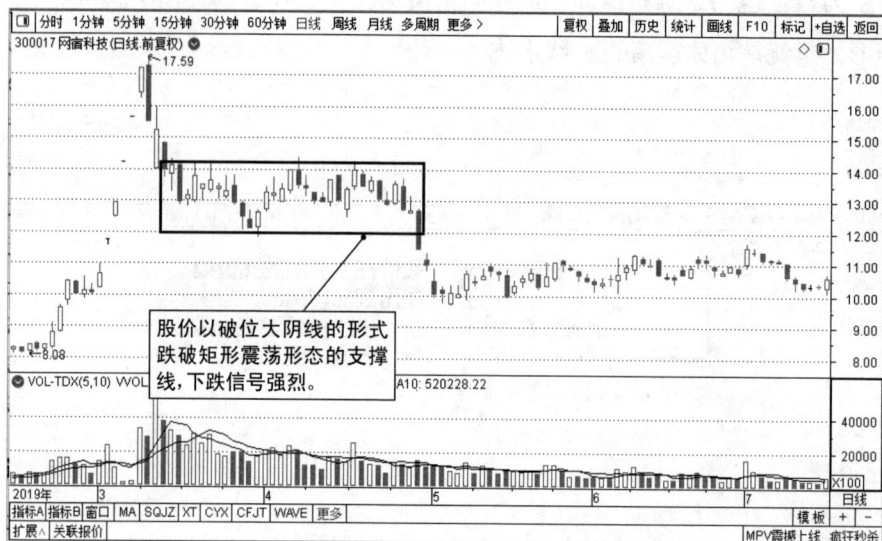

图　网宿科技2019年2～7月的走势

从上图可以看到，网宿科技的股价前期处于飞速上涨的过程中，在不足15个交易日里，股价从8.00元多上涨到最高17.59元，涨幅超过100%，大有重现牛股雄风的迹象。

股价短期上涨过快必然迎来调整。果然，随后网宿科技的股价短期调整到12.00～14.00元区间内，股价在这个区间内震荡运行了两个月，周期并不短。

本以为在震荡之后，股价有概率能重回上涨趋势。但在4月29日当天，股价跌停，收出大阴线，跌破高位震荡矩形的下边，并且在接下来的几个交易日里继续大跌，上涨已成往事，未来或是跌声一片。

No.027
矩形中枢的应用

中枢的概念来自缠论，相信学习过股市技术分析的投资者应该都有所耳闻，也有相当数量的投资者接触和学习过。但对于普通投资者而言，缠论过于深奥和繁复，并不利于学习时实战应用。

关于矩形中枢的应用有许多要点，需要投资者在实战中不断去学习和总结。当股价在高位跌破矩形震荡的K线形态后，许多投资者会问，股价会跌多少？根据股价运行规律，股价在跌破矩形震荡后的第一个跌幅目标等于矩形的高度，而最终的跌幅大概率会是矩形高度的倍数。

一图展示

股价围绕11.00元上下震荡，走出矩形震荡形态。

要点剖析

技术分析总结的理论是对股价历史运行规律的总结，不可能面面俱到，对于投资者而言，切记不能缘木求鱼，而应该在掌握理论和分析思路的基础上活学活用。

例如，在矩形中枢的应用过程中，股价在矩形运行过程中可能会短期向上或向下突破矩形，是否就应该宣告矩形失效呢？其实大可不必，在股价的运行趋势未改变之前，我们依旧可以按照矩形的K形态去分析。

实例分析 天源迪科（300047）矩形中枢的实战应用

天源迪科2019年1～6月的走势如下图所示。

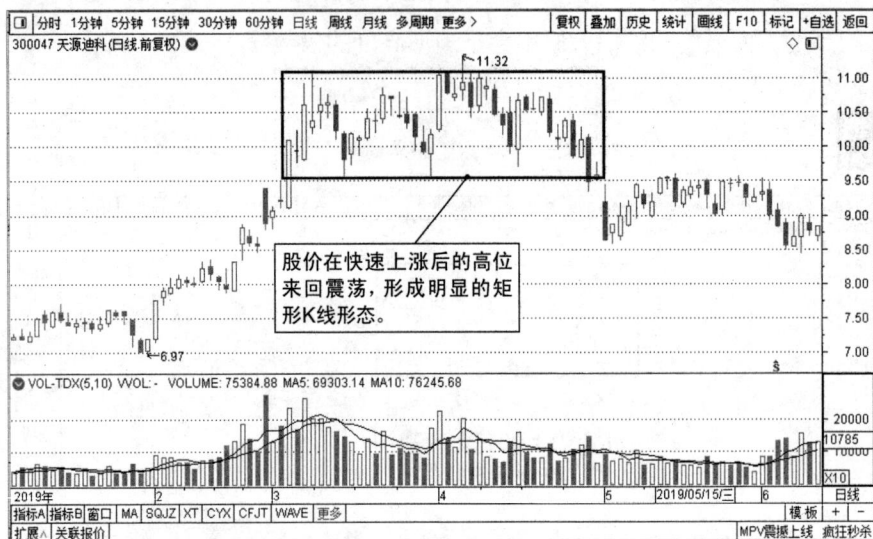

图 天源迪科2019年1～6月的走势

从上图可以看到，天源迪科从2019年2月起股价进入上涨行情，股价从7.00元左右快速上涨到11.00元附近。3月7日和3月8日两个交易日连续收出长上影线，试图突破11.00元，但均以失败告终。

随后股价展开震荡走势，11.00元成为较为稳固的压力线，且股价在每次回探到9.50元附近均得到有效支撑。进入4月后，股价已经在高位震荡超过了一个月，高位矩形的K线形态已经较为明显。

4月29日，股价大跌超过6%，收盘价为9.58元，仍在矩形支撑线上。但两个交易日后，股价在5月6日收出跌停，正式跌破高位矩形。

其实对于投资者而言，一旦矩形开始显现就应该寻找股价反弹至压力线时的机会立即离场。

从天源迪科后续的走势来看，股价跌至8.50元左右得到有效支撑，跌幅达到10%。

下图所示为天源迪科2019年4～11月的走势。

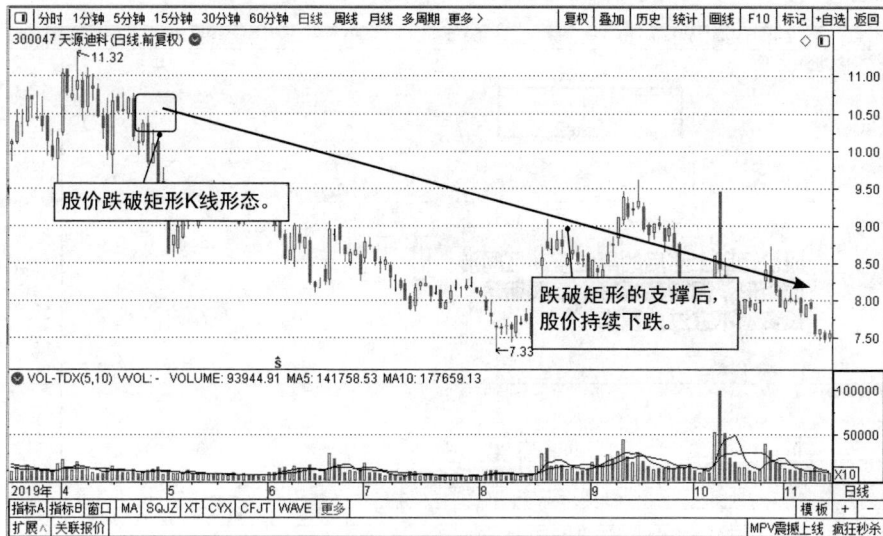

股价跌破矩形K线形态。

跌破矩形的支撑后，股价持续下跌。

图　天源迪科2019年4～11月的走势

天源迪科的股价最低跌至7.30元附近，随后虽然有所反弹，但并不是投资者进场的好机会。投资者要时刻谨记，成功逃顶的股票不要再轻易进场，"好马不吃回头草"的道理在股市中依然成立。

No.028
矩形底部支撑的作用

矩形震荡的K线形态在高位运行的周期越短，后市股价下跌的周期越短；震荡运行周期越长，下跌周期也越长。

对投资者而言，矩形的底部支撑并不是好的进场机会，而是投资者逃顶的基准线。不知道何时应该离场时，投资者可以盯住矩形的底部支撑，股价在底部支撑寻求到支撑展开反弹后，就是陆续离场的好机会，在反弹过程中切勿留恋，应逐步卖出离场。

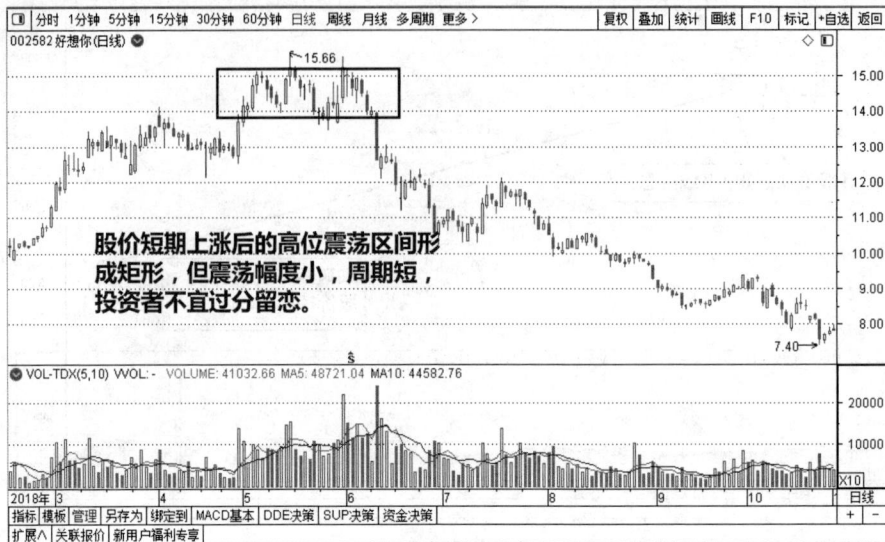

**要点
剖析**

在矩形的见顶信号中，股价在跌破矩形支撑后明确预示了见顶，矩形支撑在后市也不是一无所用。

当股价跌破矩形下边线支撑后，其价位会成为后市股价反弹过程中的压力位，一般的小幅反弹很难突破矩形支撑所在的价位区间。

投资者要做的就是在高位矩形震荡见顶的过程中，抓住每一个股价触及支撑反弹的离场机会。

通过长期的复盘，投资者可以发现一个规律，即股价跌破矩形震荡的表现形式以大阴线为主，这也是最为直接的见顶信号。

**实例
分析** 三聚环保（300072）矩形底部支撑的实战应用

三聚环保2019年1～6月的走势如下图所示。

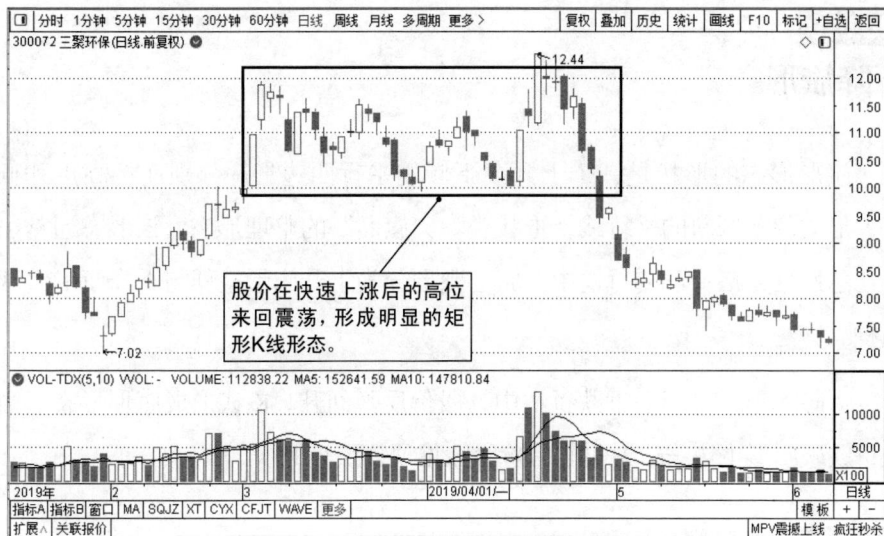

股价在快速上涨后的高位来回震荡，形成明显的矩形K线形态。

图　三聚环保2019年1～6月的走势

从上图可以看到，2019年2月初，三聚环保的股价从7.02元快速上涨到12.00元附近，但多次上攻无法突破12.00元。随后股价在高位展开震荡走势，上方压力位为12.00元，下方支撑位为10.00元。

股价2019年3月开始进入高位震荡，直至4月29日大跌8.61%，跌破矩形支撑，迎来将近两个月的高位震荡。

从股价在高位运行的走势可以看到，股价多次下探到10.00元附近得到支撑，随后有小幅反弹，反弹的过程就是投资者逃顶离场的机会。投资者千万不要去追求一定要卖在最高位，这样的极端操作往往会让投资者在实战投资中陷入被动。在有利润的情况下，股价一旦出现见顶的趋势，尽早落地为安才是最佳选择。

3.3　旗形形态确认顶部的方法

从K线形态上来看，旗形更像是三角形和矩形的结合，其K线形态背后的意义也许三角形和矩形大致相同，实战中出现的频率或许不如三角形和矩形高，但却是主力机构更偏爱的一种出货方式。

No.029
下降旗形

旗形形态的形状是一个上升或下倾的平行四边形。分别连接高点和低点，形成两条倾斜的平行线，形状类似"旗面"的整理形态。该形态通常出现在急速且大幅变动的行情中。旗形整理分为上升旗形整理与下降旗形整理两种。

下降旗形，是指在下跌行情中，股价反弹回升，K线形成旗形形态，当股价跌破旗形下边线，说明股价阶段性见顶，跌势继续。

一图展示

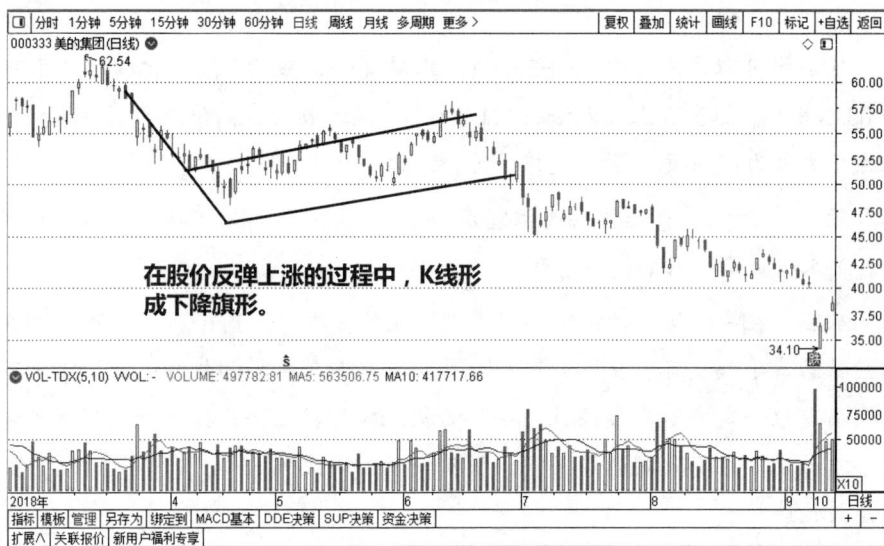

在股价反弹上涨的过程中，K线形成下降旗形。

要点剖析

高位旗形在实战应用中，一般有几点需要注意。首先，旗形出现之前，应有一个旗杆，旗杆是由股价急速运行形成的；其次，旗形的持续时间不会太长；最后，旗形的形成和被突破后，成交量较大。

实例分析 粤电力A（000539）下降旗形反弹顶部

粤电力A 2018年8月至2020年5月的走势如下图所示。

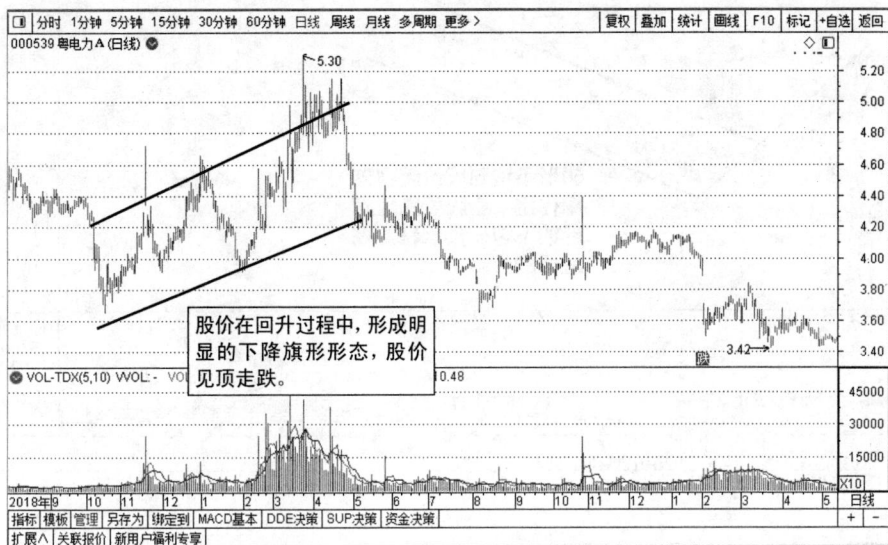

图 粤电力A 2018年8月至2020年5月

从上图可以看到，2018年10月下旬股价止跌回升，震荡向上。分别连接股价波动的高点和低点，发现两条边线形成两条倾斜的平行线，形状类似"旗面"的整理形态。

在完整的旗形走出来后，股价整体表现弱势，短期见顶的趋势明显。

No.030
旗形的支撑作用

旗形的支撑与矩形等见顶信号一样，都是下边。从K线表现形式来看，都是股价在震荡过程中多次回探得到支撑的点，将这些点连接起来就成为支撑线。

一图展示

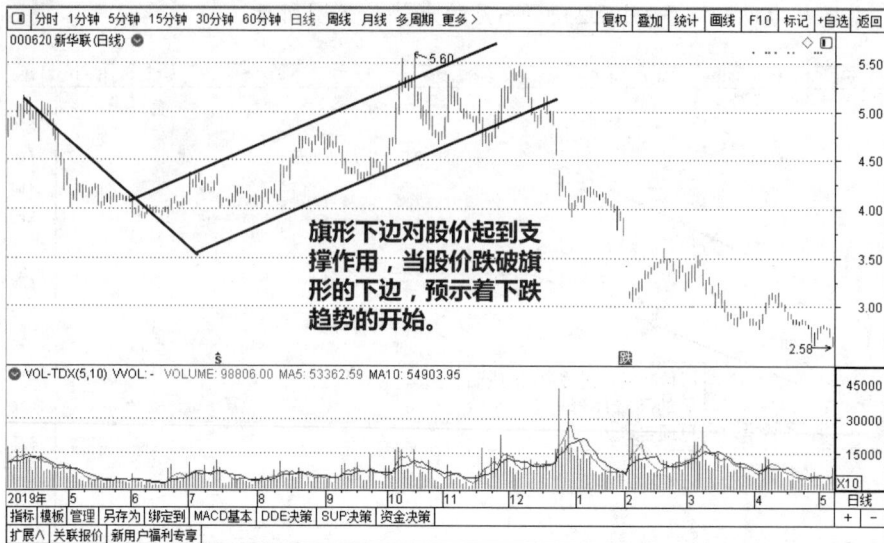

要点剖析

在实战中观察股价是否跌破旗形的下边，依旧要遵循 3 个交易日的原则。即跌破后 3 个交易日未收回，则看作真正跌破；3 个交易日内收回，则称为假突破。

如果股价前期涨幅较大，高位震荡的 K 线形态中的向下假突破并不是股价趋势反转或将强势反弹的信号。通常结合前期涨幅以及盘面的表现来看，这样的假突破多数时候都是主力资金制造出来的陷阱，目的就是吸引散户投资者跟风接盘。

实例分析 珠海中富（000659）旗形的支撑作用

珠海中富2018年5月至2020年2月的走势如下图所示。

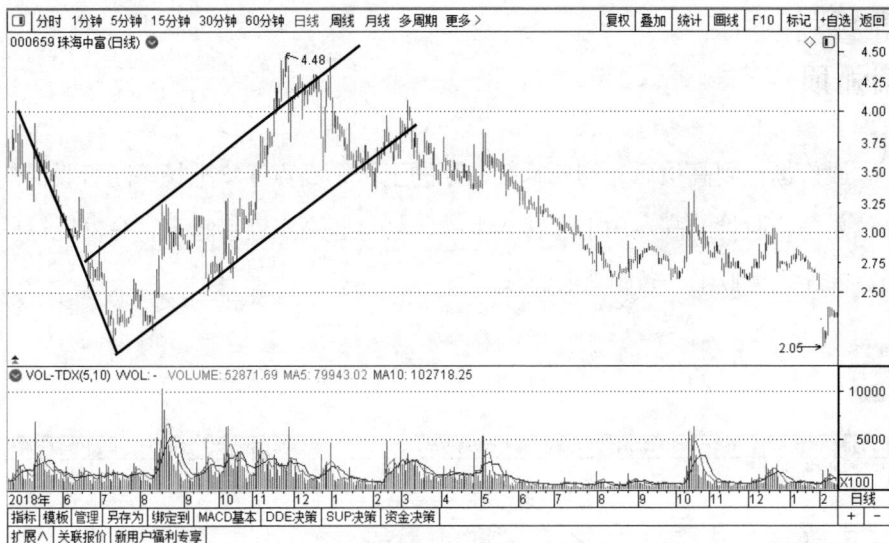

图 珠海中富2018年5月至2020年2月的走势

从上图可以看到，该股在2018年8月初迎来一波震荡上涨行情，股价从2.20元附近上涨至最高4.48元。分别连接股价震荡波动时的低点和高点，发现股价在上涨过程中K线形成旗形形态。

股价在震荡过程中受到旗形上边线的压制，也受到旗形下边线的支撑，使股价在旗形内波动运行。随后，股价冲高的压力位和向下的支撑位都在不断地降低。

2019年3月，股价向下有效跌破旗形下边线，使得旗形下边线支撑作用失效，股价见顶转入下跌行情中。此番下跌持续时间较长，跌幅较深。对投资者来说，一旦发现股价下跌有效跌破旗形下边线时就应该立即出逃。

3.4 利用常见顶部K线形态逃顶

在实战中，股价出现见顶信号的K线组合，除了下降三角形、矩形和旗形以外，还有更多的顶部K线形态，值得投资者去学习和掌握，如圆弧顶、M顶（双重顶）、三重顶等，都是股价运行到高位后出现频率较高的顶部K线形态。

No.031
圆弧顶

股价运行到高位后，初期延续前期的上涨，高点逐步上扬，随着股价的高位震荡，股价的高点由上涨转入下跌，将这些高点连接起来，会发现这些高点的连线类似于一条圆弧的弧线。

一图展示

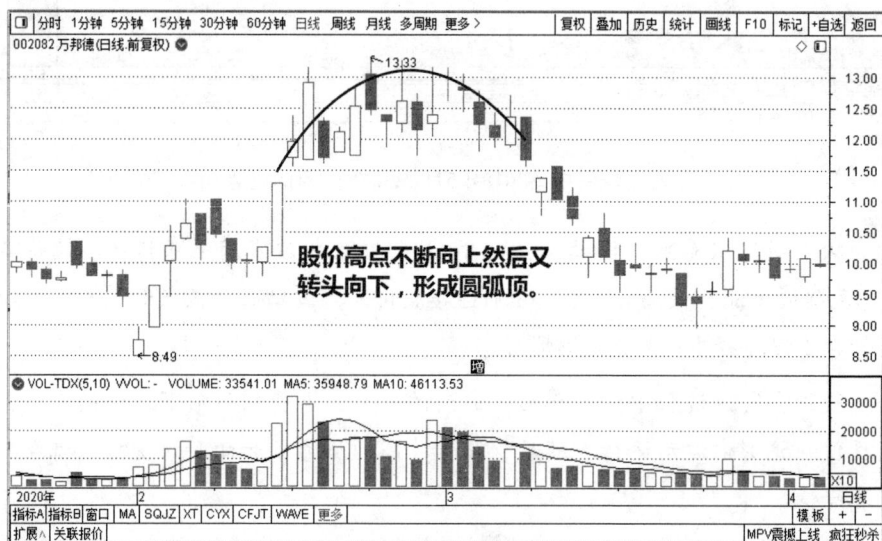

股价高点不断向上然后又转头向下，形成圆弧顶。

要点剖析

圆弧顶的形成过程其实是整个盘面强弱转换的表现，股价前期上涨延续到高位，股价继续多次冲高，不断刷新股价新高，但多以上影线为主。在多次上攻受阻后，股价的高点开始逐渐变低，仍以上影线为主。

在圆弧顶的形成过程中出现上影线的频率较高，投资者要注意在连续上影线的形成过程中，如果股价在 3 个甚至更多个交易日无法突破新高，那么就是很明显的盘面变弱信号，也是股价见顶的信号。

实例分析 宏达高科（002144）圆弧顶出逃

宏达高科2019年1～6月的走势如下图所示。

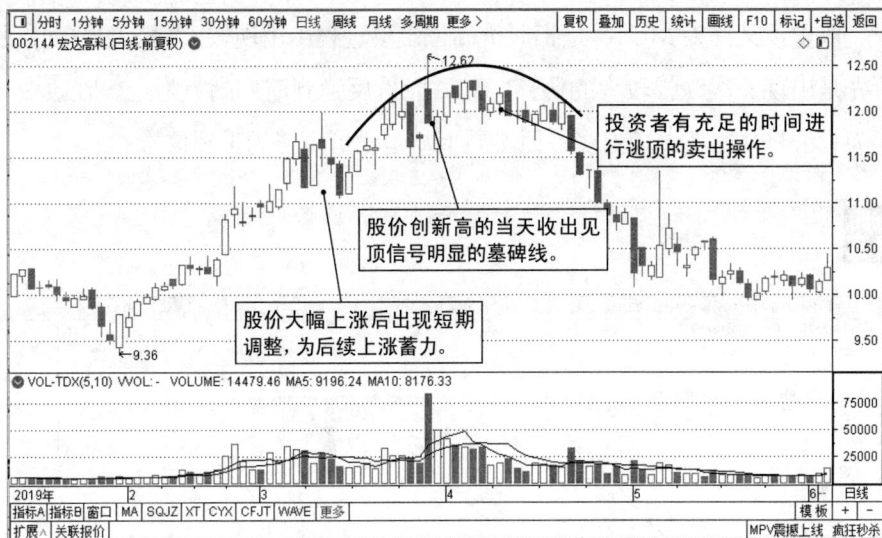

图 宏达高科2019年1～6月的走势

从上图可以看到，宏达高科2019年2月初开启了一波涨幅巨大的上涨攻势，股价从最低9.36元上涨到最高12.62元，涨幅超过30%。

进入3月中旬以后，虽然股价经过前期短暂的调整后继续上攻，但上涨过程中K线收出上影线的频率变高，虽然股价继续上涨，但盘面没有前期上涨过程中那么强势。

3月28日，股价继续冲高创出12.62元的新高，但是当天形成长上影线的大阴线，类似墓碑线的见顶信号，这就需要引起投资者注意。

随后股价开始震荡，高点逐渐下移，圆弧顶逐渐形成，在此过程中投资者有充足的逃顶时间。

圆弧顶这类K线形态与单根K线的见顶信号相比有一个好处，即投资者可以有充足的时间选择卖出。

No.032

双重顶

双重顶又称为 M 顶，是指股价高位震荡过程中出现较大幅度的波动，股价先是出现一次跌幅较大的假摔，随后股价反弹到前期高点附近，让投资者以为股价将开始新一轮上涨，但实质上却是股价真正的见顶信号。

一图展示

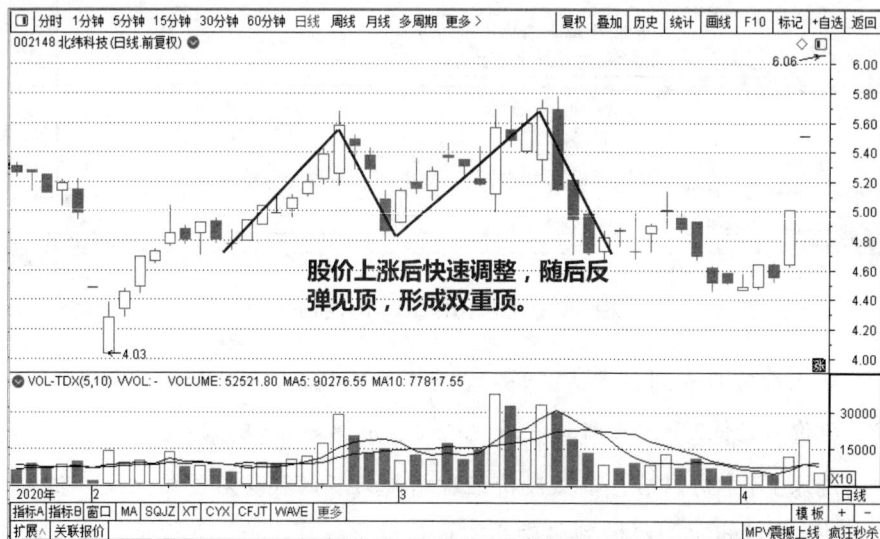

股价上涨后快速调整，随后反弹见顶，形成双重顶。

要点剖析

双重顶中的右顶在实战中有几种不同的表现形式，较为常见的是右顶与左顶几乎处在同一价位上；另外，右顶还可能比左顶更高，但高的幅度十分有限；右顶也可能比左顶更低，预示着股价走弱的速度比想象的更快。

如果右顶高于左顶，那么在形成右顶的反弹过程中的成交量必然高于前期，反之亦然。

如果股价在形成右顶的反弹过程中呈现明显的缩量，则是典型的反弹无力，是更为强烈的股价见顶信号。

实例分析 **远望谷（002161）双重顶的实战应用**

远望谷2019年12月至2020年3月的走势如下图所示。

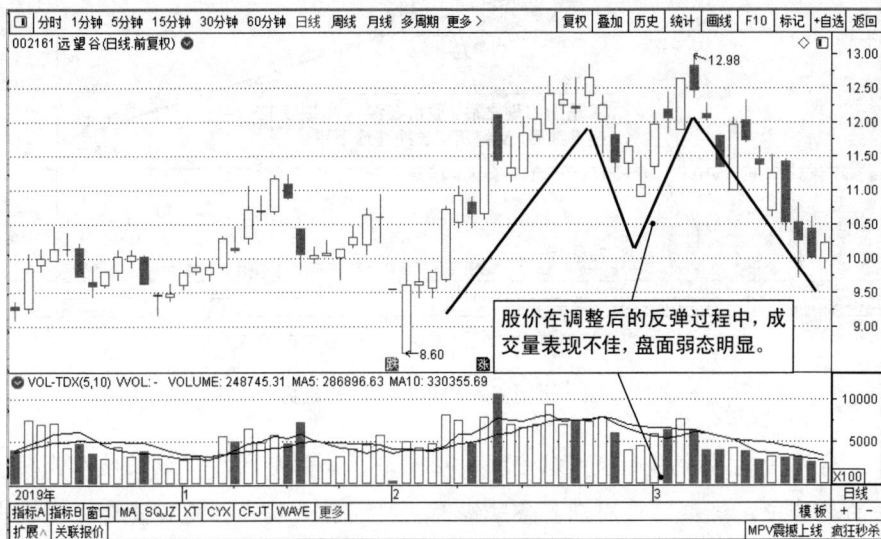

图　远望谷2019年12月至2020年3月的走势

从上图可以看到，远望谷经过一轮上涨行情，将股价拉升至10.00元附近，随后股价在该价位线上下波动震荡运行，没有明显的规律可循。

股价在一次调整中创出了8.60元的新低，随后股价继续上涨，直至12.50元附近才受阻，下跌回调短期快速调整到11.00元附近得到支撑。

当股价在11.00元得到支撑展开反弹时，观察反弹的全过程，虽然股价涨势不错，但成交量却异常小，这时投资者就需要注意了。

当股价创出12.98元的新高后，股价未能继续高举高打，而是快速调整，股价形成双重顶的见顶信号，右顶比左顶略高，但成交量更小，见顶信号十分明显。

下图所示为远望谷2020年3～5月的走势。

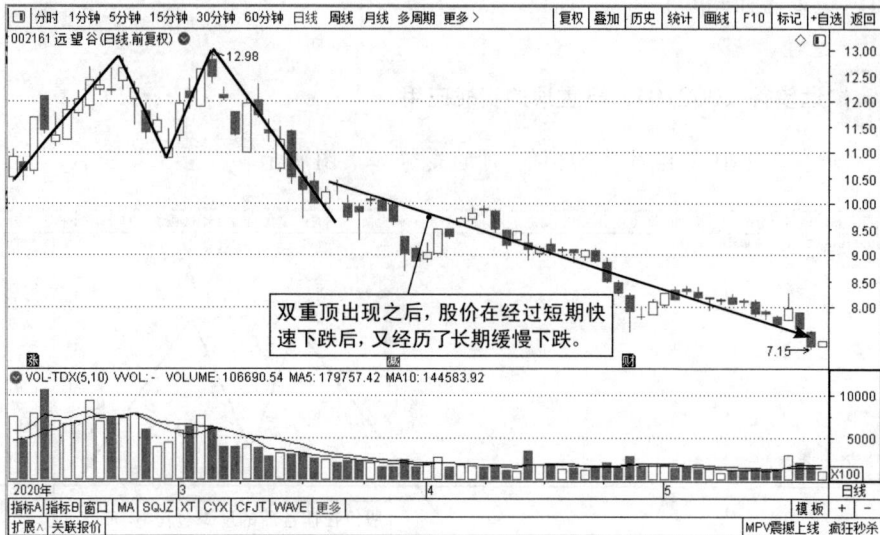

图　远望谷2020年3～5月的走势

从远望谷后续的走势可以看到，双重顶在高位形成后，该股转入长期下跌的趋势中，这类下跌周期具备跌幅大、时间长的特点，是投资者在实战中特别需要注意的逃顶信号。

No.033
三重顶

三重顶是双重顶的加强版，通常是获利资金手中的筹码过多，需要通过更多次的震荡来实现出货，所以在双重顶的基础上多了一次调整和反弹，是更为有效的见顶信号。

三重顶与双重顶不同的是拥有两次调整，而两次调整的低点可以连接成为支撑线，帮助投资者更早逃顶。

一图展示

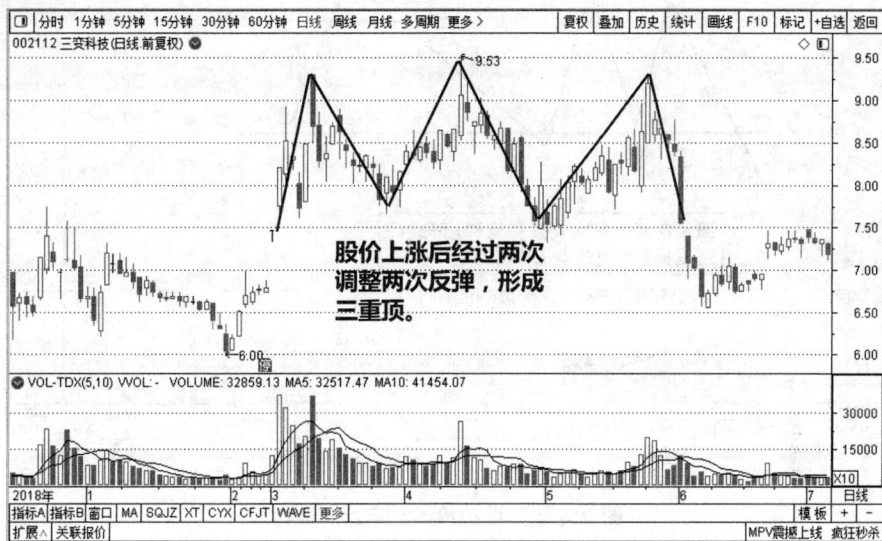

股价上涨后经过两次
调整两次反弹，形成
三重顶。

要点剖析

三重顶在形成过程中会经历两次调整，将两次低点连接起来形成支撑线。股市中通常将这根支撑线称为颈线，投资者应该在颈线上大幅减仓，在股价跌破支撑线后清仓离场。

判断 K 线是否形成三重顶，必须要求 3 次高点的价位高度相近，差距不能太大。

由于三重顶需要经过两次调整和两次反弹，所以整个震荡的周期较长。主力资金需要通过较长时间来完成出货，因此观察整个三重顶的形成过程，成交量大概率会呈现逐步萎缩的态势。

实例分析 麦达数字（002137）三重顶的实战应用

麦达数字2019年2～5月的走势如下图所示。

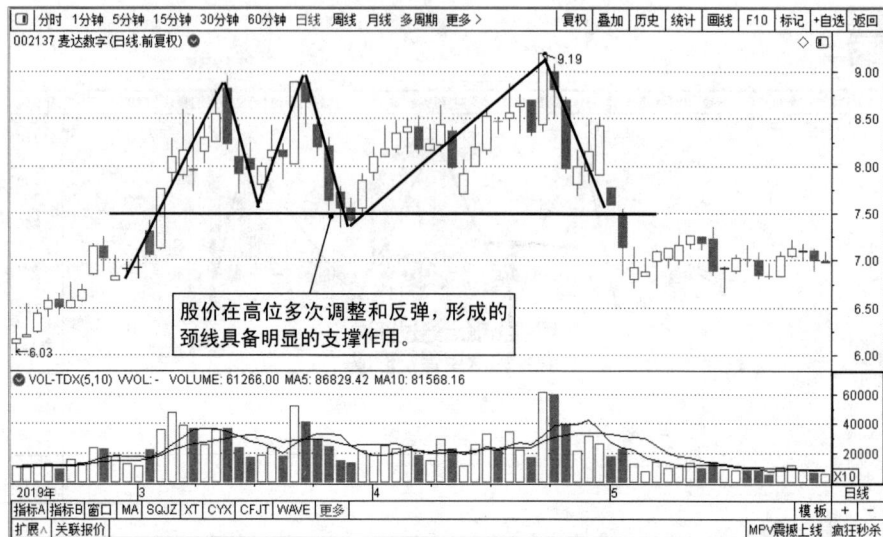

图 麦达数字2019年2～5月的走势

从上图可以看到，麦达数字在2019年2月开始上涨，涨至9.00元附近受阻，股价一次调整后在7.50元附近企稳，继续试图突破9.00元但再次失败，股价再次回调到7.50元附近，与上一次调整的价位接近，形成颈线。

股价在第二次调整到7.50元附近后再次冲击9.00元，虽然在4月23日当天涨停并收出9.19元的新高，但股价在接下来的几个交易日却迅速回落，有明显的走弱态势。

观察整个震荡过程，成交量有明显变小的趋势，虽然4月23日涨停的当天成交量明显放大，但整体态势表现不佳。

补充提示 *三重顶颈线的妙用*

三重顶的颈线在实战中有多重妙用，最为直接的是股价跌破颈线预示见顶。如果股价第三次调整到颈线附近再次得到支撑开始反弹呢？这样的情况依旧不建议投资者大笔进场。在前期涨幅不大的情况下，可以小仓位做短线；如果前期涨幅较大则建议作壁上观。判断股价是否值得再次大笔入场的关键是看股价能否突破前期三重顶的高点。

No.034

倒V顶

倒V顶通常与单根K线的见顶信号结合分析，倒V顶的形成周期要明显比圆弧顶、双重顶等更短，对于投资者而言，逃顶的机会更小，需要引起注意。

一图展示

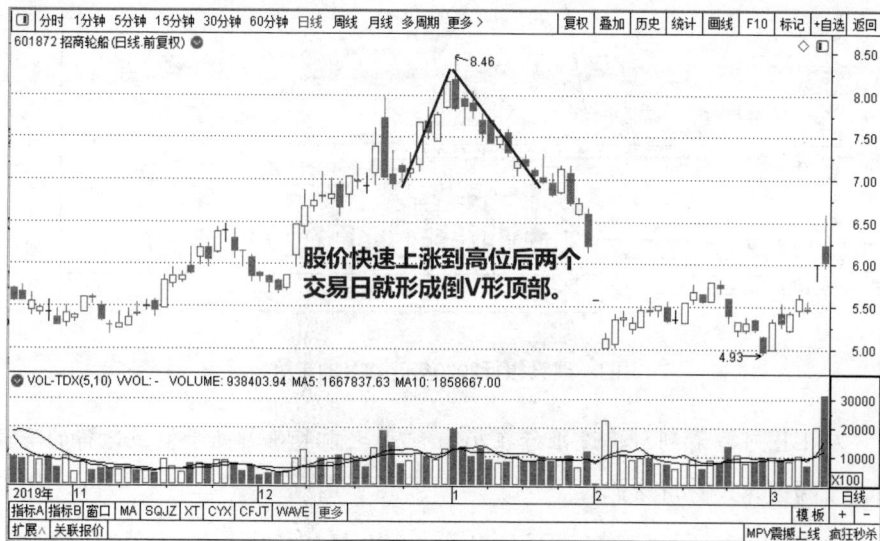

股价快速上涨到高位后两个交易日就形成倒V形顶部。

要点剖析

倒V顶部和圆弧顶的最大区别就在于股价的强弱转换极快，短则一个交易日，长则三五个交易日。

倒V顶部的判别要与单根K线的见顶信号紧密结合起来分析，因为在股价强弱转换的过程中，必然会在一个或几个交易日里的K线上"露出马脚"，投资者要做的就是一旦"抓住马脚"，就要果断离场。

与一字顶一样，倒V顶部带来的下跌势头也极为凶猛，短期跌幅极大，非投资者愿意承受的。

实例分析 建设银行（601939）倒V顶的实战应用

建设银行2020年6～8月的走势如下图所示。

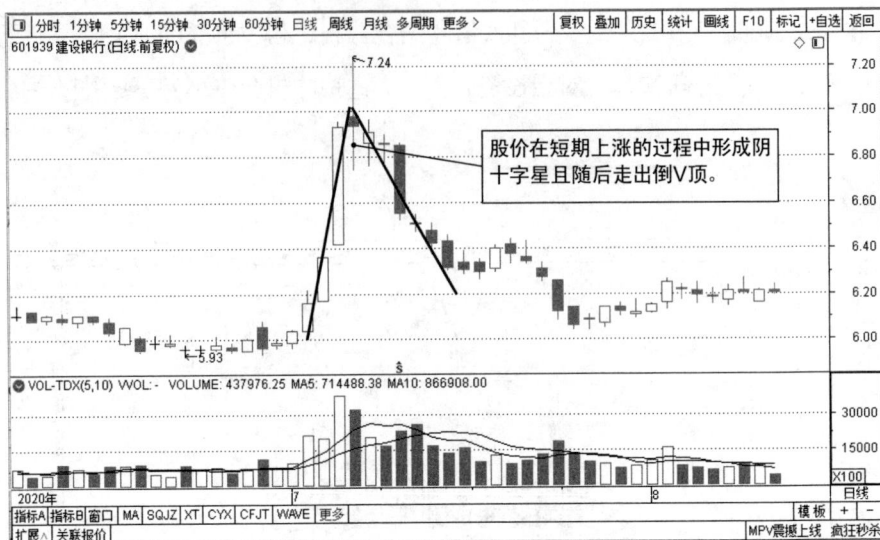

图　建设银行2020年6～8月的走势

从上图可以看到，建设银行在2020年7月之前股价都处于低位运行的阶段内，市场整体交易情绪低迷。

进入7月后，受市场环境利好影响，整个银行板块集体"暴动"，建设银行股价也连续拉高，股价从6.00元快速上涨到最高7.24元。

在7月6日，建设银行大涨8.96%，作为上证指数的重要权重股之一，建设银行的逼近涨停意味着指数的大涨。这种情绪难免让投资者认为"牛市归来"。

7月7日，建设银行股价继续冲高，并创出7.26元的新高，但是上方压力过大，股价当天回落收出阴十字星，给市场带来一种不好的信号。

果不其然，在后续的几个交易日里，股价连续走低，到7月中下旬，股价就几乎跌回前期的起涨点，投资者若是在倒V顶没有及时逃顶，那么就会错失这一波收益，甚至可能面临亏损。

No.035

头肩顶

头肩顶形态是一个可靠的逃顶信号，通过3次连续的涨跌构成该形态的3个部分，也就是有3个高点，中间的高点比左右两个高点要高，称为"头部"，左右两个相对较低的高点称为"肩部"。

一图展示

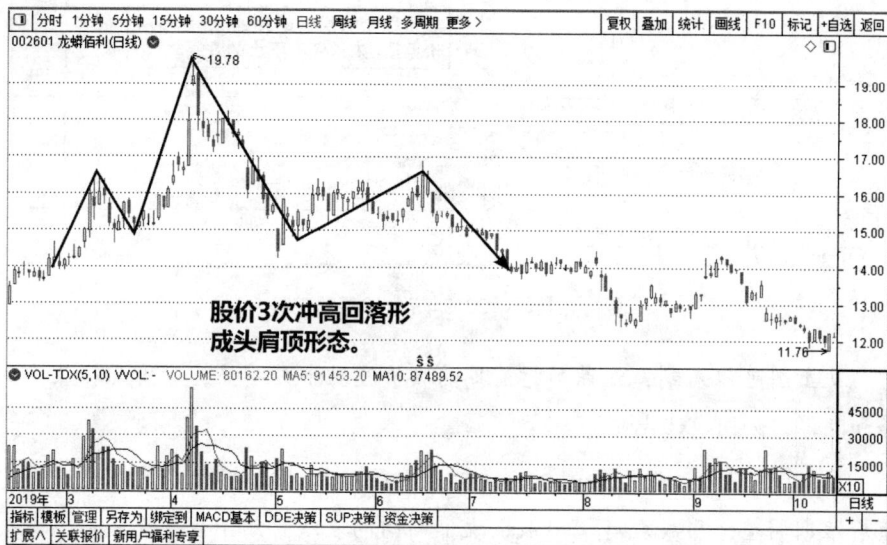

股价3次冲高回落形成头肩顶形态。

要点剖析

股价在上涨后期成交量大涨，但同时带来盈利盘卖出的压力，股价短期回落，左肩形成。但股价的涨幅并未充分体现利好，股价在短期调整后开始反弹，突破左肩高点，随着股价的反弹上涨并创新高，盈利筹码竞相抛售，股价快速下跌，头部完成。

股价再次反弹，但涨势不再凶猛，价位未到达头部高点便开始回落，形成右肩。这一次下跌过程中，股价跌破颈线，后市继续下跌，头肩顶形态宣告完成。

实例分析 九鼎新材（002201）头肩顶的实战应用

九鼎新材2019年7～10月的走势如下图所示。

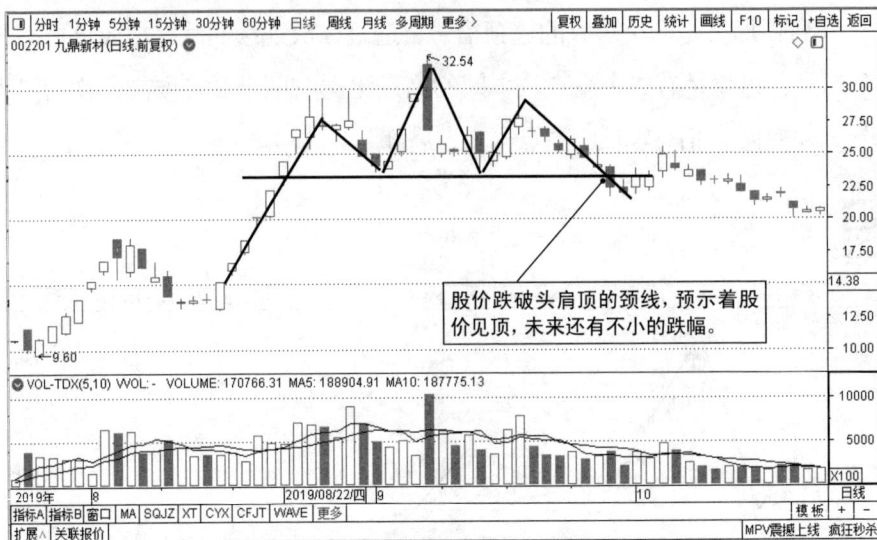

图 九鼎新材2019年7～10月的走势

从上图可以看到，九鼎新材前期的股价波动十分明显，股价动辄收出涨停和跌停，如同"坐电梯"。

在8月中下旬，股价从12.50元左右开始快速拉升，连续7个交易日涨停，随后短期调整，形成左肩。"妖股"九鼎新材的表演自然不会就此闭幕，调整之后，股价再次通过两个交易日的涨停，并在9月6日高开低走创出新高，当天大跌超过9%，高位形成大阴线，已然不祥。

随着右肩的形成以及股价跌破颈线，九鼎新材的表演暂时告一段落。

No.036

喇叭顶

喇叭顶是股价上涨到高位后，在震荡过程中的高点和低点分别做出两条直线，两条直线所形成的开口就如同一个喇叭口。

一图展示

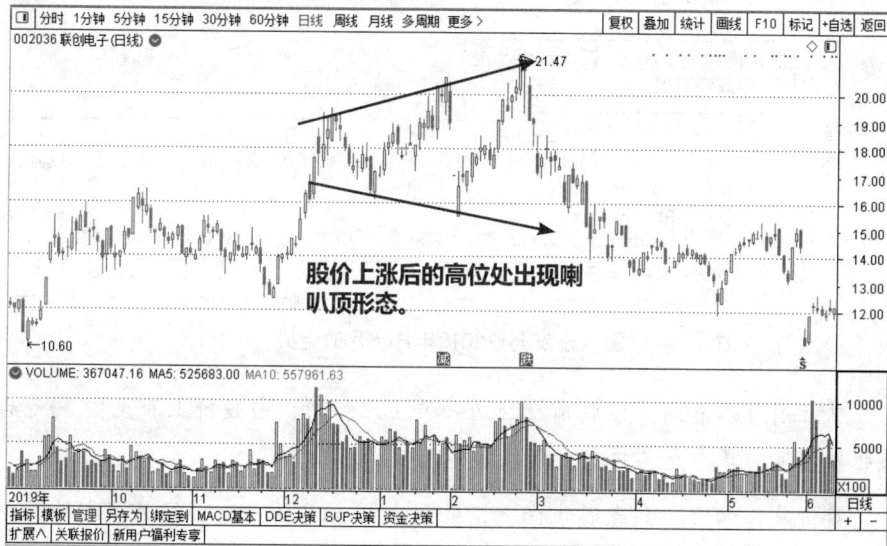

股价上涨后的高位处出现喇叭顶形态。

要点剖析

喇叭口K线形态一般由两个或三个高点和低点组成。其中，顶部的高点必须是一个比一个高，低点可以保持在一条水平线上或者沿着一条直线下降。

当股价在运行的高位区间出现这样的喇叭口K线形态，显示的是股价见顶的信号。在这样的K线形态出现后，应卖出股票，避免接下来出现的下跌走势。

实例分析 永安药业（002365）喇叭顶的实战应用

永安药业2019年1～8月的走势如下图所示。

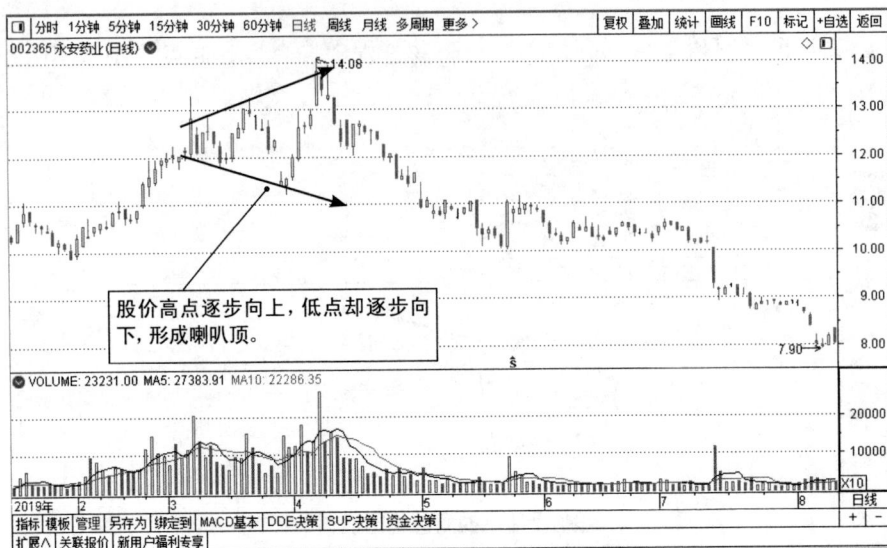

图　永安药业2019年1～8月的走势

从上图可以看到，该股前期经历一波上涨行情，当股价上涨至12.00元后短暂横盘调整几个交易日后，转入震荡上涨的行情中。

股价震荡向上，高点逐步向上，并创出14.08元的新高，但是同期的低点却在逐步向下。分别连接震荡运行过程中的高点和低点，发现K线形成喇叭顶形态。喇叭顶形态出现在股价上涨后的高位处，说明盘中抛售压力较大，后市行情极有可能见顶下跌。

从该股后市的走势来看，随着喇叭顶的形成，股价开始进入下跌通道，且跌幅较深，跌势沉重。

第 4 章
技术逃顶入门

利用MACD指标逃顶

在技术分析的学习过程中，除了对 K 线本身进行深入分析外，通常还会借助一些辅助性的技术指标。在这些辅助性的技术指标中，MACD 是使用频率最高的指标之一，也被称为"指标之王"。一方面是对其使用频率高的认可，另一方面也是对其使用范围宽泛、分析效果好的认同。

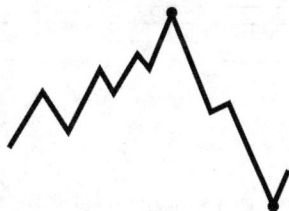

4.1 MACD 指标如何使用

MACD 指标由多个部分共同组成，各个部分可以单独使用，也可以将多个部分结合起来综合使用。

No.037

MACD指标的意义

MACD 指标全称为指数平滑异同移动平均线，是各个炒股软件默认显示的副图指标，在使用前我们需要先掌握其背后的意义，才能在实战中灵活、快速地应用。

一图展示

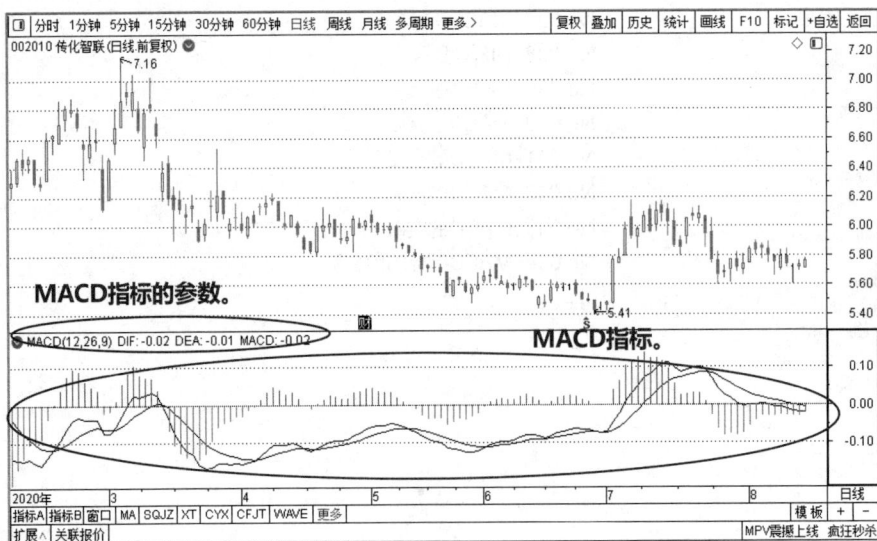

要点剖析

MACD 的设计是建立在 EMA 指标的基础上，通过股票市场价格计算出快速指数平滑移动平均线与慢速指数平滑移动平均线两组 EMA 数值。

EMA 全称为 "EXPMA"，即为指数平滑移动平均线，它出现时因为移动平均线存在迟滞性，一旦价格脱离均线且差值扩大，而均线未能及时反映，便不利于投资，而指数平滑移动平均线则可以减少类似情况的发生。

用快速 EMA 数值减去慢速 EMA 数值可以得到差离值（DIF），DIF 可以为正数也可以为负数。将 DIF 数值用 EMA 的算法进行计算，得到中期（默认为 9 日）异同平均数 DEA。用 DIF 数值减去 DEA 数值，即为 MACD 的值。

No.038
DIF快线

DIF 是指 12 日的指数平均数与 26 日指数平均数的差值。因为 DIF 取值间隔时间较短，图形波动明显，所以又称为快线。

一图展示

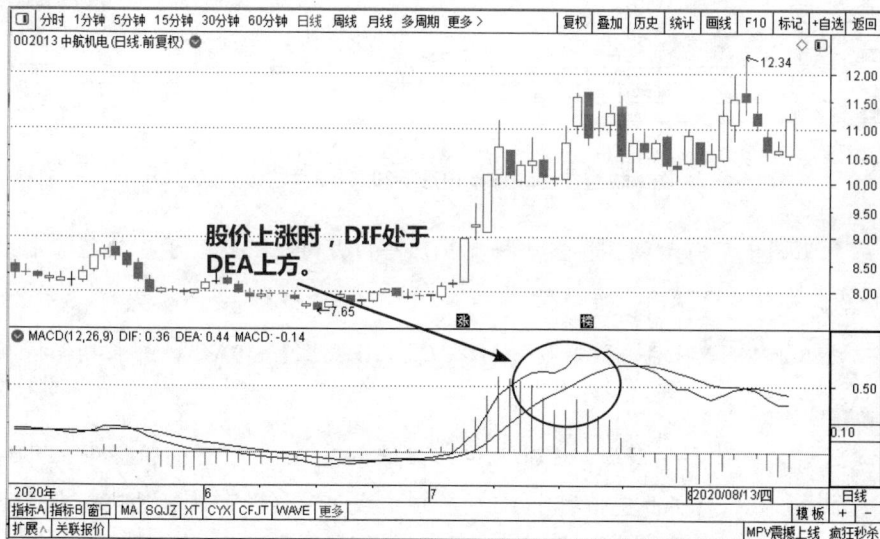

股价上涨时，DIF处于DEA上方。

要点剖析

DIF 是在计算 MACD 指标时最早得出的一条线，也是最具有指示意义的一条线，在实战中，DIF 线与股价走势大概率呈现一致的走势。同时，参考 DIF 值的高低，也有利于投资者确定顶部和逃顶。

实例分析 协鑫能科（002015）DIF快线的简单应用

协鑫能科2019年10月至2020年3月的走势如下图所示。

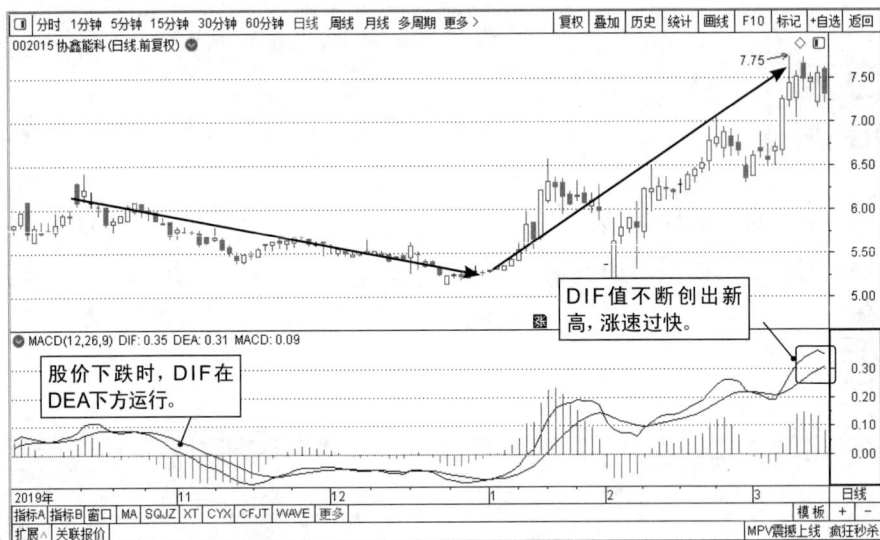

图　协鑫能科2019年10月至2020年3月的走势

从上图中可以看到，协鑫能科在2019年11月时，股价处于下跌趋势中，DIF线长期处于DEA线下方运行。

进入2020年1月后，随着股价的上涨，DIF线上穿DEA线，并长期保持在DEA线上方运行。

随着协鑫能科的股价从5.00元左右上涨到7.50元，DIF的值逐步上升到0.30左右，相较于低位5.00元时DIF的负值有成倍的增长，涨速过快，有可能存在调整的预期（见下图）。

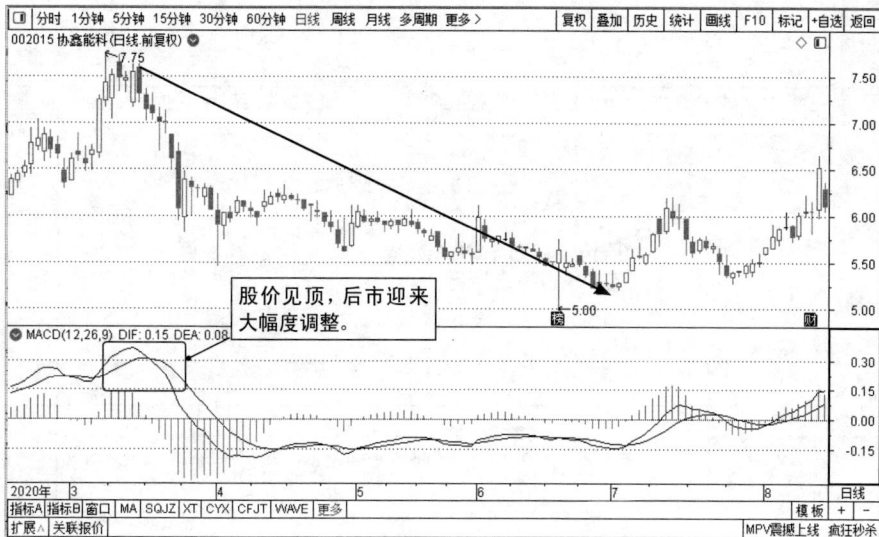

股价见顶，后市迎来大幅度调整。

图　协鑫能科2020年3～8月的走势

补充提示　*DIF 线的实战意义*

从前 DIF 线与股价的波动高度重合，是股价过去短期运行的表现，对股价未来短期的表现有着预示意义。

当股价上涨到高位后，DIF 线向下穿过 DEA 线，则预示着股价短期内必然出现一次调整，调整的力度需要结合其他因素进行综合考虑。但对于投资者而言，一旦高位出现 DIF 下穿 DEA 的情况，就要及时逃顶。

No.039

DEA慢线

DEA 是在 DIF 的基础上运用 EMA 的算法得出的结果。因为其取值的间隔时间更长，图形波动更为缓慢，所以称为慢线。

DEA 是 DIF 经过平滑计算处理后得到的，所以在使用 MACD 指标时，通常以 DIF 为主，以 DEA 为辅。再次重申，股价在高位时，出现 DIF 下穿 DEA 时，一定要择时逃顶。

一图展示

要点剖析

　　在实战中运用 MACD 指标通常以 DIF 线为主，DEA 线为辅，但这并不意味着 DEA 线不重要，DEA 线同样具备 DIF 线的功能，只是走势更为平滑和稳定。

　　当 DIF 线与 DEA 线的值都大于零且同时向上运行时，说明股价处于上涨的趋势中。

　　当 DIF 线与 DEA 线的值都大于零且同时向下运行时，说明股价处于下跌的趋势中。

　　在长期走势中，DIF 线从高位开始拐头向下通常会比 DEA 线更先一步，但只有当 DEA 线与 DIF 线同时向下时，股价确认顶部的概率才更大，所以在逃顶技术分析中，其实 DEA 线比 DIF 更有实用价值。

实例分析 苏泊尔（002032）DEA慢线的简单应用

苏泊尔2019年10月至2020年5月的走势如下图所示。

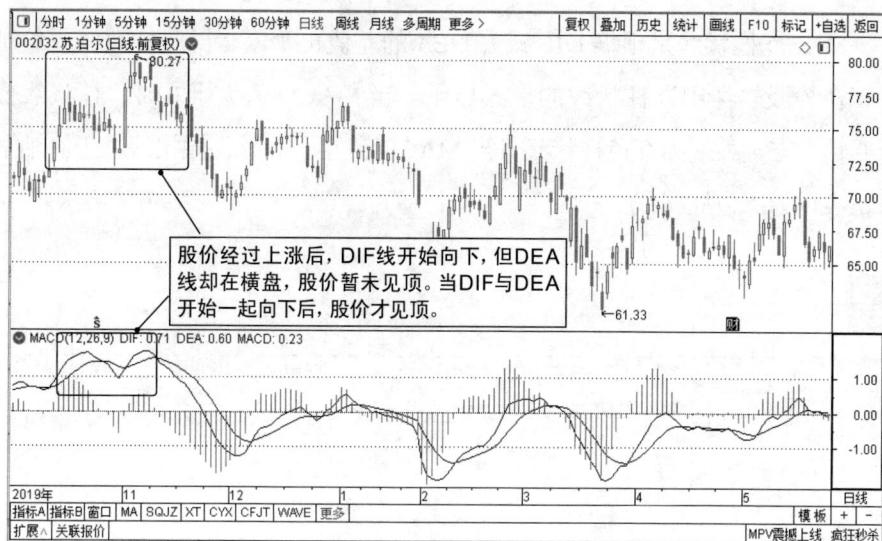

图 苏泊尔2019年10月至2020年5月的走势

从上图中可以看到，2019年10月，苏泊尔受益于其稳定的经营业绩，股价震荡上涨，趋势良好。

当股价进入75.00元左右的区间后，DIF线开始掉头向下，但是同期的DEA线却仍在横盘震荡，随后股价虽然高位有所调整，但跌幅不大。

反而在小幅的调整后，股价再次上涨，突破80.00元的新高。随后在股价短期回调中，DIF线与DEA线开始同步向下，股价出现强烈的见顶信号。

从后市的走势来看，苏泊尔从2019年12月左右开始下跌，最低创出61.33元的新低，可见DEA线在分析顶部时的重要作用。

分析苏泊尔此次由涨转跌的过程，DIF的短期掉头向下，因为DIF存在短期波动性，所以向下运行有可能是短期调整。但是当DEA线这个中期指标也同步向下运行时，则是短期和中长期的共振，股价出现强烈的见顶信号。

No.040
MACD柱状线

MACD 柱状线是根据 DIF 减去 DEA 的差值再乘以 2 得出的数值所绘制的，在炒股软件中以柱状线的形式显示。当 MACD 值大于 0 时，柱状线位于 0 轴上方，表现为红色柱状线；当 MACD 值小于 0 时，柱状线位于 0 轴下方，表现为绿色柱状线。

一图展示

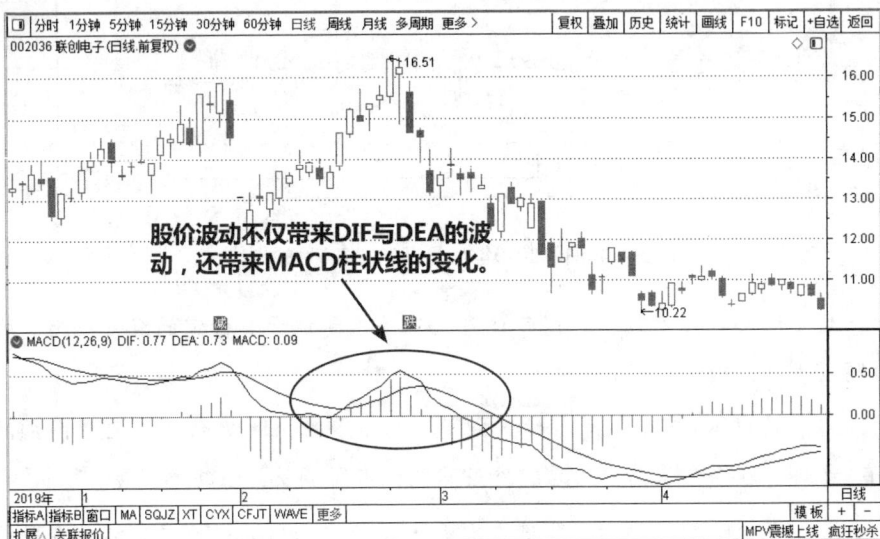

要点剖析

MACD 的值或者柱状线能够直观表现市场中某只股票里做多资金和卖出资金双方力量强弱的变化。简单来看，当柱状线从红色变为绿色（MACD 值由正转负），说明做多资金的转弱，卖出资金的转强，短期应考虑卖出。

当柱状线从绿色转变为红色（MACD 值由负转正），表明个股中买盘比卖盘更多，短期可考虑买入。

实例分析 华孚时尚（002042）MACD柱状线的实战应用

华孚时尚2019年10月至2020年2月的走势如下图所示。

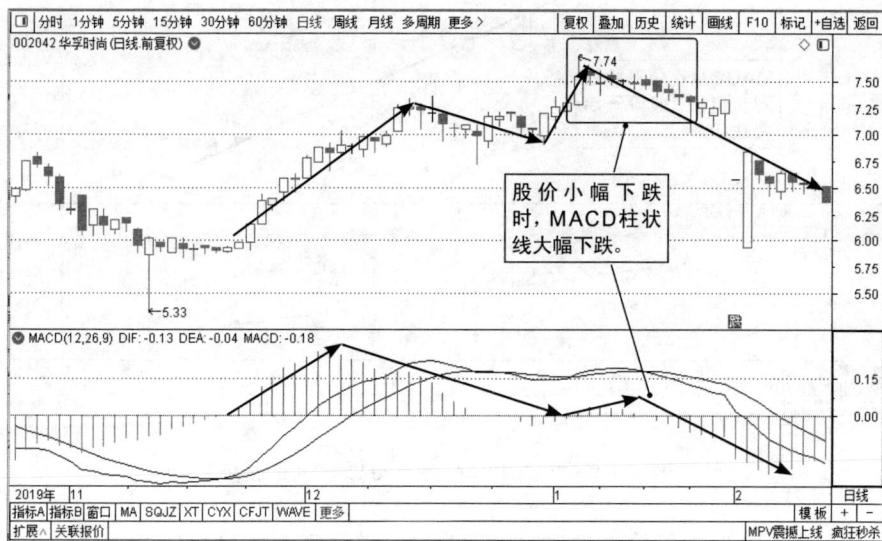

图 华孚时尚2019年10月至2020年2月的走势

从上图可以看到，华孚时尚的股价从2019年的11月中旬开始上涨，从6.00元附近通过连续阳线快速上涨。

同期的MACD柱状线由绿转红，且DIF线与DEA线同步向上穿过0轴，股价表现十分强势。

股价大幅度上涨，随后在7.00元左右遇到阻力，同期的MACD柱状线开始缩小并由正转负，并在2020年1月前后多次转正又转负。

进入2020年1月中旬，股价在突破7.50元后开始震荡收跌，以实体较小的阴线为主，趋势并不明显。但是同期的MACD柱状线却在0轴下方快速放大，市场中的做多资金急剧转弱，卖盘资金快速增加。

下图所示为华孚时尚2019年11月至2020年2月的走势。

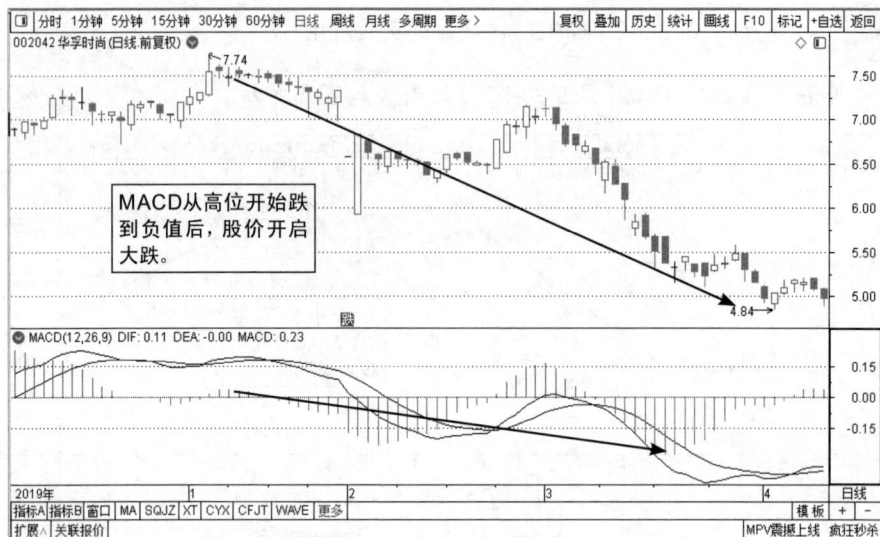

图　华孚时尚2019年11月至2020年2月的走势

　　从华孚时尚后续的走势来看，当股价经过上涨后，MACD指数随之上涨到高位。当MACD指标从高位开始迅速向下并转为负值，股价很大概率开启一波大跌。

4.2　MACD 指标的基础实战逃顶

　　认识了 MACD 指标中 DIF 线、DEA 线和 MACD 柱状线之后，为了更深入掌握 MACD 指标的实战应用，投资者需要掌握 DIF 线与 DEA 线的各种表现形式，如两者的交叉、背离，再如 DIF 线、DEA 线与 0 轴的关系。

No.041
MACD的交叉

　　MACD 指标交叉主要是指 DIF 线与 DEA 线的交叉，通常是指 DIF 线向上或向下穿过 DEA 线。DIF 线与 DEA 线的交叉代表短期和中期股价的运行将迎来拐点。当DIF线向上突破DEA线，形成的交叉为黄金交叉，为可靠买点。当 DIF 线向下跌破 DEA 线，形成的交叉为死亡交叉，为可靠卖点。

一图展示

DIF线向下穿过DEA线形成死叉，随后股价迎来大幅度调整。

要点剖析

对于追求高位精准卖出、逃顶成功的投资者而言，需要对 MACD 指标的死叉进行深入学习和掌握。

MACD 死叉是指 DIF 线向下穿过 DEA 线形成的交叉，但是死叉出现在不同的位置有着不同的意义。

◆ 低位死叉，即出现在0轴下方的死叉，通常是下跌趋势中的反弹阶段。死叉的出现意味着反弹的结束，短期小顶形成。

◆ 0轴附近的死叉，表明在0轴附近下跌的趋势逐步形成，股价大概率又将迎来一波下跌行情，是卖出信号。

◆ 高位死叉，即在0轴上方且远离0轴的区域内形成的死叉，表明股价上涨趋势的结束，股价短期内将迎来调整，而调整的幅度需要根据盘面和其他指标进行综合判断。

实例分析 三只松鼠（300783）的MACD指标死叉应用

三只松鼠2020年2～7月的走势如下图所示。

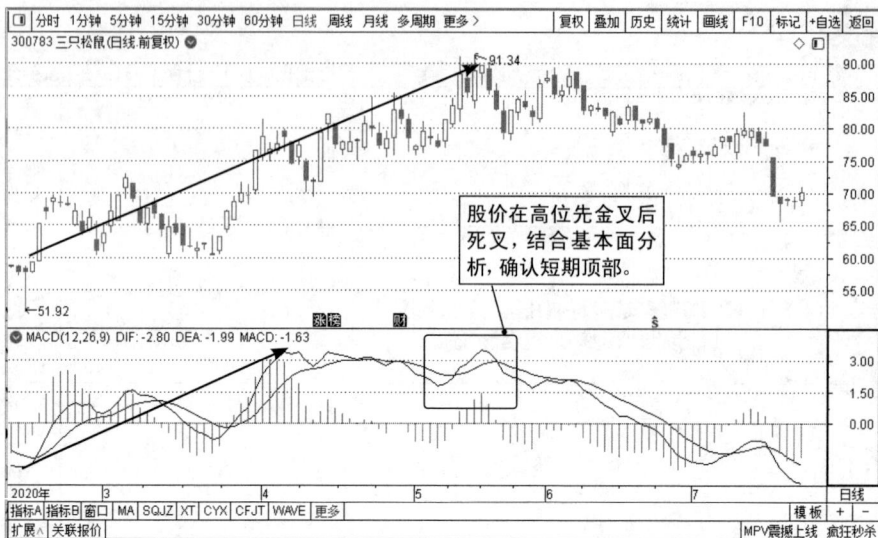

图 三只松鼠2020年2～7月的走势

从上图可以看到，三只松鼠在2020年5月之前股价都处于上涨趋势中，在震荡上涨的过程中，MACD指标整体上行。

但是进入4月中下旬后，股价在高位频繁震荡，同期的DIF线与DEA线从分散到纠缠，直至在5月初再次形成金叉，股价创出新高。

但在股价创出新高不久后，DIF线向下穿过DEA，MACD指标在远离0轴的高位形成死叉，这是股价前期长期震荡时都未出现过的情况。

结合其基本面进行分析，虽然三只松鼠所在的零食消费行业在当时处于风口上，但是其面临的竞争较为激烈，企业业绩增长预期并不乐观，所以当股价上涨到高位后的MACD死叉需要特别注意。

从后市三只松鼠股价的走势来看，从90.00元调整到70.00元左右，跌幅巨大。同时结合基本面来看，虽然零食消费行业竞争激烈，但是行业前景好，天花板高，对于三只松鼠已经抢占一部分市场份额的行业龙头来说，企业持续做大是大概率事件，因此股价的短期调整只是企业短期业绩不佳的反应，并不是企业和行业衰落的拐点。

No.042
MACD的背离

MACD 指标的背离主要是指 DIF 线、DEA 线与股价的背离，通常是指 DIF 线、DEA 线同时上行时，股价却在下跌；或者是 DIF 线与 DEA 线向下运行时，股价却仍上涨。

一图展示

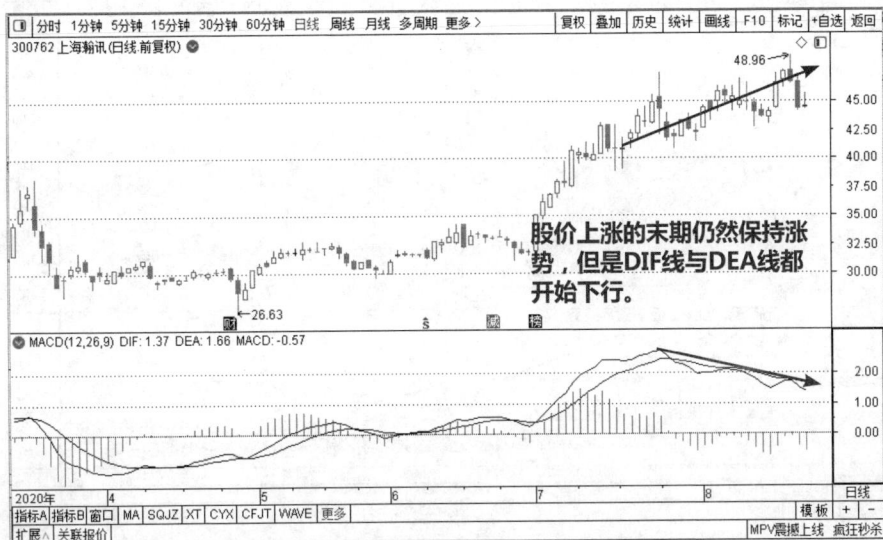

股价上涨的末期仍然保持涨势，但是DIF线与DEA线都开始下行。

要点剖析

根据背离出现的位置不同，可以分为底背离和顶背离。在逃顶的技术分析中我们主要关注 MACD 指标与股价的顶背离。

MACD 指标与股价的顶背离主要是指在上涨行情中，股价不断创出新高，但 DIF 线或 DEA 线却没有创出新高，两者的运行轨迹出现明显的背离。

在实战中利用顶背离去分析顶部时，需要注意以下 3 点。

◆ 当MACD指标在高位出现两次甚至更多次的顶背离时，说明市场中做空力量不断聚集，股价很快将迎来拐点。

◆ 顶背离是成功概率较高的顶部形态，投资者应尽早卖出。

◆ 在MACD指标与股价背离的过程中，成交量若有明显的放大，则这个周期内主力资金在暗中卖出。

实例分析 爱朋医疗（300753）的MACD指标顶背离

爱朋医疗2020年6～8月的走势如下图所示。

图 爱朋医疗2020年6～8月的走势

从上图可以看到，在2020年6月中旬，爱朋医疗股价从34.00元附近出现一波快速上涨，股价连续8个交易日收出阳线，股价快速上涨到40.00元附近的区域。

随后在高位出现一个DIF线与DEA线的死叉，股价有见顶的趋势。但是在7月前后，股价在38.00元附近得到支撑，随后股价快速反弹并创出新高。

观察股价反弹新高同期的MACD指标，无论是DIF线还是DEA线不仅没有随着股价上行，反而双双向下运行，与股价形成明显的顶背离。

当股价在高位先后出现死叉和背离的情况下，很明显是强烈的见顶信号。7月13日，在股价创出新高后的下一个交易日，股价几乎跌停，随后"跌跌不休"。

No.043
MACD的突破

突破通常应用于股价超越了某一个关键价位，而MACD指标的突破则是指DIF线与DEA线突破0轴。

当DIF线与DEA线向上突破0轴时，是指市场由下行转为上涨。反之，当DIF线与DEA向下突破0轴时，则是股价短期顶部的信号。

一图展示

DIF与DEA先后下穿0轴，股价同步下跌。

要点剖析

当 MACD 指标在临近 0 轴的上方向下跌破 0 轴时，意味着股价在震荡或上涨初期的阶段中，股价将迎来短期调整；当 MACD 指标在远离 0 轴的上方向下跌破 0 轴时，说明股价即将或已经开始下跌，且后市大概率将继续下跌，投资者应及时离场。

实例分析 电连技术（300679）的MACD指标下行跌破0轴

电连技术2020年1～4月的走势如下图所示。

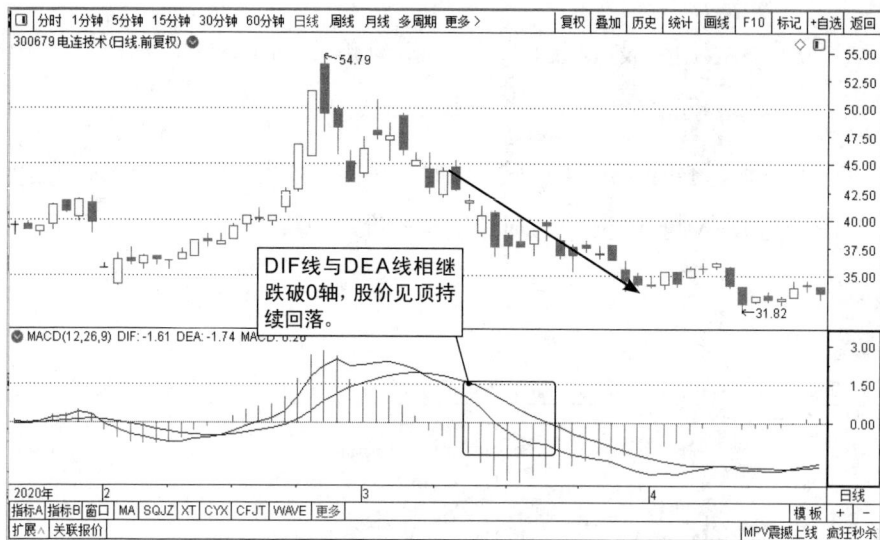

图 电连技术2020年1～4月的走势

从上图可以看到，2020年2月初，电连技术股价出现一波快速上涨，股价从35.00元上涨到50.00多元。

股价在高位震荡的过程中，MACD指标出现了一次高位死叉。随后DIF线与DEA线先后向下穿过0轴，股价开始大幅度下跌。

DIF线与DEA线向下穿过0轴意味着做空力量已经相当强势，结合死叉和背离等进行综合分析，能够有效逃顶。

4.3 MACD 指标的进阶实战逃顶

如果说 MACD 指标的交叉、背离和突破是指标应用的基础和入门，那么 MACD 指标在运行过程中形成的各种形态，就是进阶知识。通过对 MACD 指标的形态分析，可以提高逃顶的成功率。

No.044
MACD指标的假金叉

MACD 指标的交叉通过前面的学习，我们知道，当 MACD 指标中的 DIF 线与 DEA 线在低位形成金叉后，股价会持续上升。但在实战中，投资者也会经常看到当 DIF 线与 DEA 线出现金叉后，股价仍然出现了继续下跌，这会让投资者充满迷惑。

一图展示

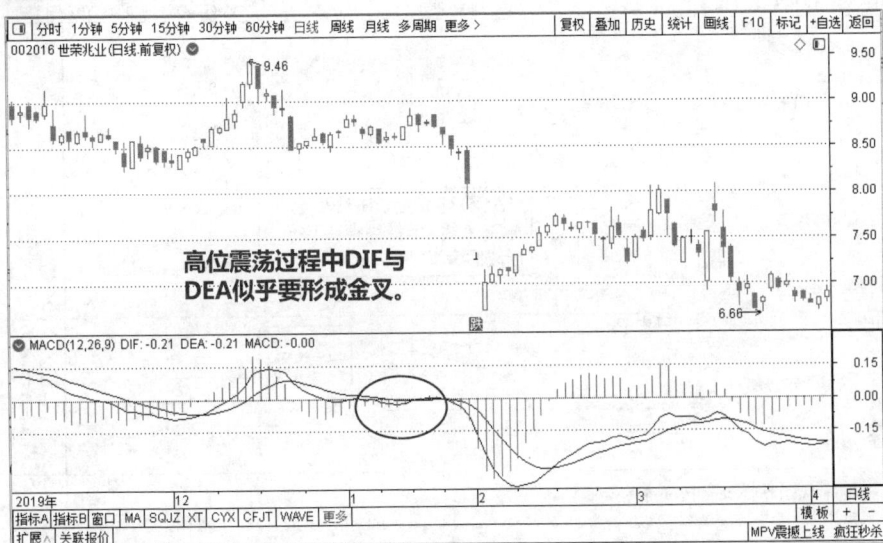

高位震荡过程中DIF与DEA似乎要形成金叉。

要点剖析

在自然世界中，任何趋势形成后都会产生一定的惯性，如同松开油门的汽车依旧会向前行驶一段距离一样，股价在上涨趋势后，即使做多动能消失，由于向上的惯性依旧会促使股价继续上涨，这也是为什么股价在高位死叉后依旧会小幅上涨的原因。

股价在死叉后的小幅上涨之后，DIF 线会随着股价的上涨出现短期向上运行的形态，有向上运行突破 DEA 线形成金叉的趋势。

但往往这个金叉最终会落空，DIF 线与 DEA 线从分散到纠缠，但 DIF 线最终未能上穿 DEA 线，而是掉头向下，股价在后市迎来一轮下跌，股价快速见顶。

实例分析 中航机电（002013）的假金叉

中航机电2020年1～4月的走势如下图所示。

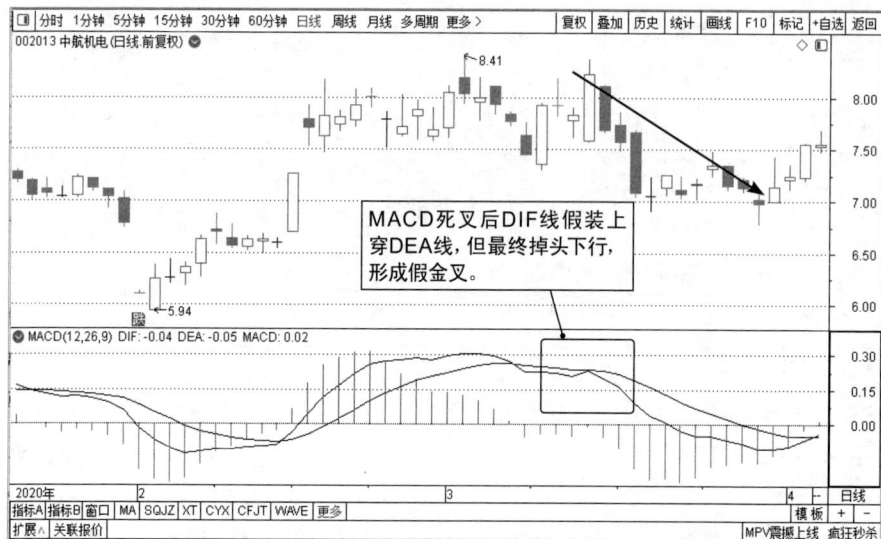

图　中航机电2020年1～4月的走势

从上图可以看到，2020年2月初，中航机电开启了一波上涨，股价从6.00元附近上涨到8.00元上方。

进入3月后，DIF线下穿DEA线在高位形成死叉，随后股价在高位震荡后再次短期反弹，股价虽然未能创下新高，但反弹趋势明显。

反弹的同时，DIF线出现由下行到上行的转变，试图向上穿过DEA线形成金叉，开启新一轮上涨。

投资者若不能识破主力资金的多头陷阱，选择在形成金叉之前买入抢反弹，那么就会在后市的下跌中遭受亏损。从当时的走势来看，DIF线并未上穿DEA线且形成金叉，而是DIF线继续下行，股价开启新一轮下跌。

No.045
双重死叉

股价运行在高位后 MACD 出现一次死叉，代表做空力量的聚集；如果连续出现两次死叉，代表股价趋势的拐点。

一图展示

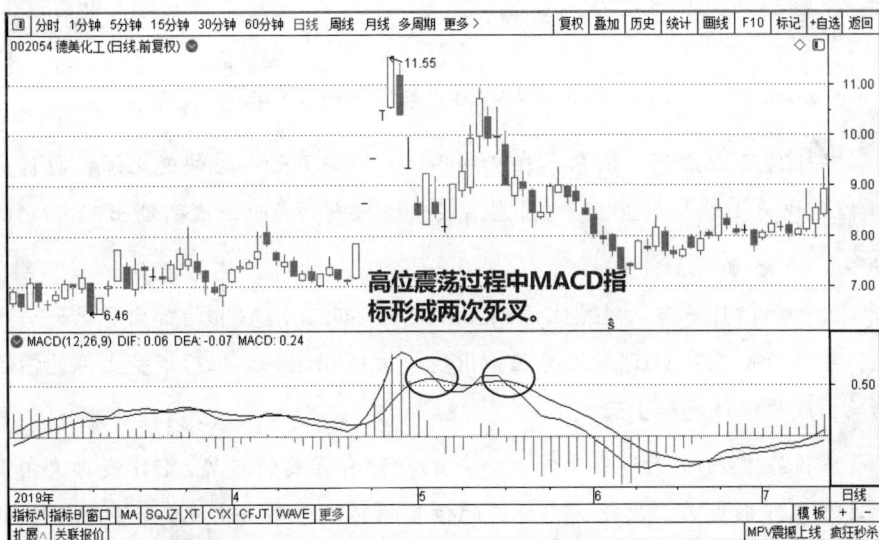

高位震荡过程中MACD指标形成两次死叉。

要点剖析

MACD 在高位出现两次死叉，通常第二次死叉的位置要低于第一次，这代表股价已经开始松动，即将迎来一次较大幅度的调整。

实例分析 威尔泰（002058）的双重死叉

威尔泰2019年10月至2020年4月的走势如下图所示。

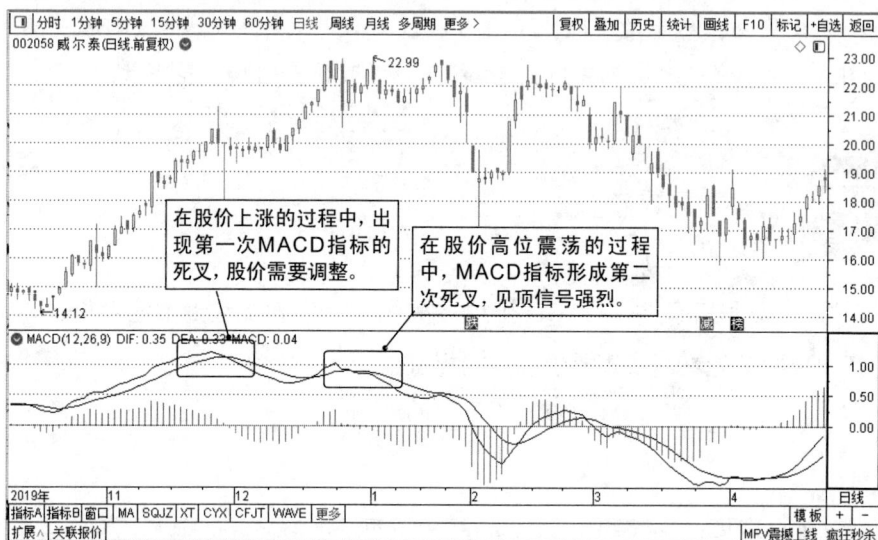

图　威尔泰2019年10月至2020年4月的走势

从上图可以看到，威尔泰在2019年10月下旬开始一波快速上涨，股价从14.12元快速上涨，到2020年1月左右股价涨幅超过60%，最高创出22.99元的新高。

2019年12月下旬，股价上涨到20.00元左右时，MACD指标出现第一次死叉，此时股价在20.00元附近受阻，出现一次短期调整。但后市受上涨的惯性影响，股价继续反弹上涨。

股价在22.00元附近震荡时，MACD指标有背离的趋势，DIF线再次向下穿过DEA线形成第二次死叉，此时的位置明显低于第一次死叉。股价见顶的信号极为明显。

威尔泰的股价也在死叉后不久大幅度下跌，双重死叉的见顶信号再次得以验证。

No.046
MACD单峰形态

MACD 指标的单峰主要是指红色柱状线左右两侧均与绿色柱状线相邻，出现一次完整的发散和收敛的山峰形态。

一图展示

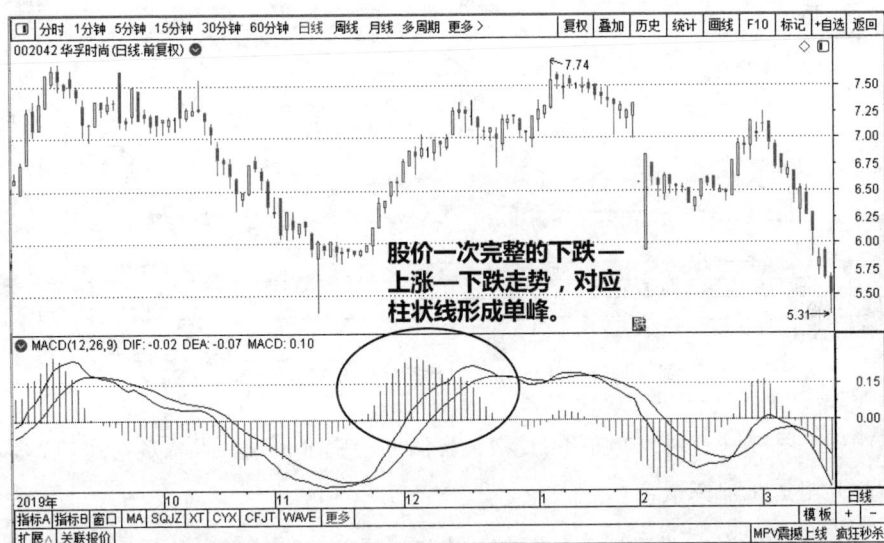

股价一次完整的下跌—上涨—下跌走势，对应柱状线形成单峰。

要点剖析

单峰形态对应股价的一次短期上涨行情，股价波动明显，且伴随着红色柱状线的收敛以及逐步下穿 0 轴变为绿色柱状线，股价也将同期大幅度下跌。

因为单峰形态左右两侧相邻的都是绿色柱状线，所以是股价由涨转跌的信号。投资者应该在红色柱状线缩小时逐步减仓，在绿色柱状线形成后彻底卖出完成离场。

实例分析 得润电子（002055）的单峰形态

得润电子2019年11月至2020年3月的走势如下图所示。

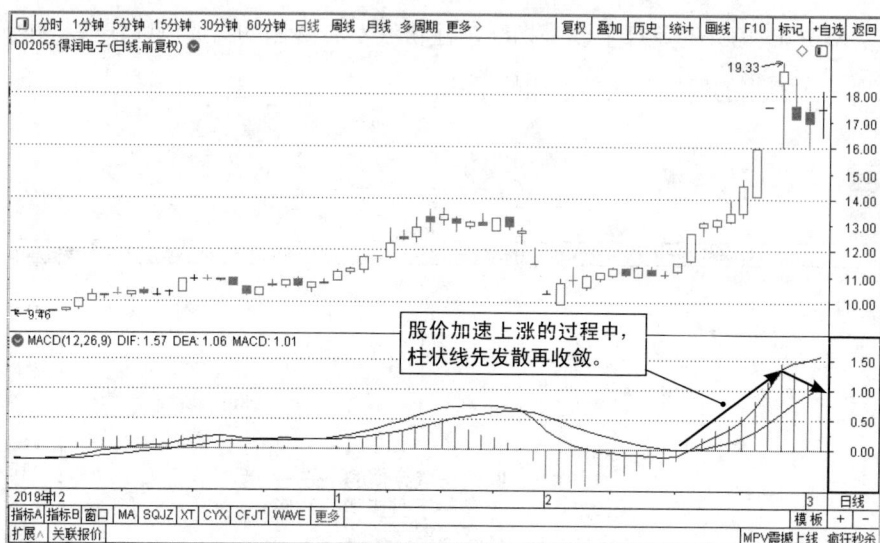

图　得润电子2019年11月至2020年3月的走势

从上图可以看到，2020年2月初，得润电子股价出现较大幅度的上涨，从10.00元附近上涨到最高19.33元。

得润电子作为消费电子和汽车电子领域连接器和精密组件的老牌厂商。经营战略主要聚焦新能源汽车电子及车联网、家电与消费电子。在股价上涨阶段，其业绩预期并不乐观，因此可以判断，本次股价上涨可以初步定义为概念炒作。

跟踪股价上涨的过程可以发现，进入2020年2月后，股价上涨的速度越来越快，多个交易日收出涨停，且其主要推手为藏身于各个证券营业部背后的知名游资。

在2020年2月这一波快速上涨的过程中，股价上涨的同时MACD指标柱状线由负转正，并逐渐放大。

在股价创出19.33元的新高后，红色柱状线开始缩小提醒卖出。综合基本面情况以及前期的涨幅来看，得润电子的股价短期内已经存在比较明显的泡沫，一旦出现顶部信号就应该果断卖出。

得润电子2020年3～5月的走势如下图所示。

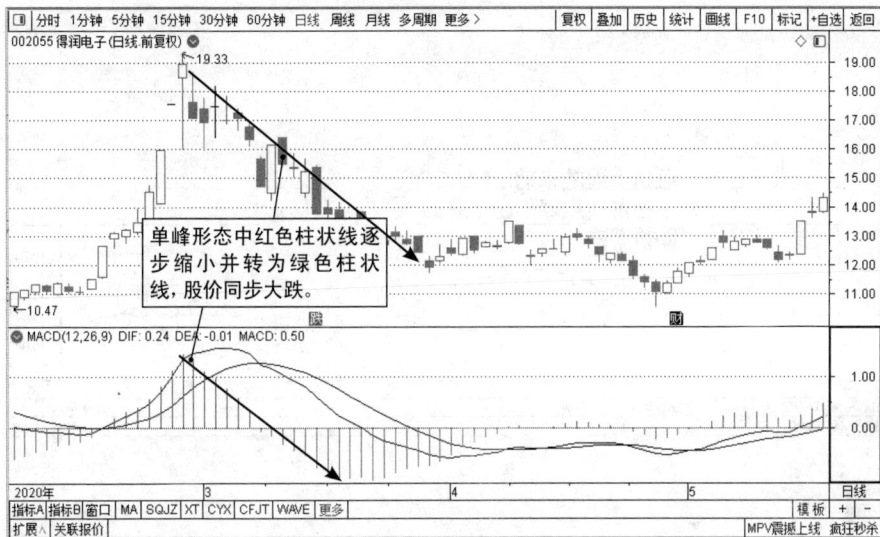

图 得润电子2020年3～5月的走势

从得润电子在MACD单峰形态后的股价走势来看，伴随着柱状线的缩小以及转变为绿色柱状线，股价开始单边下跌。

两个月的时间里，股价从19.00元下跌至11.00元附近，跌幅巨大。这也是概念炒作带来股价上涨后的典型走势。

No.047

MACD双峰形态

MACD 指标的双峰主要是指在 0 轴上方与绿色柱状线相邻，经过两次发散和收敛构成的两座山峰形态。

双峰形态多出现在上涨行情的过程中，也会在股价上涨的末期出现，投资者主要把握出现在高位的双峰。

一图展示

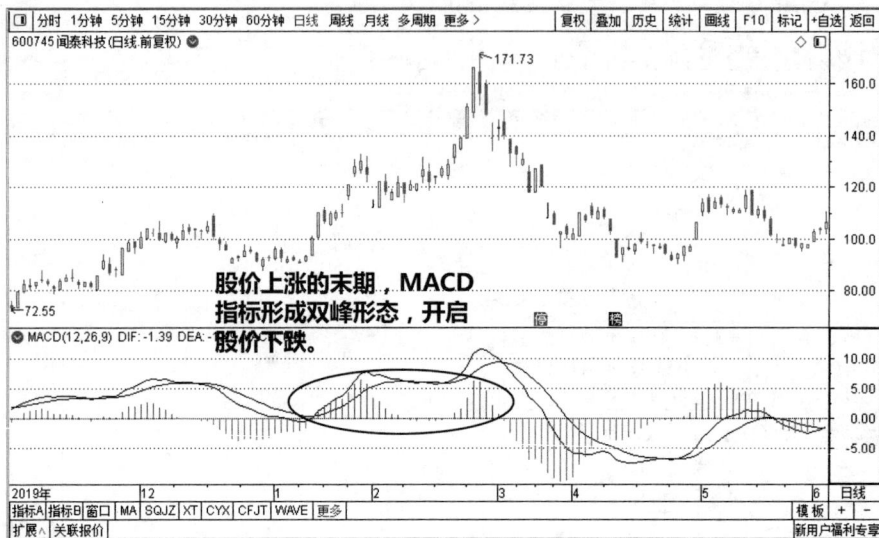

股价上涨的末期，MACD指标形成双峰形态，开启股价下跌。

要点剖析

在双峰形态中，第一重峰缩小到极致，第二重峰开始发散时是短期买点。而要在买入后成功逃顶就需要特别注意第二重峰。

第二重峰中红色柱状线发散到极致时，说明股价做多动能已经耗尽，股价大概率由涨转跌，而当红色柱状线由发散转为收敛时，则是投资者为数不多的卖出机会。若不能抓住第二重峰收敛时的卖点，投资者将在后市面临极大的亏损。

实例分析 宁波海运（600798）的双重峰形态

宁波海运2018年12月至2019年4月的走势如下图所示。

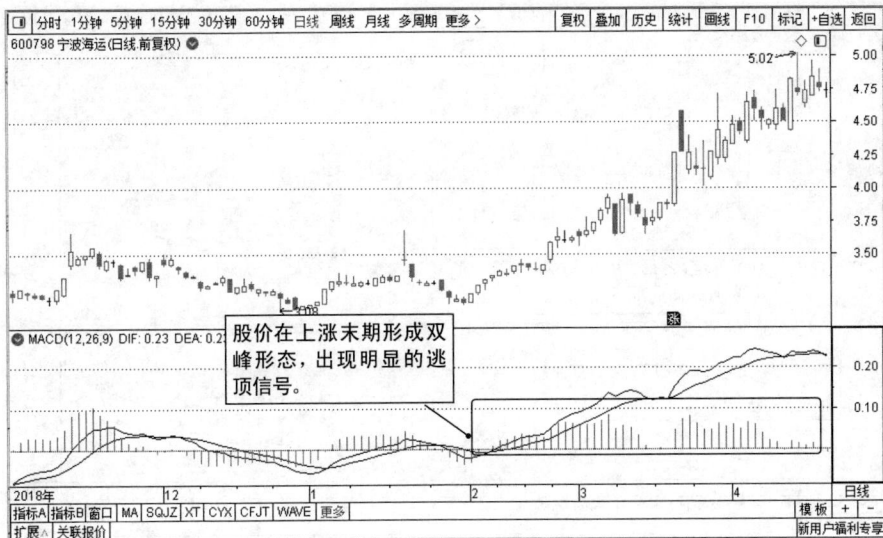

图 宁波海运2018年12月至2019年4月的走势

从上图可以看到，在2019年2月之前，宁波海运的股价都处于低位震荡的行情中。

进入2019年2月后，股价开始上攻，第一阶段由3.00元上涨到4.00元左右，随后短期调整。同期的MACD指标也同步上行，形成第一重峰。

在调整过程中，股价在3.75元附近企稳，同期的MACD指标同步收敛。伴随着股价的企稳反弹，MACD指标继续发散，逐步形成第二重峰。

股价在上涨到4.00元上方以后，随着股价的上涨，同期的MACD指标却在不断收敛，第二重峰彻底形成，且柱状线不断缩小有下穿0轴的趋势，股价出现卖点。

在随后的几个交易日里，股价虽然在5.00元下方仍有震荡，都是不错的卖出机会。而对于犹豫不决还在恋战的投资者而言，则错失了最后的逃顶机会，面临的往往都是亏损。

从下图宁波海运后续的股价走势来看，在双峰之后，股价果不其然出现了大幅度下跌。

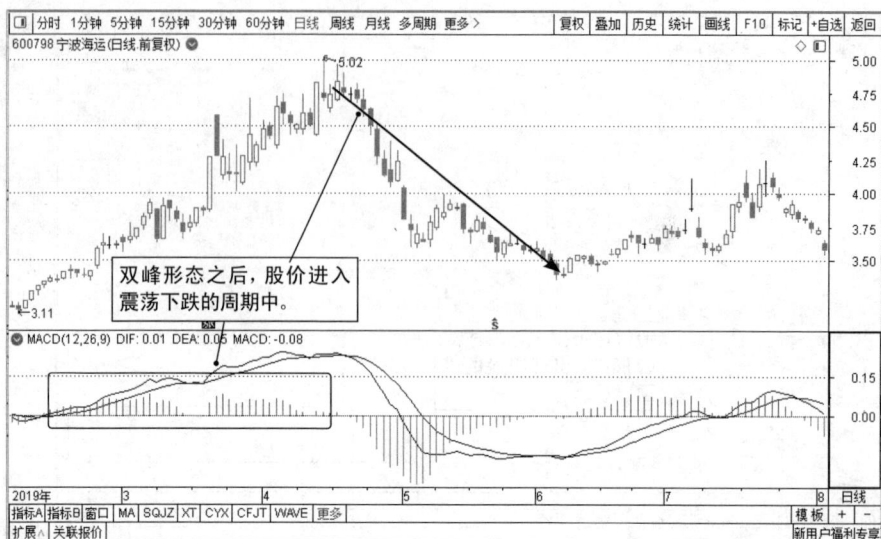

图　宁波海运2019年3～8月的走势

补充提示　*MACD 指标双峰背后的意义*

　　MACD指标在股价上涨后的双峰形态,首先第一重峰是前期上涨趋势的延续,而第二重峰则是上涨趋势的惯性使然,或者是上涨动能消失殆尽的表现。

　　双峰通常出现在股价前期已经有较大涨幅的高位,股价经过长期上涨后在市场中积累了大量的获利筹码,需要股价维持在高位才能有时间和空间完成抛售。所以,双峰其实是做多资金离场的一个体现。

No.048
MACD三重峰形态

　　MACD指标的三重峰主要是指在0轴上方与绿色柱状线相邻,经过3次发散和收敛构成的3座山峰形态。

一图展示

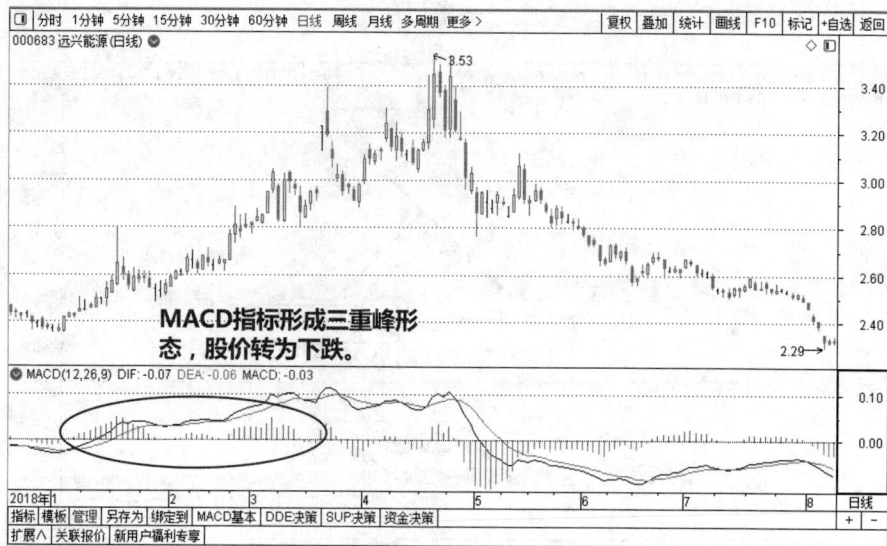

要点剖析

MACD 指标的三重峰形态会形成 3 个柱状线的高点，与 K 线形态一样，柱状线的 3 个高点通常会形成头肩顶等具备特殊意义的形态。

三重峰形态多出现在上涨行情的主升浪中，与 MACD 指标 3 次发散和收敛对应的是股价的 3 次上涨和调整。第一重峰和第二重峰都是做多资金的充分释放，股价在这个时间内表现为较明确的上涨趋势。

而第三重峰则是做多资金的撤退信号，通常来说，第三重峰的高点会明显低于前两重峰，这也清楚地告诉投资者，做多动能的衰退。

在 MACD 指标三重峰形态中，投资者要做的就是抓住第三重峰中红色柱状线由发散转为收敛的那几个交易日，是最佳的离场机会。

实例分析 上海九百（600838）的三重峰形态

上海九百2020年3～10月的走势如下图所示。

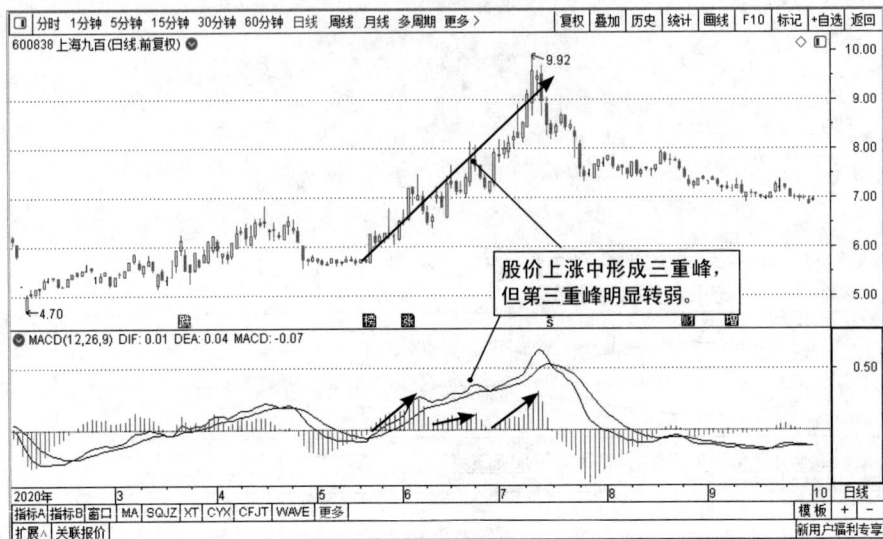

图　上海九百2020年3～10月的走势

从上图可以看到，2020年3～5月，该股出现一波震荡上涨行情，股价涨幅不大，但趋势良好。

经过调整后，股价在6月后加速上涨，在上涨过程中，MACD柱状线不断发散，形成明显的第一重峰和第三重峰，其中在股价快速上涨时，第二重峰的位置达到高点。

在股价继续上涨的同时，红色柱状线却在形成第三重峰时十分犹豫，导致第三重峰的红色柱状线极为稀少和短小，做多动能明显转弱。

第 5 章
技术逃顶入门

借助辅助指标做逃顶分析

在利用技术指标对股价顶部进行分析时，如果仅仅依靠 MACD 指标，难免会出现拿不准的情况。在实战分析中，除了常用的技术指标 MACD 以外，还有 RSI 指标、KDJ 随机指标和 BOLL 指标，这些指标在实战中都具备极好的识顶及逃顶的效果，值得投资者学习掌握。

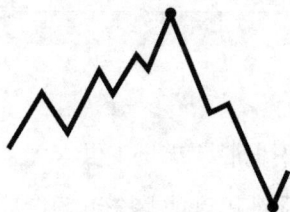

5.1 RSI 指标逃顶分析

RSI 指标全称为相对强弱指标，又称力度指标，由威尔斯·威尔德所创造，是在实战技术分析中常用的技术指标。

No.049
认识RSI指标

RSI 以某一特定时期内股价的变动情况推测未来价格的变动方向，并根据股价涨跌幅度显示出市场的强弱。

一图展示

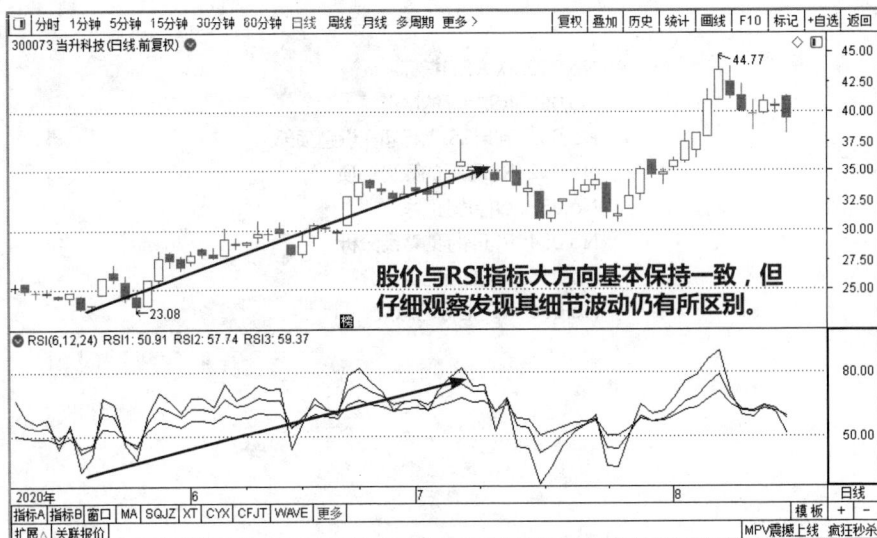

股价与RSI指标大方向基本保持一致，但仔细观察发现其细节波动仍有所区别。

要点剖析

相对强弱指标 RSI 是根据股票市场上供求关系平衡的原理，通过比较一段时期内单只股票价格的涨跌幅度或整个市场指数的涨跌大小来分析判断市场上多空双方买卖力量的强弱程度，从而判断未来市场走势的一种技术指标。

从它构造的原理来看，与 MACD、TRIX 等趋向类指标相同的是，RSI 指标是对单个股票或整个市场指数的基本变化趋势做出分析。而与 MACD、TRIX 等不同的是，RSI 指标是先求出单只股票若干时刻的收盘价或整个指数若干时刻收盘指数的强弱，而不是直接对股票的收盘价或股票市场指数进行平滑处理。

相对强弱指标 RSI 是一定时期内市场的涨幅与涨幅加上跌幅的比值。它是买卖力量在数量上和图形上的体现，投资者可根据其所反映的行情变动情况及轨迹来预测未来股价走势。

> **补充提示** *RSI 指标的应用法则*
>
> RSI 的变动为 0 ~ 100，强弱指标值一般分布在 20 ~ 80。根据 RSI 值的市场特征可以进行顶部的判断。
>
> 当 RSI 的取值为 80 ~ 100 时，代表市场表现极强，股价处于超买区间，投资者应及时卖出。当 RSI 的取值为 20 ~ 50 时，代表市场表现极弱，当 RSI 的取值在 20 以下时，被认为是超卖，市价将出现反弹回升。

No.050
RSI指标的M形

通过 RSI 的形态来判断股价的顶部也是一个可取的方法，当 RSI 强弱指标在较高的位置形成顶部反转形态，就是投资者应该采取行动的信号。

这些形态一定要出现在较高位置，如果出现顶部反转形态，一般而言，其取值在 80 附近较为可靠；如果是底部反转形态，在 20 附近较为可靠。

当 RSI 在股价处于高位时形成 M 顶（双重顶）形态，则说明股价离下跌的时间不远了，投资者应该尽快逃顶。

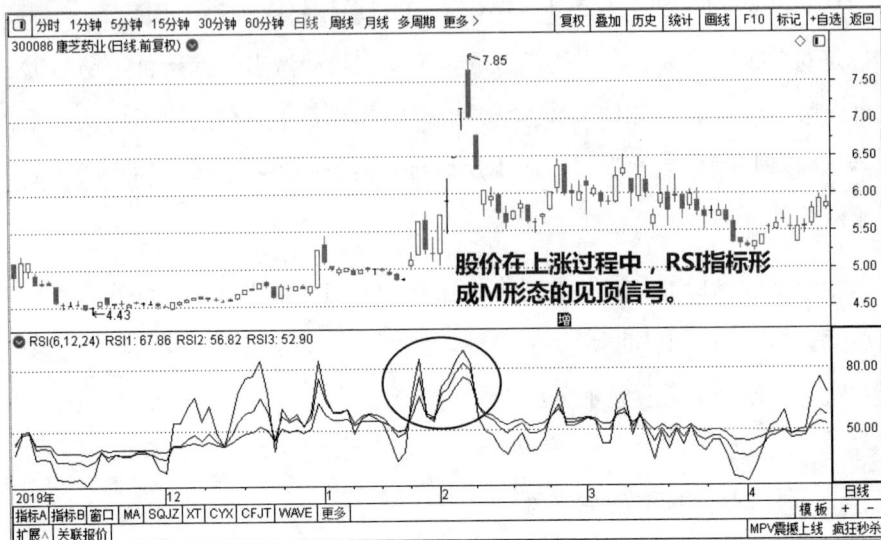

股价在上涨过程中，RSI指标形成M形态的见顶信号。

要点剖析

RSI 值一般是以 5 日、10 日、14 日为一周期，另外也有以 6 日、12 日、24 日为计算周期。一般而言，若采用的周期的日数短，RSI 指标反应可能比较敏感；日数较长，可能反应迟钝。目前，沪深股市中 RSI 所选用的基准周期为 6 日、12 日和 24 日。

RSI 指标在高位出现双重顶意味着其取值在第一次达到超买区间后快速回落，随后又快速第二次达到超买区间，预示着做多资金的快速耗尽。

股价的短期走强必然会带来快速调整，因此，RSI 指标的双重顶甚至多重顶是识别股价顶部的有效形态。

实例分析 长信科技（300088）RSI指标的M形

长信科技2019年12月至2020年4月的走势如下图所示。

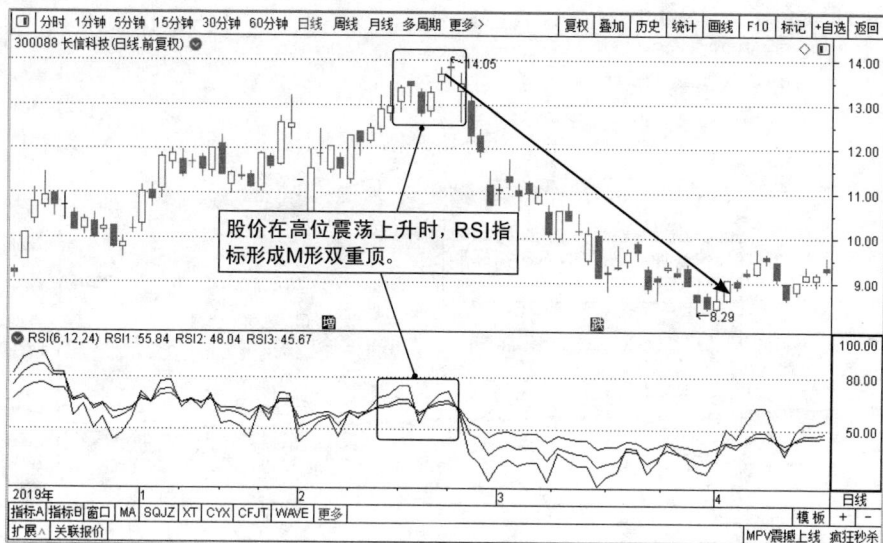

图 长信科技2019年12月至2020年4月的走势

从上图可以看到，长信科技前期处于上涨行情，2019年12月股价迎来了一波震荡上涨。当时受消费电子行业转暖、苹果产业链等多方面利好因素的推动，股价从9.00元上涨到了14.00元左右，涨幅不错。

在股价突破13.00元继续上冲14.00元时，虽然股价创出了14.05元的新高，但仅在一个交易日后，股价就回落到14.00元以下，14.00元这个整数价位的压力对于长信科技而言十分明显。

股价在14.00元下方震荡的同时，RSI指标在50～80取值区间内形成M形态，发出见顶信号。

综合基本面信息来看，长信科技2019年的经营业绩预期较为一般，收入和利润的增长并不突出，且整个消费电子行业受国内外经济环境的影响复苏态势并不强。因此，在2020年2月底即将披露2019年财报的节点上，长信科技股价短期承压的趋势十分明显。

实例分析 锦富技术（300128）RSI指标的M形

锦富技术2019年12月至2020年5月的走势如下图所示。

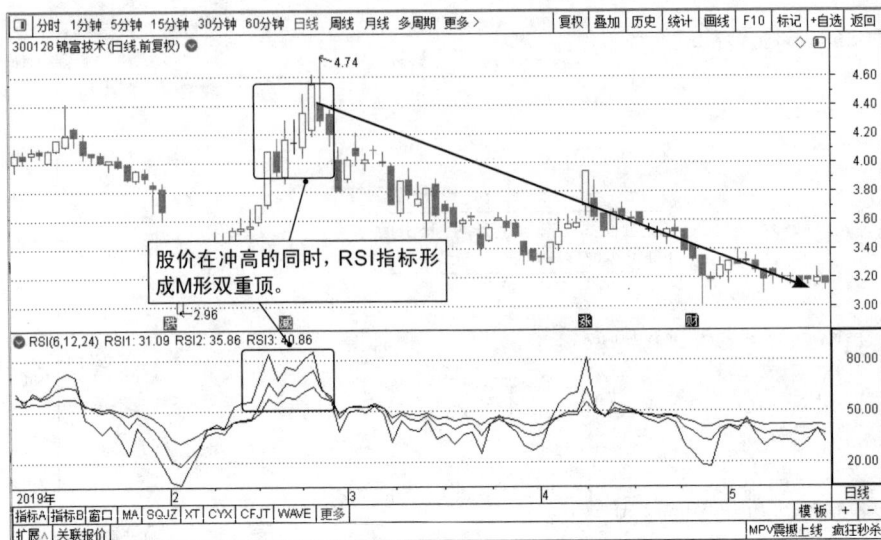

图　锦富技术2019年12月至2020年5月的走势

从上图可以看到，2019年12月，锦富技术处于下跌行情，从4.00元跌至3.00元，跌幅约为25%。

随后在3.00元价位线寻得支撑，股价快速反弹至最高4.74元。在反弹的过程中，股价的涨势坚定，但是同期的RSI指标却出现明显异常，形成M形顶部信号。

此时观察RSI指标的取值，发现一度超过80，属于明显的超买，市场买方力量过于强势，古语云"过刚易折"，凡事过犹不及。

股价若是在丝毫没有基本面支撑的情况下短期快速上涨，那么这种上涨如同"无根浮萍"，经不起市场调整的考验，一旦被做空，股价向下的跌幅空间极大。

No.051
利用RSI指标超买识别顶部

一般而言，RSI 强弱指标的数值以 80 以上和 20 以下为超买、超卖区的分界线。通常情况下，当 RSI 指标数值小于 20 时，股价位于超卖区间，做空资金暂时多于做多资金。

当 RSI 指标数值超过 80 时，则表示股价做多力量过强，多方力量远大于空方力量，双方力量对比悬殊，市场处于超买状态，后续行情有可能出现回调或拐点。此时，投资者应适时寻找顶部进行卖出。

一图展示

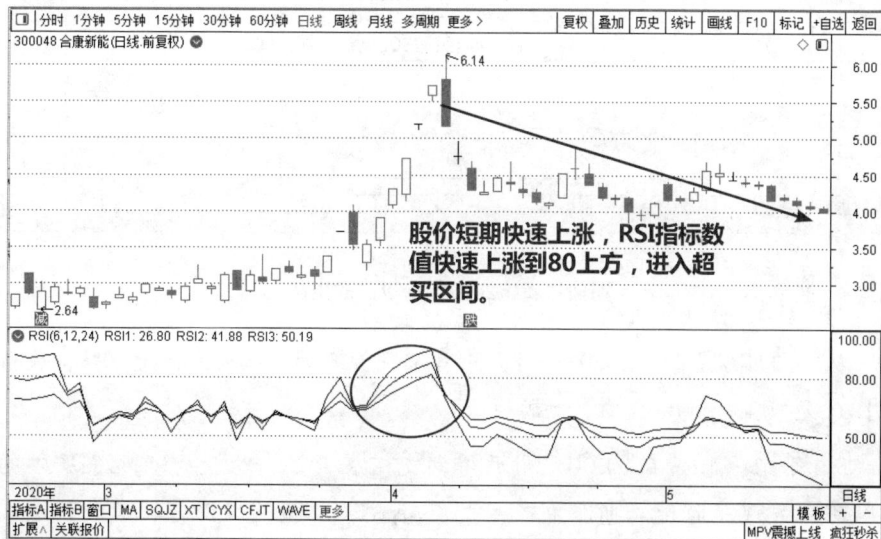

股价短期快速上涨，RSI指标数值快速上涨到80上方，进入超买区间。

要点剖析

对于 RSI 指标数值超买超卖区的界定，投资者应根据市场整体大环境来具体决定。一般行情下，RSI 数值在 80 以上就可以称为超买区，20 以下就可以称为超卖区。但有时在特殊的涨跌行情中，RSI 的超卖、超买区的划分要视具体情况而定。比如，在牛市中或对于个别"妖股"，超买区可定为90以上，而在熊市中或对于"垃圾股"，超卖区可定为10以下。

实例分析 中青宝（300052）RSI指标超买识别顶部

中青宝2020年2～7月的走势如下图所示。

图　中青宝2020年2～7月的走势

从上图可以看到，2020年2月，中青宝股价经历了一次大幅度下跌，股价从18.00元跌至10.00元左右，跌幅巨大。

5月下旬，股价在10.00元附近得到支撑展开了一次反弹。观察反弹的过程可以发现，股价短期涨幅较大，在7月6日、7日连续涨停，股价快速从10.00元反弹至17.00元左右，基本到达前期高点。

在股价反弹的过程中，RSI指标快速突破80，到达超买区间。观察股价在RSI指标超买之后的走势可以发现，在连续两个交易日涨停后，7月8日股价高开低走，收出长下影线的大阴线，股价走弱的信号强烈。

同时结合中青宝的基本面进行分析，发现2020年上半年业绩预期并不理想，营收和利润大概率会出现较大幅度的下滑，因此可以判断6～7月的股价上涨只是一次超跌反弹，并不具备持续性。

综合判断，股价在7月8日大概率见顶，投资者应及时离场。从后市的走势来看，果然如预期所料（见下图）。

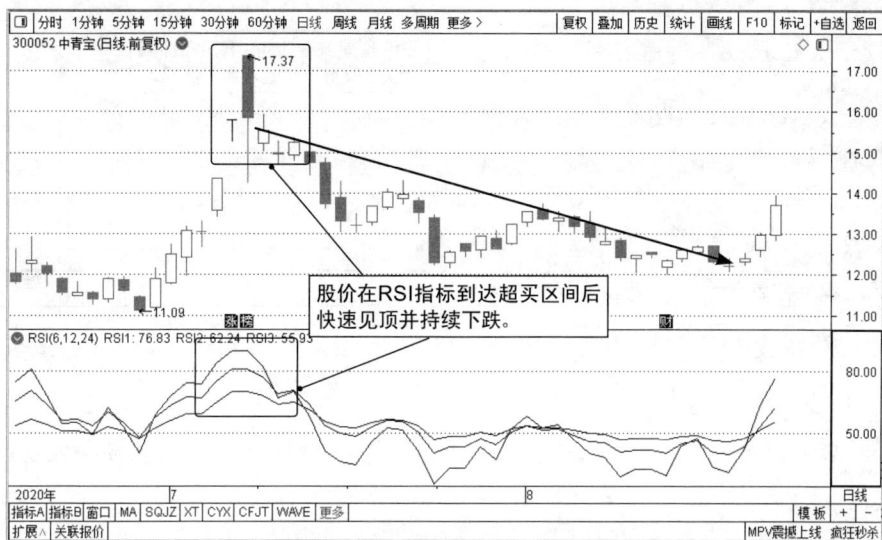

图　中青宝2020年6～8月的走势

从中青宝后续的走势来看，在7月8日当天股价高开低走收出大阴线之后，股价见顶回落，在短短一个月的时间里快速下跌至12.00元左右，跌幅巨大，投资者若未能及时识顶并逃顶，大概率会被深套。

投资者若是在实战中使用单一指标无法判断顶部，可以结合单根K线形态、K线组合以及股票基本面进行综合分析，从而提高顶部识别的成功率，帮助投资者增加投资收益。

实例分析 中能电气（300062）RSI指标超买识别顶部

中能电气2020年1～5月的走势如下图所示。

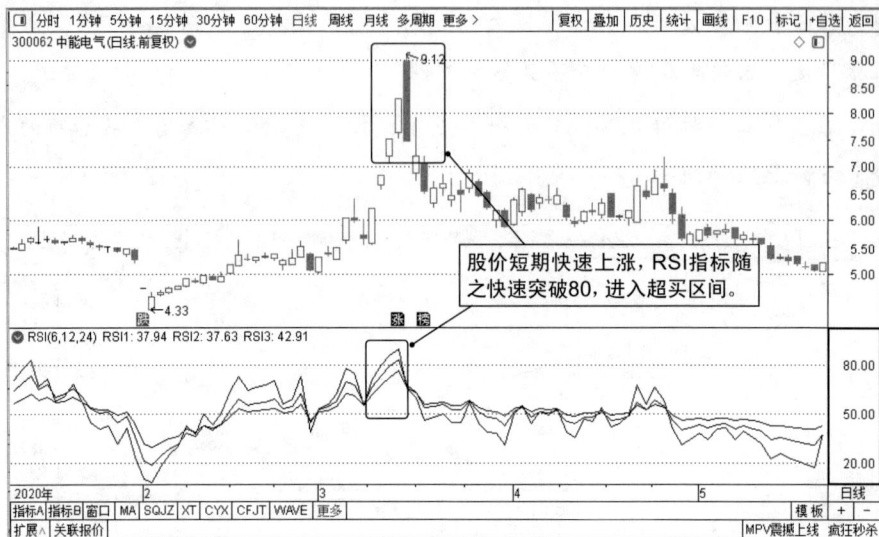

图 中能电气2020年1～5月的走势

从上图可以看到，2020年2月，中能电气创出新低4.33元后止跌进入反弹区间。

进入3月后，股价加速反弹，从5.00元快速反弹至9.00元附近，3月10～13日连续4个交易日涨停，同期RSI指标的数值快速突破80，达到超买区间。

结合2020年3月前后的A股市场环境来看，此时虽然大盘表现较为强势，但上涨趋势并不明显，也并未处于牛市中，因此个股的超买区间数值通常在80左右，且即使是表现强势的牛股也很难让RSI指标的数值长期保持在80以上。

因此，当个股RSI指标进入超买区间后，投资者就应注意其盘中走势，对于连续涨停的个股而言，一旦涨停板上的买单快速减少或股价打开涨停板就应及时卖出。

No.052

RSI指标的死叉逃顶

短期 RSI 是指参数相对小的 RSI，长期 RSI 是指参数相对较长的 RSI。比如，6 日 RSI 和 12 日 RSI 中，6 日 RSI 即为短期 RSI，12 日 RSI 即为长期 RSI。

长短期 RSI 线的交叉情况可以作为研判行情的方法。其中，投资者在逃顶过程中需要特别注意的是 RSI 指标的死叉。

一图展示

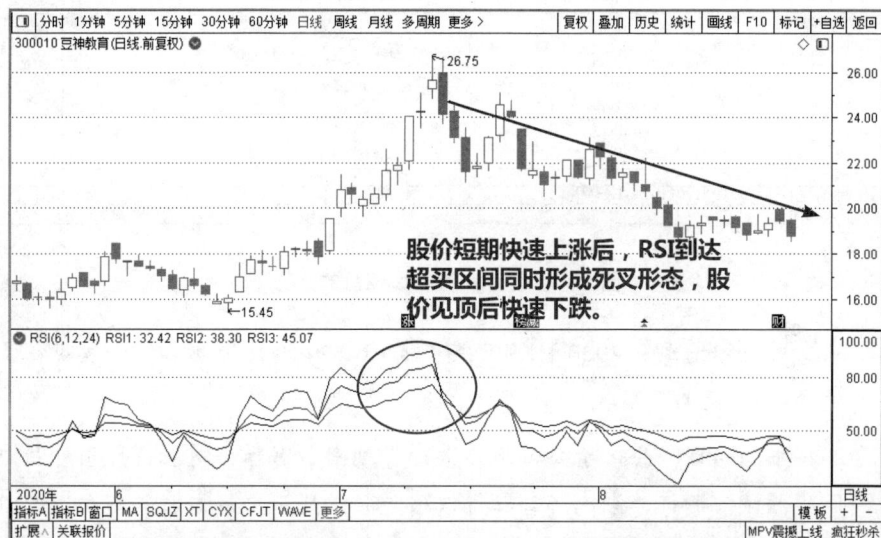

股价短期快速上涨后，RSI到达超买区间同时形成死叉形态，股价见顶后快速下跌。

要点剖析

当短期 RSI 线在高位向下突破长期 RSI 线时，一般为 RSI 指标的"死亡交叉"，是股价见顶的信号。

需要特别注意的是"高位"二字，顾名思义，死亡交叉必须要在超买区间附近形成，才有较高的成功率识别顶部。所以通常在利用 RSI 指标进行分析时，会将超买区间与 RSI 指标是否死叉或其他走势形态进行结合分析。

实例分析 阳普医疗（300030）RSI指标的死叉

阳普医疗2020年1～2月的走势如下图所示。

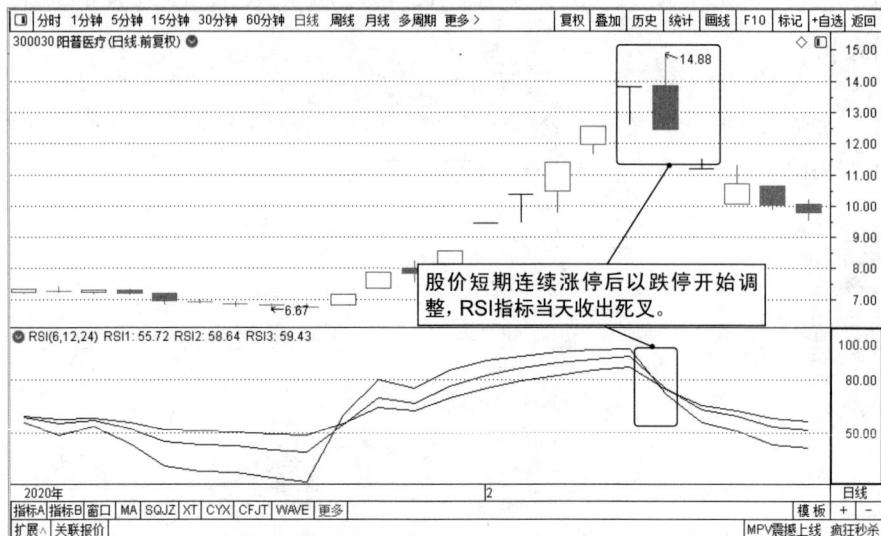

图　阳普医疗2020年1～2月的走势

从上图可以看到，2020年1月下旬，阳普医疗的股价迎来了一波疯狂上涨，股价在9个交易日里收出7次涨停，表现极其强势。

2020年2月4日，公司子公司阳普医疗（湖南）有限公司取得医用外科口罩的医疗器械注册证，湖南阳普取得该项产品注册证书后，将具备向医疗机构供应N95级医用外科口罩的资质。新型冠状病毒的检测试剂盒已经完成设计，2月中旬前可进入临床验证。上述相关的利好消息刺激阳普医疗的股价在2月前后持续走强。

在股价连续涨停的过程中，RSI指标长期处于超买区间内，数值大幅超过80，但RSI各周期的指标运行平稳，并未出现顶部信号的走势。

2月10日，股价在连续涨停后大幅调整，当天跌停，同期RSI指标开始下行，短期RSI指标向下穿过长期RSI，形成死叉，预示着顶部的出现。

观察阳普医疗从2019年12月至2020年6月的走势来看，股价在RSI指标出现死叉后果然震荡下行（见下图）。

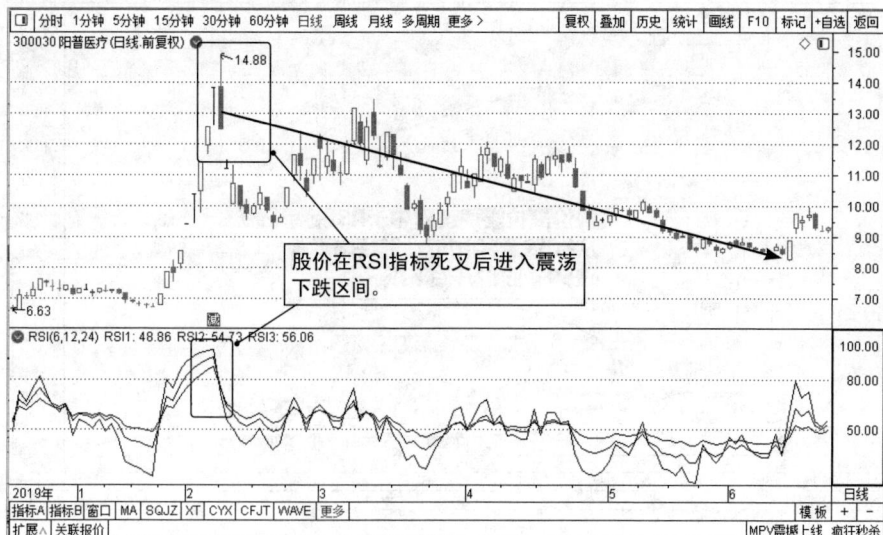

图　阳普医疗2019年12月至2020年6月的走势

No.053
数值逃顶

在 RSI 指标的数值分析体系中，除了 80 是超买区间的一个判断关键值以外，50 同样可以作为股价强弱的判断依据。

当短期 RSI（6 日）和中期 RSI（12 日）曲线从高位回落到 50 附近时，如果两条曲线短期内都不能在 50 附近得到支撑向上反弹，一旦短期 RSI（6 日）和中期 RSI（12 日）曲线向下突破 50，就意味着市场中做空资金持续壮大，股价在未来有大幅度下跌的可能。

一图展示

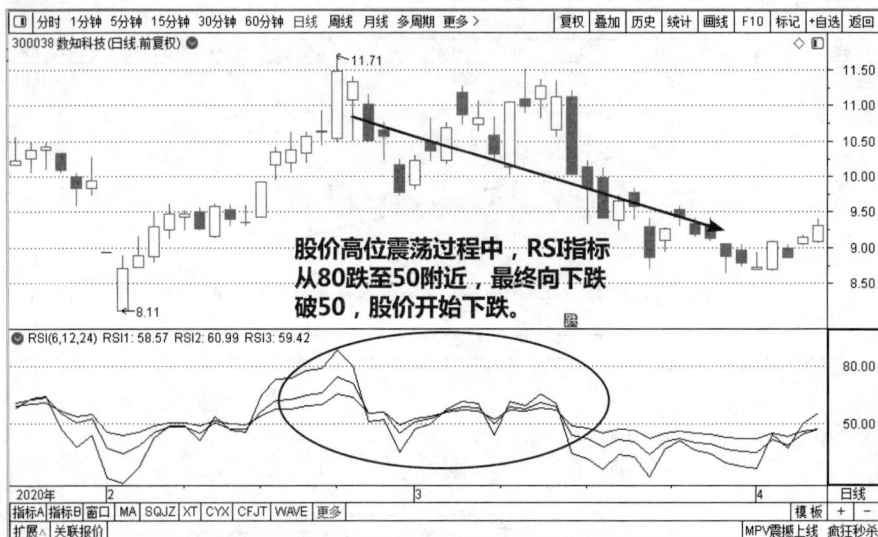

要点剖析

80 为 RSI 指标的超买区间判断值，50 则是股价表现强弱的关键值。当 RSI 指标从高位下跌至 50，说明股价由强转弱，继续跌破 50，说明股价将继续走弱。

股价弱势从低位 20 上涨到 50，说明股价由弱转强，弱势继续向上突破 50，说明股价将继续走强。

投资者在实战中需要回避那些 RSI 指标从高位下跌到 50 又跌破 50 的个股，避免持股亏损。

实例分析　三五互联（300051）RSI指标的数值

三五互联2019年12月至2020年3月的走势如下图所示。

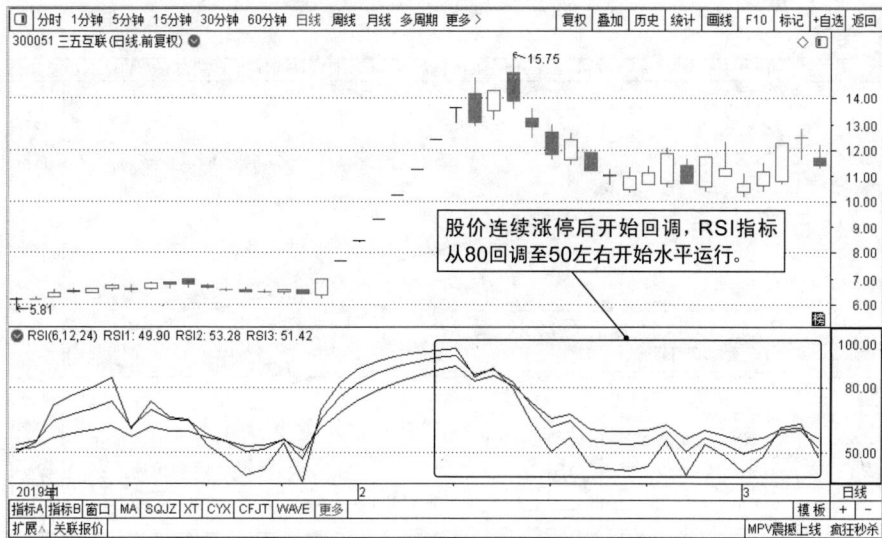

图　三五互联2019年12月至2020年3月的走势

从上图可以看到，2020年1月下旬，三五互联迎来了一次连续涨停，股价从6.00元多快上速上涨到14.00元附近，涨幅达到162%。

2020年1月22日，三五互联披露拟筹划重大资产重组的提示性公告，公司拟以发行股份或支付现金的方式，收购萍乡星梦工厂科技合伙企业（有限合伙）及其合作伙伴持有的上海婉锐全部或部分股权。

上海婉锐是一家MCN机构，其推出的"网星梦工厂"平台专注于网红IP孵化，是当时市场上热炒的"网红"概念。

由此可见，三五互联的连续涨停纯粹是市场概念的炒作，不是公司基本面改善的利好。

伴随着股价在14.00元左右见顶并针对下跌，RSI指标也从80以上的位置向下运行，于2月下旬到达50左右的区间。

在RSI指标到达50左右区间运行的过程中，曲线几乎保持水平运行，并未表现出向上反弹的趋势。虽然同期股价保持在高位震荡并未出现明显的下跌情况，但RSI指标的数值分析体系告诉我们，当RSI指标从高位下跌至50附近，并且没有反弹，代表着市场中做空力量的聚集。

三五互联2020年1～5月的走势如下图所示。

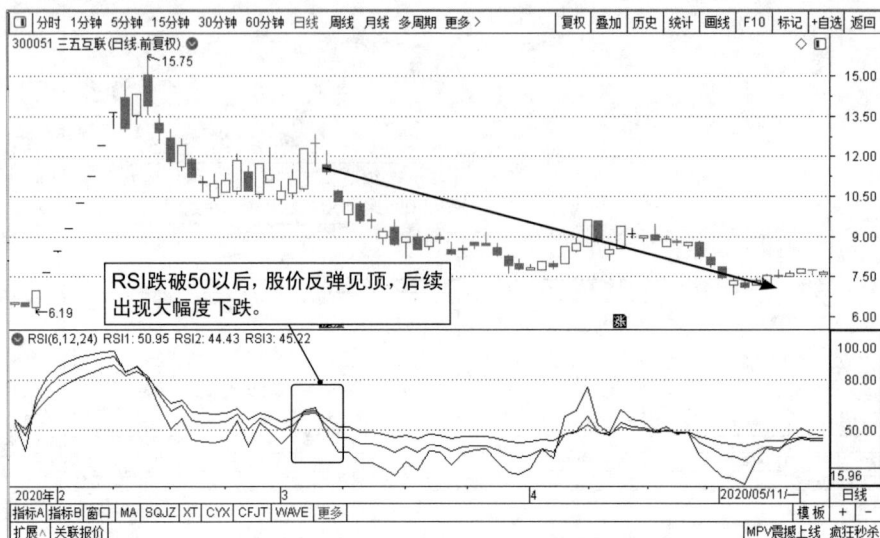

图　三五互联2020年1～5月的走势

从三五互联后续的走势来看，RSI指标在50附近水平运行时，股价便反弹见顶，出现中期顶部。在RSI指标跌破50后，股价开始大幅度下跌。

No.054
RSI指标的背离分析

在实际操作中，投资者还可以通过RSI指标与股价走势的情况来进行分析，例如RSI与股价走势出现顶背离现象时，可以看作是一种明确的股价见顶信号。

股价在经过一定幅度的上涨后，RSI指标也随之运行到高位，随后股价继续上涨创新高，而RSI指标却开始向下运行，指标曲线与股价运行方向完全相反，这就是RSI指标与股价的顶背离。

顶背离意味着股价虽然再创新高，但是持续做多资金却在撤退，股价继续向上的空间不会很大，很快就会迎来一波调整。

一图展示

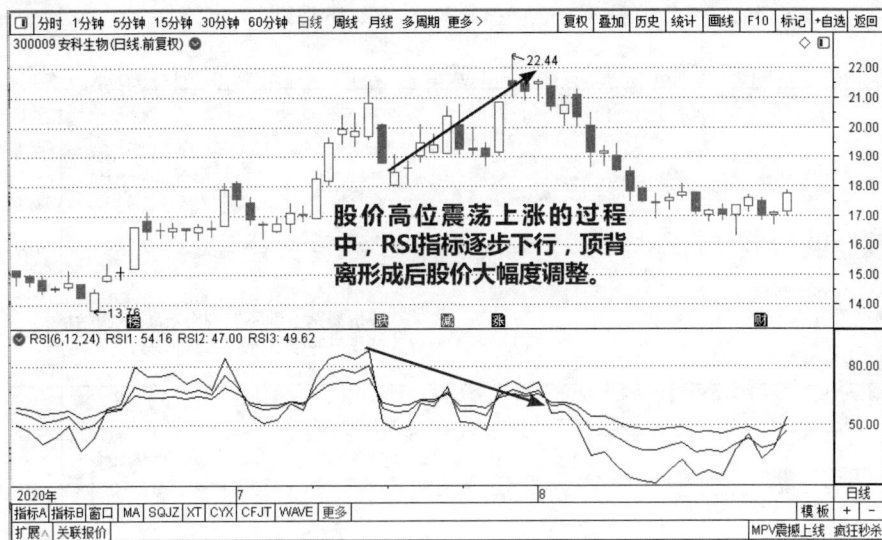

股价高位震荡上涨的过程中，RSI指标逐步下行，顶背离形成后股价大幅度调整。

要点剖析

　　股价的大幅度上涨，必然会促使 RSI 指标进入超买区间，其数值到达甚至超过 80。当 RSI 指标第一次到达 80 附近时，是对投资者的一次提醒。RSI 指标若能在 80 左右水平运行甚至继续向上，那么股价仍有向上的空间。若股价持续向上，而 RSI 指标却受到 80 的阻力开始向下运行，形成顶背离现象。

　　因此，对于顶背离而言，需要观察其起始的区域，始于超买区间则最为有效，股价接下来的调整空间越大。

　　如果股价在上涨的过程中，RSI 指标的取值并未达到 80，而是在 50 或者 60 左右的区间就开始与股价背离，那么股价在后市的调整空间不会很大，可能只是短期调整。

　　同时，投资者还需要对顶背离的周期长度进行观察，如果股价与 RSI 指标的背离时间偏长，则代表后续的调整幅度较大，反之亦然。

实例分析 焦点科技（002315）RSI指标的背离分析

焦点科技2019年11月至2020年3月的走势如下图所示。

图　焦点科技2019年11月至2020年3月的走势

从上图可以看到，焦点科技前期股价波动较小，K线实体较小，体现出市场交易的冷清。

但是进入2020年1月之后，股价1月2日和3日连续两个交易日涨停，开启股价的一轮上涨行情。

焦点科技的股价在经过短期调整后，于2020年2月初开始继续反弹上升。

股价继续震荡上涨，但RSI指标却在接近80左右的区间内开始向下运行，虽然股价在创新高时RSI指标也有反弹，但仍未超过前期高点，当RSI指标与股价出现顶背离，意味着股价未来继续向上的空间已经不大，很快就会迎来一次调整。

下图所示为焦点科技2020年1～5月的走势。

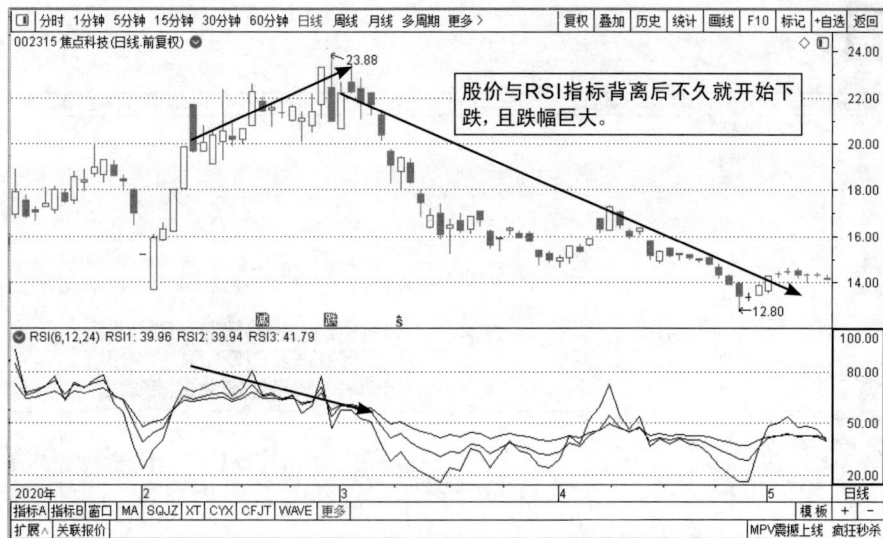

图　焦点科技2020年1～5月的走势

从焦点科技后续的走势可以看到，在股价与RSI指标背离不久后就开始下跌，且股价从22.00元附近跌至14.00元附近，跌幅巨大，这也是RSI指标顶背离逃顶重要性的体现。

No.055
RSI指标的缺点分析

在技术分析体系中，不能单独依赖任何一种技术指标，无论是 MACD还是 RSI 指标抑或是 KDJ 等，任何指标都存在各自的缺点。因为技术指标是对市场信息的加工和提炼，不一定能完全适合于任何行情或任何股票。

RSI 指标是波动比率的体现，其最大的缺点是对股价的趋势分析的能力较弱。

一图展示

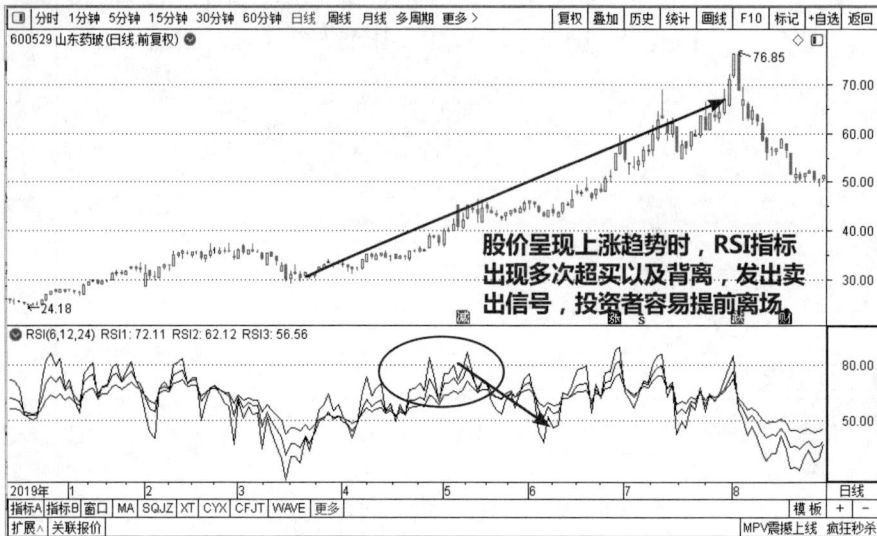

股价呈现上涨趋势时，RSI指标出现多次超买以及背离，发出卖出信号，投资者容易提前离场

要点剖析

当市场或个股处于单边上涨或下跌的行情中，RSI 指标容易在高位或低位出现指标钝化的现象，会给投资者发出买入或卖出的信号，导致投资者提前卖出减少收益，或提前买入增加亏损。

RSI 指标的超买与超卖并不是绝对明确的卖出或买入的信号，当 RSI 指标数值出现在高位甚至超过 80 达到超买区间时，其指标意义是指股价反转的可能性在急剧升高。除此之外，无法给出明确的卖出节点，十分依靠投资者对盘面的综合分析以及盘感。

当整个市场进入单边牛市或单边熊市时，RSI 指标会频繁出现超过 90 甚至 100，或者低于 10 的现象。在这种情况下，RSI 指标是明显钝化的，如果仅依靠该信号作为买入和卖出的依据，会十分被动。投资者正确的做法是结合大盘环境、个股基本面以及其他技术指标进行综合分析，这部分知识会陆续给投资者进行讲解。

实例分析 贵州茅台（600519）RSI指标的缺点分析

贵州茅台2020年2～8月的走势如下图所示。

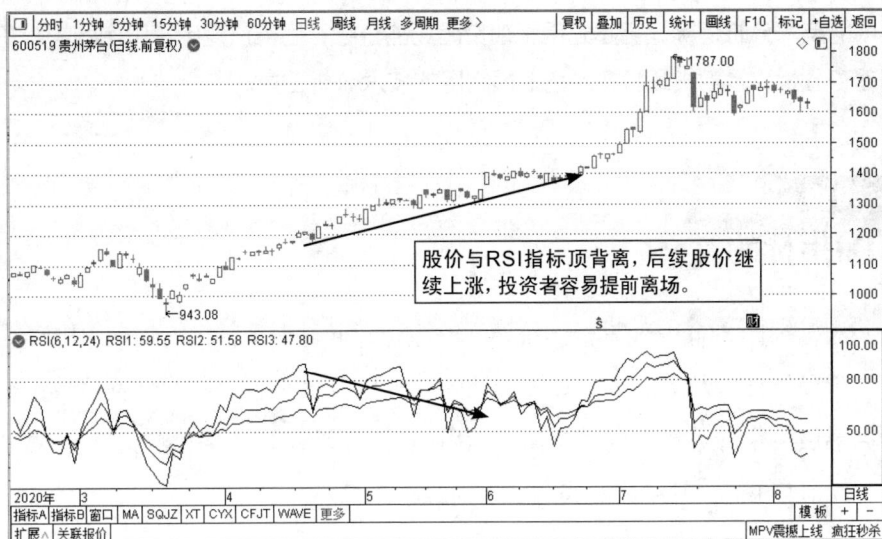

图 贵州茅台2020年2～8月的走势

从上图可以看到，2020年3～8月，贵州茅台股价的整体趋势都是向上的，或者说近十年甚至更久以前，贵州茅台的股价都处于上涨的趋势中。

对于贵州茅台这类具有特殊地位的股票而言，RSI指标包括其他技术指标都会钝化和失效。

例如，在2020年5～6月的区间里，贵州茅台的股价呈现震荡上行的状态，而同期的RSI指标却在持续下行，形成鲜明的顶背离，发出股价见顶的卖出信号。

在这个阶段内，贵州茅台的股价从1 200元上涨到1 400元，是A股第一高价股，并仍在不断创造历史。对于部分投资者而言，难免出现"恐高症"，结合RSI指标的背离，是否就是股价的阶段见顶了呢？

从贵州茅台后续的走势可以看到，股价不仅没有调整，反而加速上涨，从1 400元快速上涨到将近1 800元，历史仍在改写。因此，投资者在实战中使用RSI指标时，一定要结合多个因素，综合分析才能提高判断的成功率。

5.2 KDJ 随机指标逃顶分析

　　KDJ 指标又称随机指标，是由乔治·莱恩博士最早提出的，是一种相当新颖、实用的技术分析指标，它起先用于期货市场的分析，后被广泛用于股市的中、短期趋势分析，是期货和股票市场上最常用的技术分析工具。

No.056
KDJ指标的意义

　　随机指标 KDJ 一般是根据统计学的原理，通过一个特定的周期内出现的最高价、最低价及最后一个计算周期的收盘价及这三者之间的比例关系，来计算最后一个计算周期的随机值，然后根据平滑移动平均线的方法来计算 K 值、D 值与 J 值，并绘成曲线图来研判股票走势。

一图展示

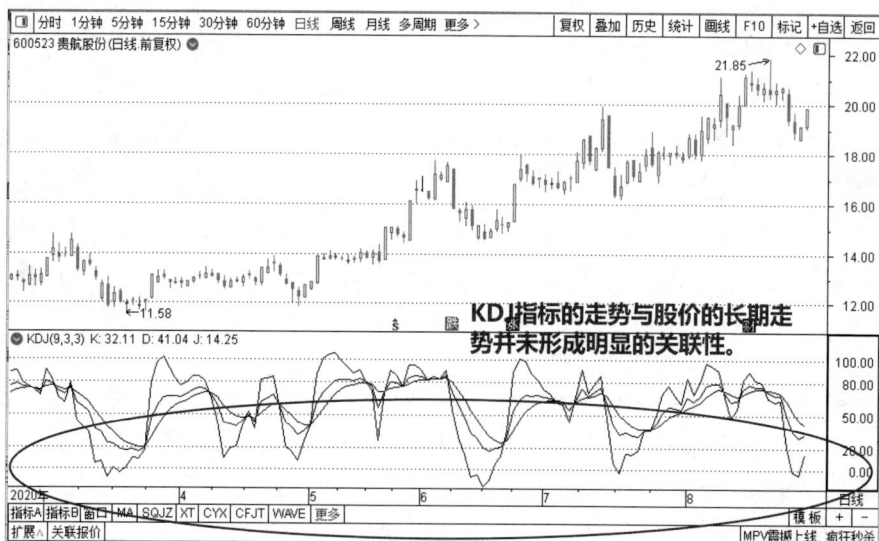

KDJ指标的走势与股价的长期走势并未形成明显的关联性。

要点 剖析

从一图展示的案例中可以看到，KDJ指标其实由3根线组成，分别为K线、D线和J线，在实践中，K线与D线配合J线组成KDJ指标来使用。

由于KDJ线本质上是一个随机波动的观念，因此在中短期行情的走势比较准确。在股价长期的趋势中，KDJ指标的同步性并不高。

KDJ指标主要是利用价格波动的真实波幅来反映价格走势的强弱和超买、超卖现象，在价格尚未上升或下降之前发出买卖信号的一种技术工具。

实例 分析 山东药玻（600529）KDJ指标在中短期行情中的差异表现

山东药玻2020年4～8月的走势如下图所示。

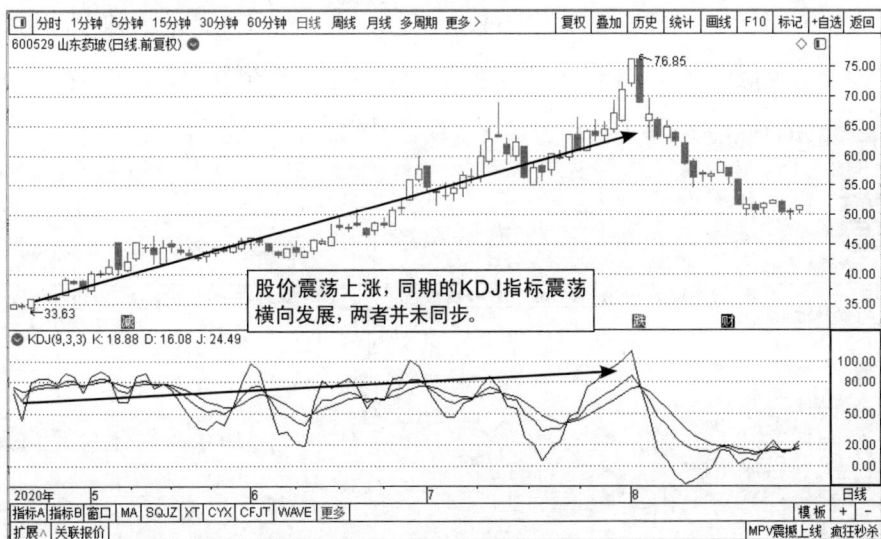

图 山东药玻2020年4～8月的走势

从上图可以看到，2020年4～7月底，山东药玻股价呈现单边上涨行情，进入8月后有所调整。

事实上，山东药玻在过去的5年多时间里，股价从2015年之后的4.00元多已经上涨到最高超过70.00元，5年时间股价上涨超过10倍不止，是典型的成长性白马股。

在这样的背景下，再看山东药玻在2020年上半年的这一阶段走势。在2020年5～8月的上涨过程中，KDJ指标整体横向波动明显，且未呈现明显同步上行趋势，股价与KDJ指标未能形成同步。

但是仔细观察上涨过程中的每一次短期上涨以及调整，均能和KDJ指标对应上。也就是说，KDJ指标在股价中长期趋势的分析中能力一般，其主要作用是判断短期的走势。

No.057
KDJ指标超买区域分析

KDJ指标中，K值和D值的取值都是0～100，而J值的取值范围可以超过100和低于0。通常就敏感性而言，J值最强，K值次之，D值最差；而就安全性而言，J值最差，K值次之，D值最稳。

一图展示

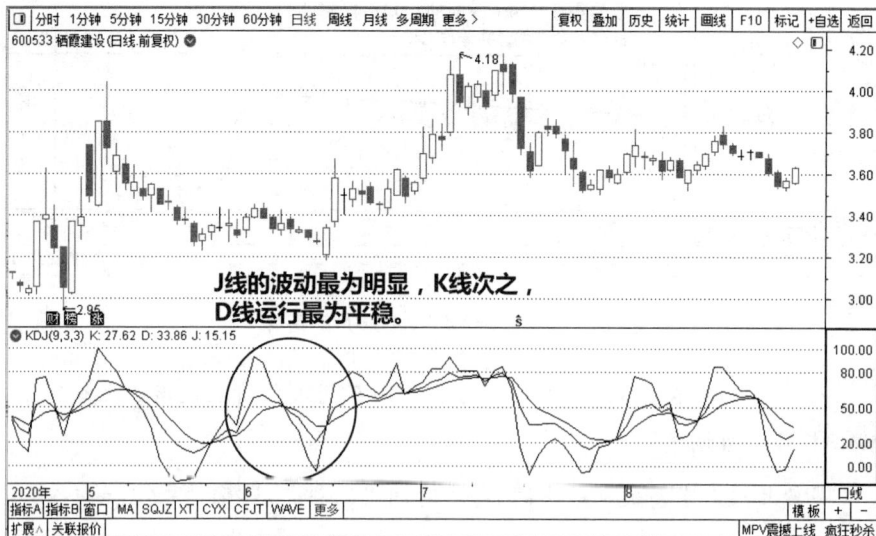

J线的波动最为明显，K线次之，
D线运行最为平稳。

要点剖析

根据 KDJ 指标的取值范围，可将其划分为几个区域，即超买区、超卖区和徘徊区。

按一般划分标准，K、D、J 这三个值在 20 以下为超卖区，是买入信号；

K、D、J 这三个值在 80 以上为超买区，是股价见顶的信号；

K、D、J 这三值在 20 ~ 80 为徘徊区，宜观望。

实例分析 康缘药业（600557）KDJ指标的超买分析

康缘药业2020年3~4月的走势如下图所示。

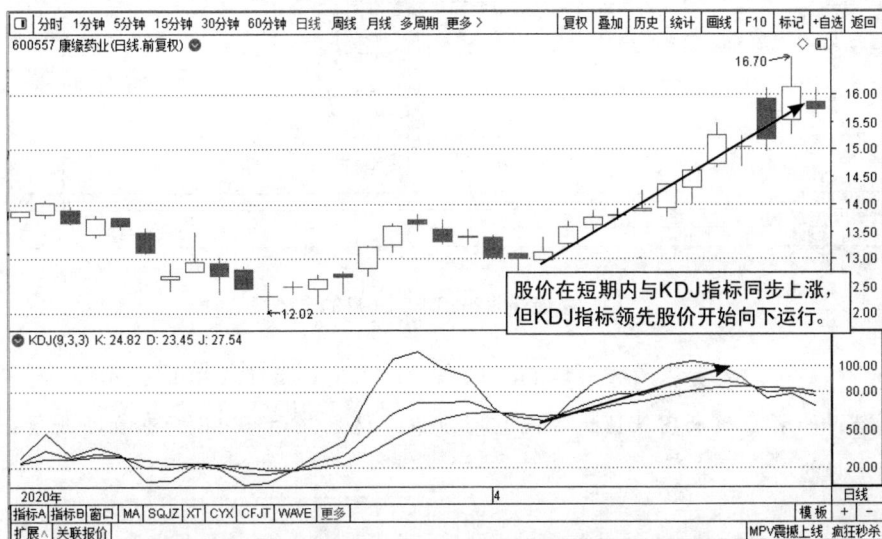

图 康缘药业2020年3～4月的走势

从上图可以看到，康缘药业的股价在该阶段经历了一次短期波动，股价先是从14.00元附近跌至12.00元，随后得到支撑展开了一次更强势的反弹，股价反弹到16.00元上方。

在股价从12.00元反弹到16.00元附近的过程中，KDJ指标呈现短期同步向上的走势。

进入4月中下旬后，股价加速上涨，KDJ指标的取值陆续突破到80上方，呈现超买状态。但KDJ指标并没有在80上方长期停留，最为敏感的J线在D线到达80时便开始向下运行，随后K线和D线陆续向下靠近80，股价发出明确的见顶信号。

下图所示为康缘药业2020年3～6月的走势。

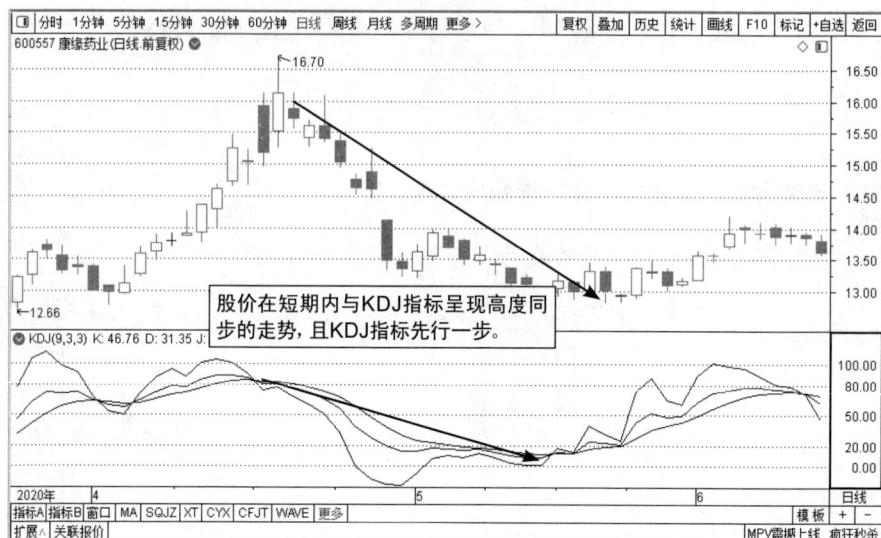

图　康缘药业2020年3～6月的走势

从后续的走势来看，康缘药业的股价随着KDJ指标从80上方向下运行而下跌，两者在短期内展现出较高的同步性，这也显示KDJ指标在判断股价短期走势的高度可靠性。

No.058
KDJ指标的死叉分析

当股价经过前期较大幅度的上涨后，一旦J线和K线在高位（80及以上）几乎同时向下突破D线时，表明股市即将由强势转为弱势，股价将大跌，这时应卖出大部分股票而不能买入股票，这就是KDJ指标的"死亡交叉"的一种形式。

一图展示

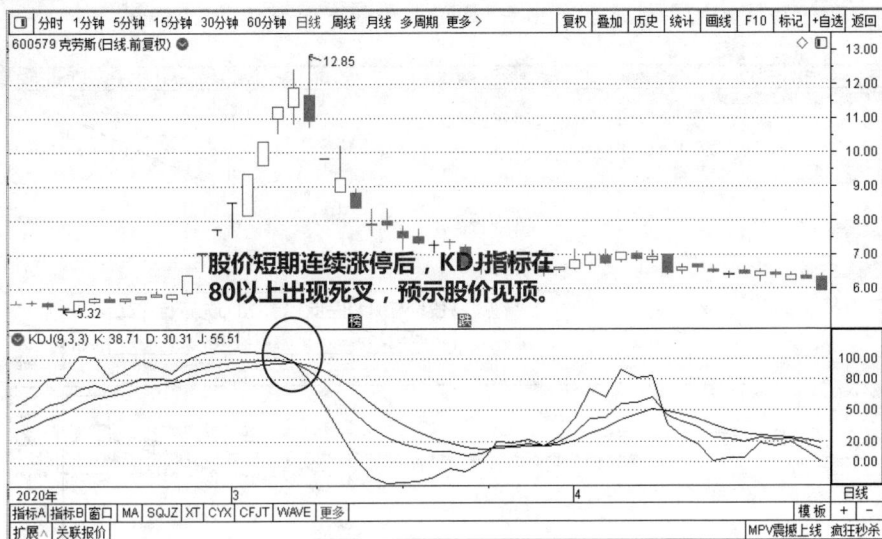

股价短期连续涨停后，KDJ指标在80以上出现死叉，预示股价见顶。

要点剖析

投资者在实战中还需要注意下跌过程中的死叉形态。

当股价经过一段时间的下跌后，因为超跌或市场概念等因素出现一次短期反弹，股价经过上涨后向上反弹的动力缺乏，各种均线对股价形成较强的压力时，KDJ曲线在经过短暂的反弹到80线附近，但未能重返80线以上，一旦J线和K线再次向下突破D线，表明股市将再次进入极度弱势中，股价还将下跌。

对于短线投资者而言，KDJ指标的实用价值极高，在多数行情和个股中，KDJ指标都能在股价之前选择方向，为短线投资者提供下一步操作的指示和信号，投资者只需简单综合分析一下即可操作。

实例分析 长信科技（300088）KDJ指标的死叉分析

长信科技2019年11月至2020年2月的走势如下图所示。

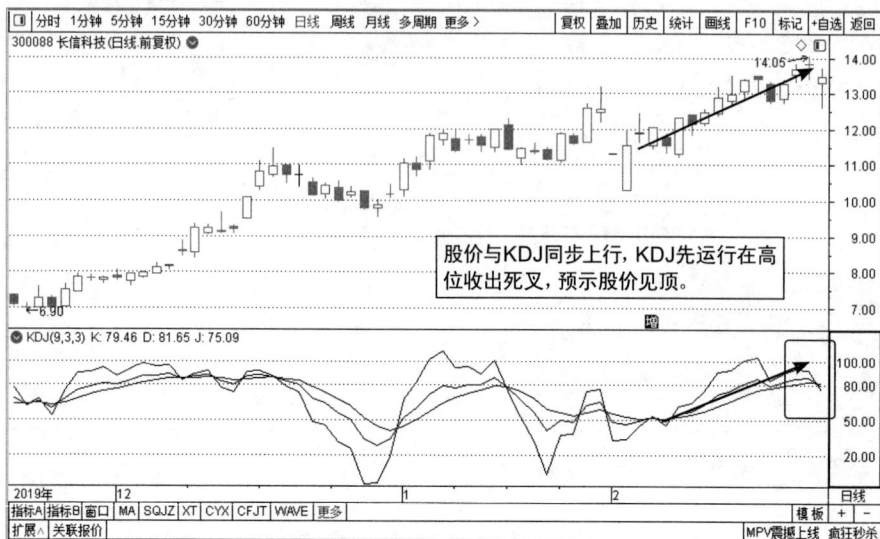

图　长信科技2019年11月至2020年2月的走势

从上图可以看到，在2019年12月至2020年2月这个时间段内，长信科技股价呈现震荡上涨的走势，股价从7.00元上涨到最高14.05元附近，涨幅约为100%，短期投资收益可观。

长信科技于2020年1月22日发布了2019年全年的业绩预告，预计2019年实现净利润8亿～9.5亿元，增长幅度为12.36%～33.42%，结合2019年消费电子行业的整体表现较弱来看，长信科技的业绩表现还算较好。

但是很明显，最高30%的净利润增幅无法支撑长信科技的股价在短期内涨幅超过1倍。在股价震荡上涨到14.00元附近后，KDJ指标在80上方停留一段时间后开始拐头向下运行，最为灵敏的J线向下穿过K线和D线形成高位死叉。

这个位置形成死叉就需要投资者结合股价前期涨幅、基本面情况等因素进行综合分析。显然，在当时A股指数环境表现一般，长信科技业绩表现略微亮眼且股价已经短期翻倍的情况下，股价要想继续上涨，必须有其他利好，在没有发现其他利好的情况下，投资者必须谨慎。

长信科技2019年12月至2020年3月的走势如下图所示。

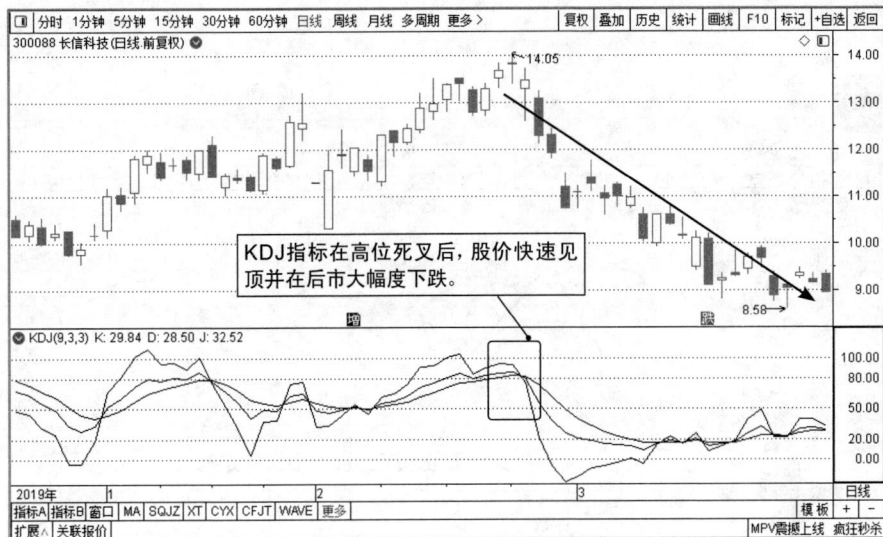

图 长信科技2019年12月至2020年3月的走势

从上图可以看到，KDJ指标在80左右的区间内走出死叉形态后，股价快速见顶并在后市大幅度下跌，这也再一次证明KDJ指标在预测股价短期走势中的能力。

No.059
KDJ指标的顶部分析

投资者在实战中使用KDJ指标进行技术分析时，可将KDJ 3条曲线分开使用。其中，J线和D线对应股价短期的使用，K线对应股价中期的使用。

当然，投资者还可以根据自身投资风格的不同，对KDJ指标的周期进行调整，行情软件中一般默认为KDJ（9，3，3），即K线的时间周期是9个交易日，D线和J线的时间周期是3个交易日。

在单独使用KDJ指标的过程中，一般观察3条线的运行趋势，最为简单和直接的方式是当 3 条线不同时间从高位扭头向下运行时，说明股价短期内承压，开始调整。

一图展示

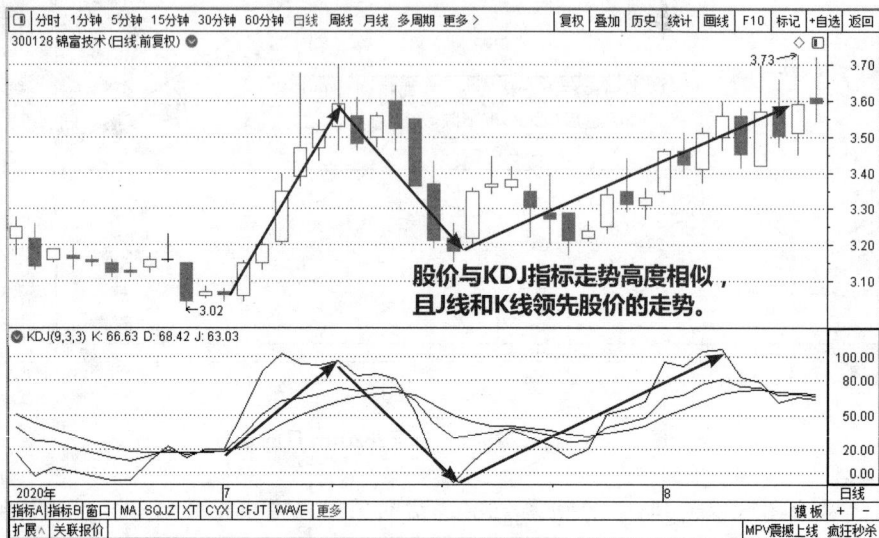

股价与KDJ指标走势高度相似，且J线和K线领先股价的走势。

要点剖析

当 J 线经过一段快速向上的走势后开始在高位（80 以上）向下运行时，说明股价短期上涨过快，将开始进行短线调整，短线投资者可卖出回避。

当 D 线也开始在高位向下掉头时，说明股价的短期上涨行情很可能结束，投资者应大比例减持。

当 K 线也开始在高位向下掉头时，说明股价的中短期上涨行情已经结束，投资者应全部清仓离场。

当 K、D、J 曲线从高位同时向下运动时，说明股价的下跌趋势已经形成，投资者应坚决持币观望。

实例分析 雷曼光电（300162）KDJ指标的顶部分析

雷曼光电2019年10月至2020年2月的走势如下图所示。

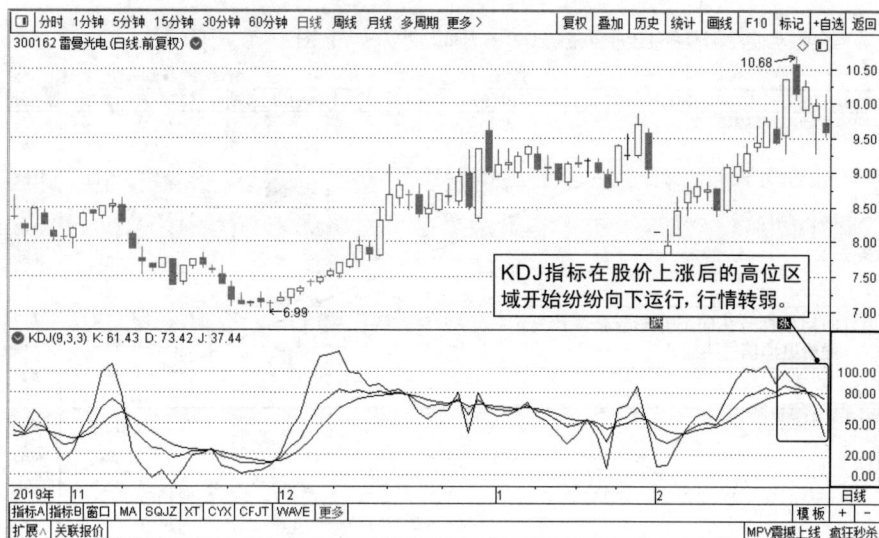

图　雷曼光电2019年10月至2020年2月的走势

从上图可以看到，雷曼光电前期股价经历了一次下跌，跌至7.00元左右得到支撑，随后展开反弹。

2019年12月，股价快速反弹，并在2020年1月中下旬达到9.50元附近，短期涨幅巨大。

随后股价再次回调到7.50元左右才止住跌势，同期的KDJ指标也同步运行，J线一度临近0，短期股价超跌。进入2020年2月后，股价从7.50元快速反弹，创出10.68元的新高。

在这一次的反弹中，KDJ指标同步上行，其中最为灵敏的J线从接近0值快速上行，并成功到达100左右且运行了3个交易日。

其中，2月14日的J值为103.28，2月17日的J值为100.57，2月18日的J值为105.92，连续3个交易日J值超过100，超买迹象明显。

J值长期在100上方运行并不符合市场规律，2月21日，也就是股价创出新高的当天，J值率先向下运行。2月24日，KDJ指标在高位形成死叉，同时K线开始下行。2月25日，D线开始下行。当KDJ指标3条曲线从高位开始统一向下运行时，意味着股价至少存在短期调整。

雷曼光电2019年12月至2020年6月的走势如下图所示。

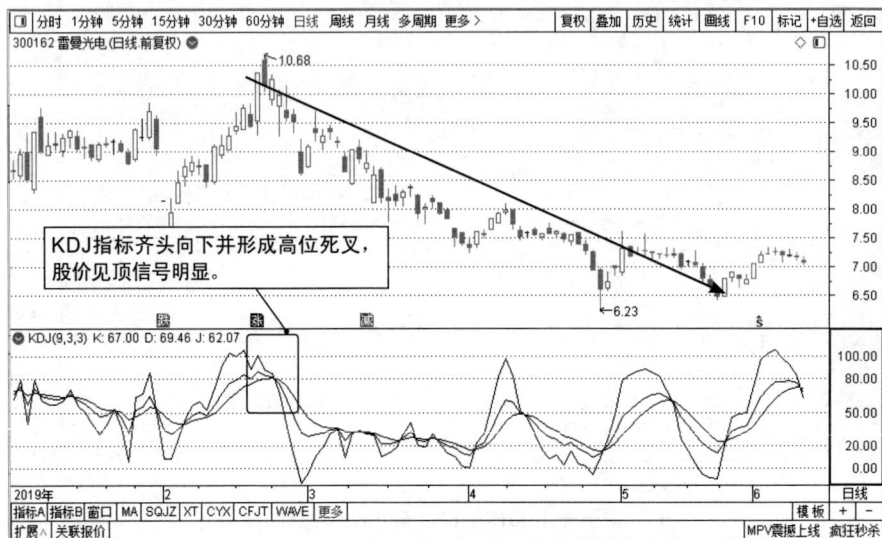

图 雷曼光电2019年12月至2020年6月的走势

从上图可以看到，雷曼光电的股价在KDJ指标齐头向下运行之日开始就一去不回头，股价从10.00元上方跌至最低6.23元。

No.060
KDJ指标的经典顶部形态

KDJ 指标运行中出现的各种曲线形态也是判断行情走势、决定买卖时机的分析方法。

当 KDJ 指标曲线图形形成头肩顶形态、双重顶形态（M顶）及三重顶等形态时，也可以按照 K 线形态理论的研判方法进行分析。

一图展示

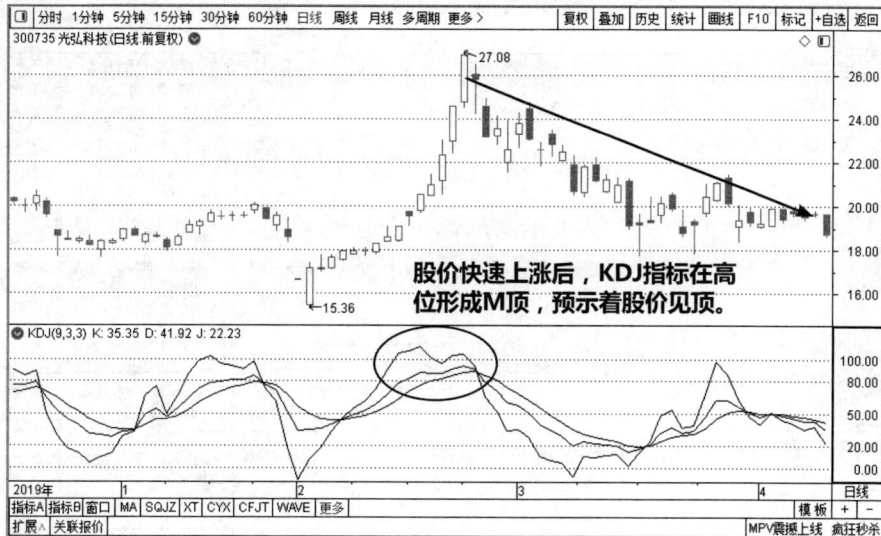

股价快速上涨后，KDJ指标在高位形成M顶，预示着股价见顶。

要点剖析

KDJ 指标的顶部形态至少应该出现在 50 以上才有效果，如果出现在 80 以上则效果最好。

在股价大幅度上涨后，KDJ 指标曲线的走势形成 M 顶或三重顶等顶部反转形态，预示着股价由强势转为弱势，股价可能即将大跌，投资者应及时卖出股票。

如果股价的走势随后也与 KDJ 指标出现同样走势则更可确认，股价未来的跌幅可以用 K 线 M 顶或三重顶等形态理论来研判。

在 KDJ 指标的经典顶部形态中，投资者还需要特别注意 J 线，因为其作为最敏感的指标，在实战中很容易出现短期"倒 V"形的顶部形态，在一定环境下该形态仍具有指导意义。

实例分析 科蓝软件（300663）KDJ指标的经典顶部形态

科蓝软件2019年4～9月的走势如下图所示。

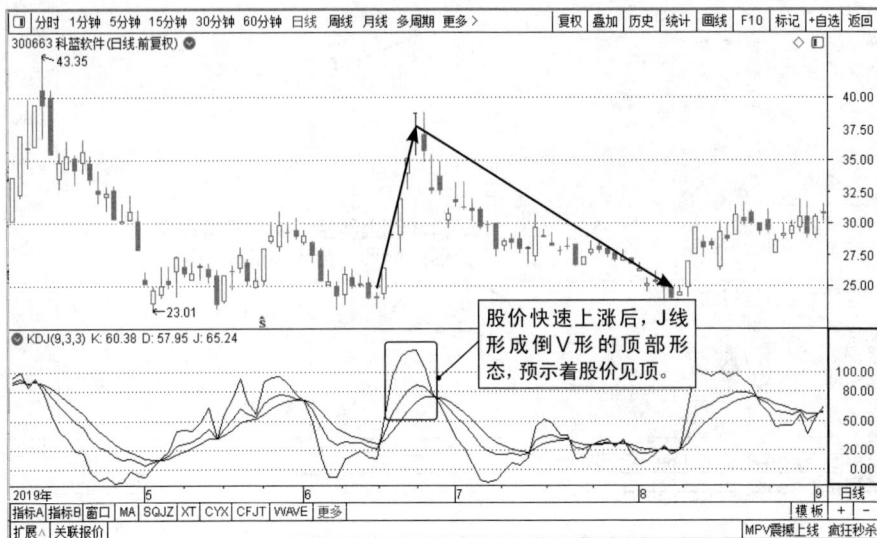

图　科蓝软件2019年4～9月的走势

从上图可以看到，科蓝软件在2019年5～8月这个区间内股价波动巨大，股价短期上涨到43.00元左右后大幅度调整，跌幅将近50%，股价创出23.01元的新低。

股价在25.00元价位线横盘震荡约一个月后在6月中旬展开反弹，在6月18～24日共5个交易日里连续收出涨停。同期的KDJ指标也迅速向上运行，其中最为灵敏的J线呈现直线拉升的状态，快速突破到100上方，随后快速回落，在高位形成"倒V"顶部形态。

科蓝软件的股价在连续5个交易日涨停后，伴随着KDJ指标的见顶，股价快速回落，从将近40.00元又跌回到25.00元附近，J线的"倒V"顶部形态见顶信号的威力强大。

即使是科蓝软件在2019年8月以后的股价走势也受到了影响。下图所示为科蓝软件2019年6月至2020年2月的走势。

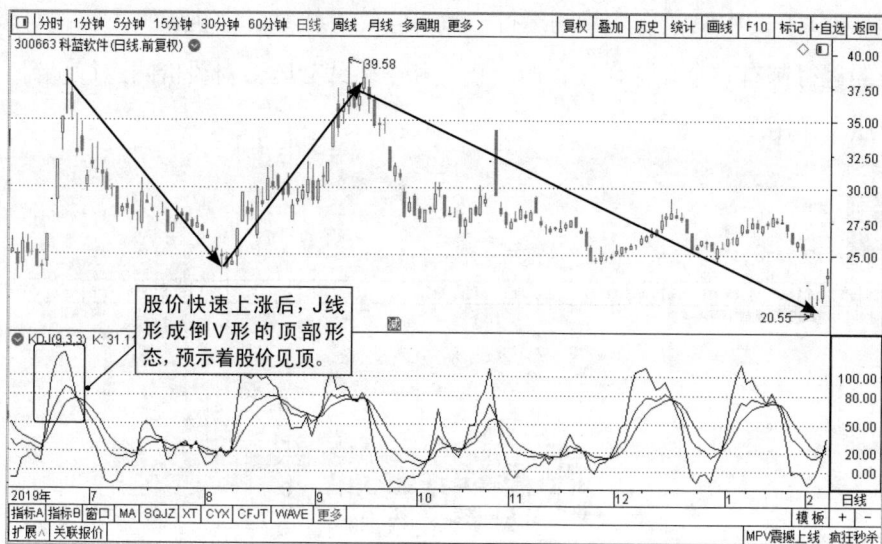

图 科蓝软件2019年6月至2020年2月的走势

5.3 BOLL 指标逃顶分析

BOLL 指标即布林线指标，全称是"Bollinger Bands"，与 KDJ 指标擅长研判股价短期走势不同，BOLL 指标是研判股价中长期运动趋势的一种技术分析工具。

No.061
BOLL指标的意义

BOLL 指标属于比较特殊的一类指标，它与股价的形态和趋势有着密不可分的关系，它的上下轨是显示股价安全运行的最高价位和最低价位。

BOLL 指标通常由 4 部分组成，分别是上轨、中轨、下轨和美国线。在 BOLL 指标中用美国线表示股价运行情况，直线表示当天行情的最高价与最低价，左侧横线代表开盘价，右侧横线代表收盘价，是 K 线的另一种表示方法。

BOLL 的中轨线与均线的运行一致，它的上轨线、中轨线和下轨线对股价的运行都有一个支撑作用，而上轨线和中轨线有时会对股价的运行起到一个压力作用。

一图展示

BOLL指标中的上轨、中轨、下轨以及美国线。

要点剖析

当股价在上涨过程中，BOLL 指标中的美国线向上突破上轨线代表股价短期运行不合理，股价短期会回调到上轨线下方。

中轨线对于股价的支撑作用十分明显，如果是在上涨趋势中，股价回调到中轨线上是买入机会，而不是短期顶部。

只有当股价表现极差时才会向下寻求下轨线的支撑。如果股价跌破下轨线且长期运行，也是不合理的，股价势必会出现超跌反弹，回到下轨线上方运行。

实例分析 飞鹿股份（300665）BOLL指标的初步使用

飞鹿股份2020年5～7月的走势如下图所示。

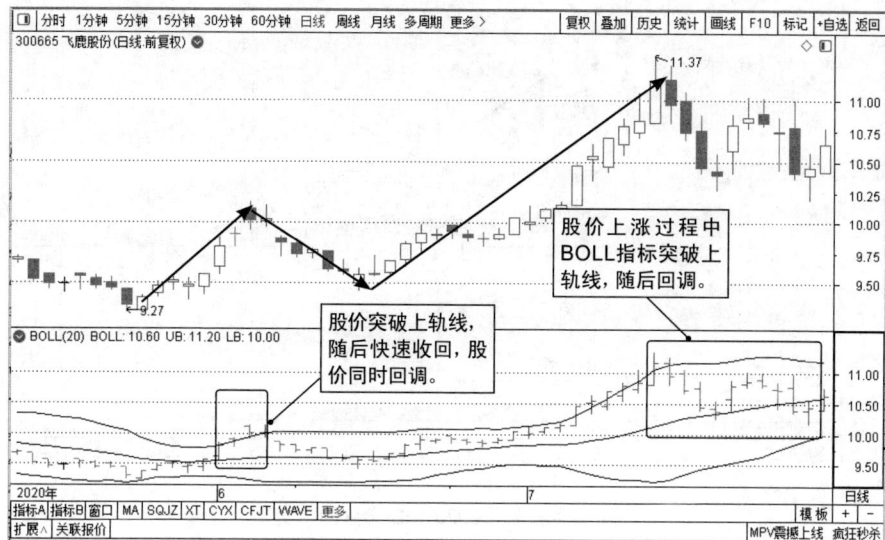

图 飞鹿股份2020年5～7月的走势

从上图可以看到，2020年5月下旬，飞鹿股份的股价迎来一波震荡上涨，股价从最低9.27元上涨到最高11.37元，短期涨幅较大。

在股价上涨初期，6月初股价第一次突破10.00元，此时BOLL指标中，代表股价的美国线已经向上突破上轨线，代表股价短期的过热。

随后股价从10.00元回调到9.50元附近，BOLL指标中股价也回调到中轨线附近寻求支撑，在9.50元短暂停留后股价继续向上反弹。

随着股价的上涨，BOLL指标中股价持续上行，连续多个交易日突破上轨线，随后股价与BOLL指标一同回调，在中轨线附近得到支撑。

在这个位置投资者想要判断股价是否见顶？可以结合前期涨幅来看，股价从9.27元上涨到11.37元，上涨幅度为22.7%，整体来看涨幅并不算大。并且BOLL指标中，中轨线对股价的支撑作用十分明显，综合判断股价并未出现短期甚至中长期的顶部，未来仍有上涨空间。

下图所示为飞鹿股份2020年6～8月的走势。

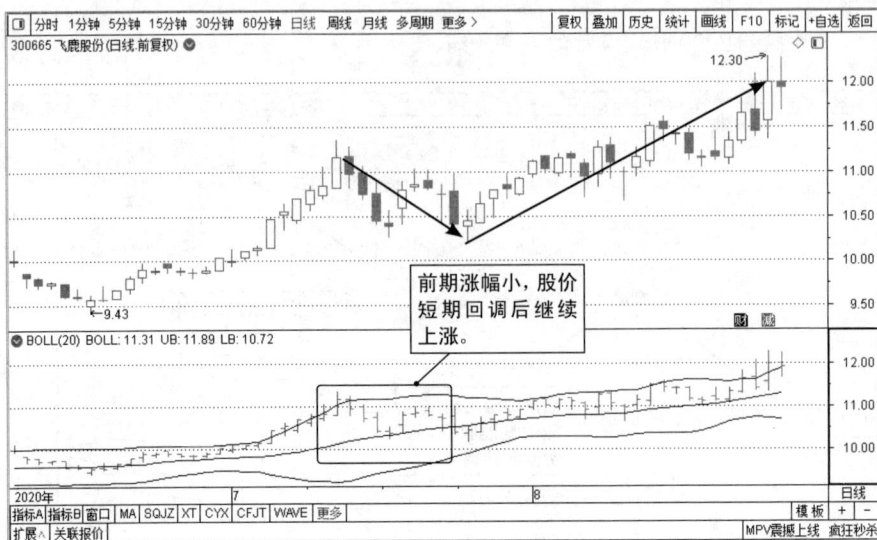

图　飞鹿股份2020年6～8月的走势

从飞鹿股份后续的走势来看，股价在7月上旬短期调整后，在10.50元附近得到支撑，后市继续上涨，并创出12.30元的新高。

No.062
利用BOLL指标上、中、下轨线分析顶部

BOLL 指标中的上、中、下轨线如果分开使用，可以用于股价的短期研判；如果将上、中、下 3 条轨线结合起来使用，可以对股价中长期的运行趋势进行研判。

当 BOLL 指标的上、中、下轨线同时向下运行时，表示股价开始出现弱势，股价将迎来顶部，后市将继续下跌。

在实战中，投资者应利用上轨线分析股价的短期压力，若股价短期运行压力巨大，应部分减持；后市若股价继续跌破中轨线或出现上、中、下轨线同时向下运行的情况，投资者则应该清仓。

一图展示

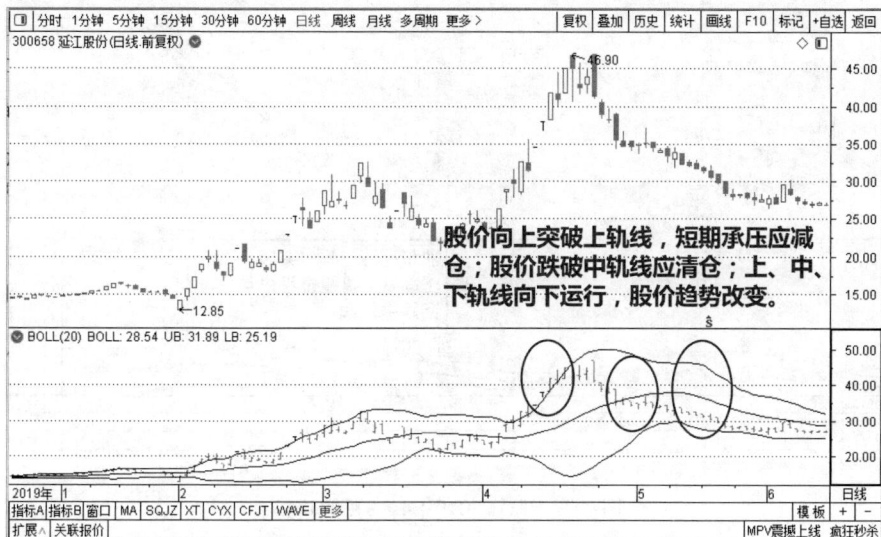

股价向上突破上轨线，短期承压应减仓；股价跌破中轨线应清仓；上、中、下轨线向下运行，股价趋势改变。

要点剖析

在实战投资中，投资者需要注意的是，当 K 线向上突破 BOLL 指标上轨线以后，其运动方向继续向上时，如果 BOLL 指标上、中、下轨线的运动方向也同时向上，则预示着市场的强势特征依旧，短期内还将继续上涨，直到 K 线的运动方向开始有掉头向下的迹象时才密切关注行情是否转势。

在强势行情中，当股价在 BOLL 指标上轨线上方运行一段时间后，如果 K 线的运动方向开始掉头向下，一旦向下突破布林线上轨时，预示着市场短期的强势行情可能结束，短期内将大跌，投资者应及时短线做空。

实例分析 博士眼镜（300622）BOLL指标的上、中、下轨

博士眼镜2019年4～9月的走势如下图所示。

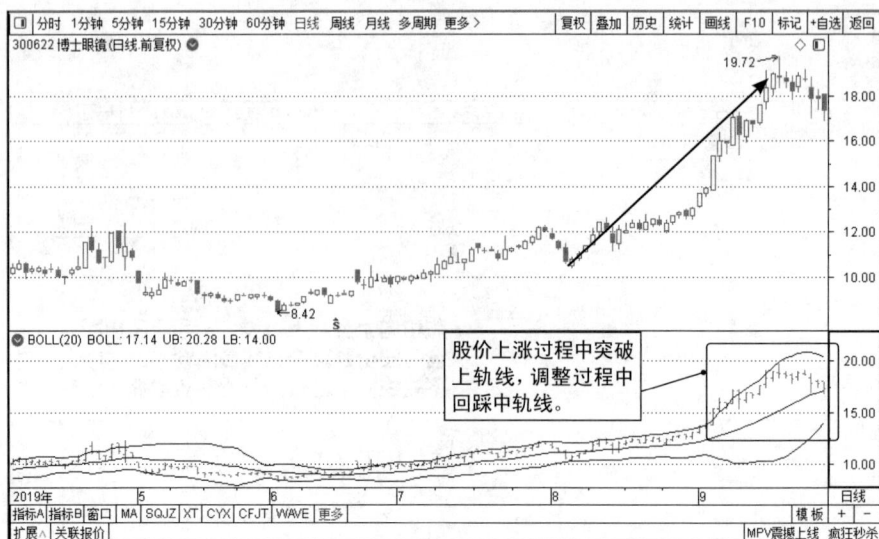

图　博士眼镜2019年4～9月的走势

从上图可以看到，博士眼镜的股价在2019年6～9月这段时间里出现了一大波上涨，同期的BOLL指标同步向上。

博士眼镜的股价从最低8.42元上涨到最高19.72元，短期涨幅巨大。对比其基本面并不起眼的业绩，股价上涨得有些突兀。博士眼镜2019年上半年实现营业收入3.08亿元，净利润2513万元，增长为−3.33%。

博士眼镜2017年在深交所挂牌上市，被称为是"眼镜行业上市第一股"。根据博士眼镜公布的数据，从2014年到2018年，博士眼镜的销售毛利率分别为73.02%、75.78%、75.74%、76.47%、74.12%。2019年销售毛利率下滑到71.17%，但是依旧很高。

作为高毛利的行业，眼镜行业也吸引了许多资产入场，行业竞争逐渐加剧。2014年后，眼镜行业进入快速发展时期，至2018年，全国范围内眼镜相关企业注册量达17.1万家，是2017年注册量的1.4倍；2019年注册量已达到29.1万家，较2018年增长70.2%。

综合来看，博士眼镜在2019年5～9月这一阶段的上涨属于行业概念炒作，并没有业绩的支撑。股价在9月后加速上涨的过程中，BOLL指标中股价向上突破上轨线，投资者经过综合分析应该在此位置考虑逐步减仓。

股价在创出新高后便有所回落，同期的BOLL指标也开始随之下行，股价运行到中轨线附近寻求支撑，上轨线扭头向下运行，此时投资者就应该及时清仓离场。

下图所示为博士眼镜2019年9月至2020年1月的走势。

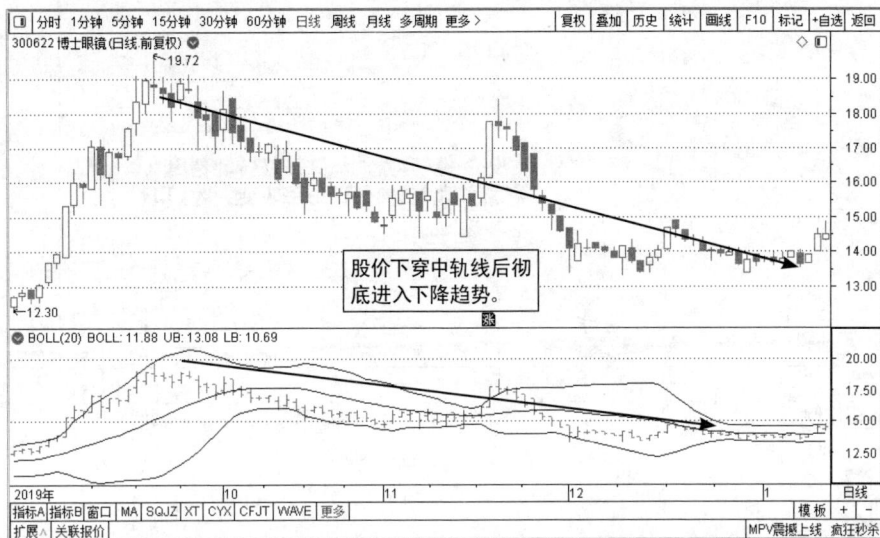

图 博士眼镜2019年9月至2020年1月的走势

股价在回调到BOLL指标中轨线附近后并未停留太久就继续向下运行，此时上轨线下行已经形成趋势，随后中轨线和下轨线也纷纷扭头向下，当上、中、下轨线纷纷扭头向下时，股价下跌已成必然。

No.063
利用BOLL指标喇叭口判断顶部

BOLL 指标3条线在运行过程中会形成一个开口向右的半封闭通道，而通道的直径确实随着股价的波动在不断变化。

BOLL 的上、中、下轨道线的形态会时紧时松，所以看起来就犹如喇叭口的形状，在实际分析活动中，我们可以通过喇叭口的形态分析股价。

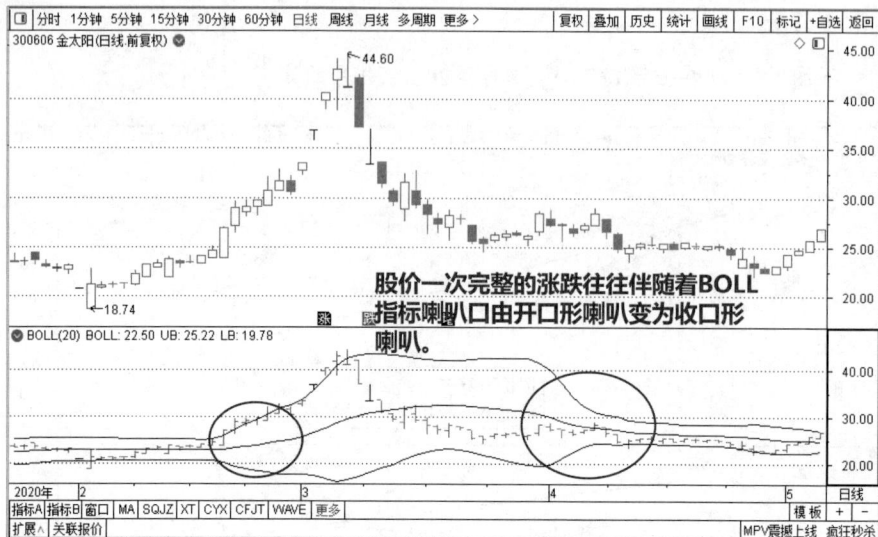

股价一次完整的涨跌往往伴随着BOLL指标喇叭口由开口形喇叭变为收口形喇叭。

BOLL 的收口形喇叭形状一般出现在股价上涨的后期，当股价经过大幅拉升后，成交量会缩减，在高位的股价会出现反转下跌的行情，此时 BOLL 的上轨线会急速掉头向下，中轨线平稳下行，而下轨线却加速向上运行，这就形成了收口形喇叭的形状。

收口形喇叭显示股价短期大幅向下突破的形态，预示着市场中的空头力量逐渐强大，股价将处于短期大幅下跌的行情中，投资者应该及时逃顶保存既得收益，降低下跌损失。

同益股份（300538）BOLL指标的喇叭口

同益股份2020年1~5月的走势如下图所示。

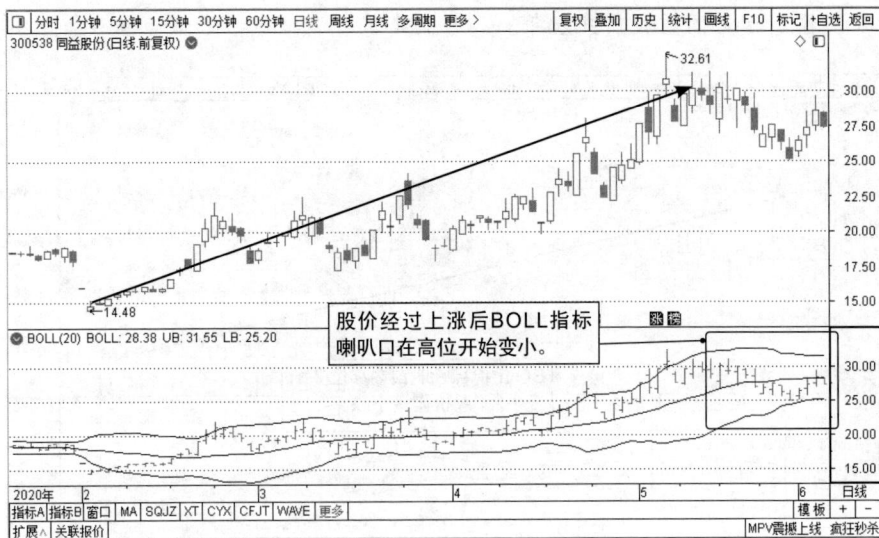

图 同益股份2020年1～5月的走势

从上图可以看到，同益股份在2020年2月之前经历过一次下跌，股价曾收出一次跌停，随后创出14.48元的新低。

在新低后不久，股价反弹回升，在不到4个月的时间里，创出32.61元的新高，股价反弹超过125.2%，涨势惊人，投资者此时需要分析其上涨的逻辑是什么。

同益股份主要从事中高端化工及电子材料的销售，2020年4月11日公司在互动平台称：作为中高端化工及电子材料一体化解决方案提供商，公司先后从韩国引进丙烯酸树脂、KISCO光引发剂、DKC光敏剂以及色浆等产品，主要应用于LCD-TFT正性光刻胶、芯片及半导体行业i/g/h线光刻胶等中高端市场。

而在2020年上半年，与半导体相关的产业链股票均有不错的表现，同益股份带有光刻胶的概念，自然能够得到市场资金的青睐。

随着股价在高位震荡，BOLL指标的上轨线开始向下运行，中轨线继续横向运行，而下轨线反应过于迟钝，仍向上运行，BOLL指标的整个喇叭口开始由大变小。

下图所示为同益股份2020年5～8月的走势。

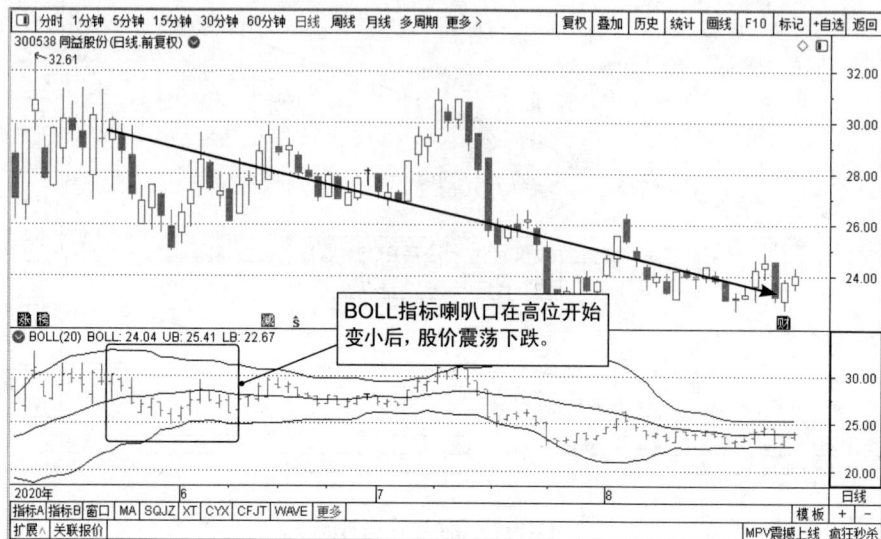

图　同益股份2020年5～8月的走势

从同益股份后续的走势可以看到，随着BOLL指标喇叭口的由大变小，股价也随之开始震荡下跌，从30.00元跌至24.00元左右。

第 6 章
技术逃顶入门

通过通道逃离顶部

逃顶，归根结底是要在股价趋势改变之前卖出，其中最为关键的无非是确定股价的运行趋势，明确股价趋势形成中的关键位置，将这些关键点位连接起来会形成切线，又称为趋势线。在趋势线的基础上，我们还可以寻找股价运行的通道，通过切线和通道的灵活使用，可以准确判断股价趋势的拐点。

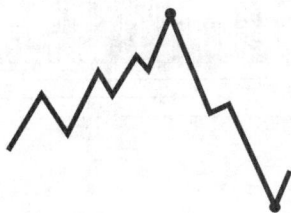

6.1 通过画切线识别顶部

切线又称趋势线，是将几何知识运用到 K 线上，是自然科学与金融投资的有机结合，经过多年的实战检验，切线对于股价运行的预示作用得到了众多投资者的认可。

No.064
如何画切线

顾名思义，切线是在实战中运行不规则的 K 线的切线，是将 K 线连续的低点或高点连接起来，随后形成的切线将是股价未来一段时间的指示线，对股价运行起到支撑或压力作用。

一图展示

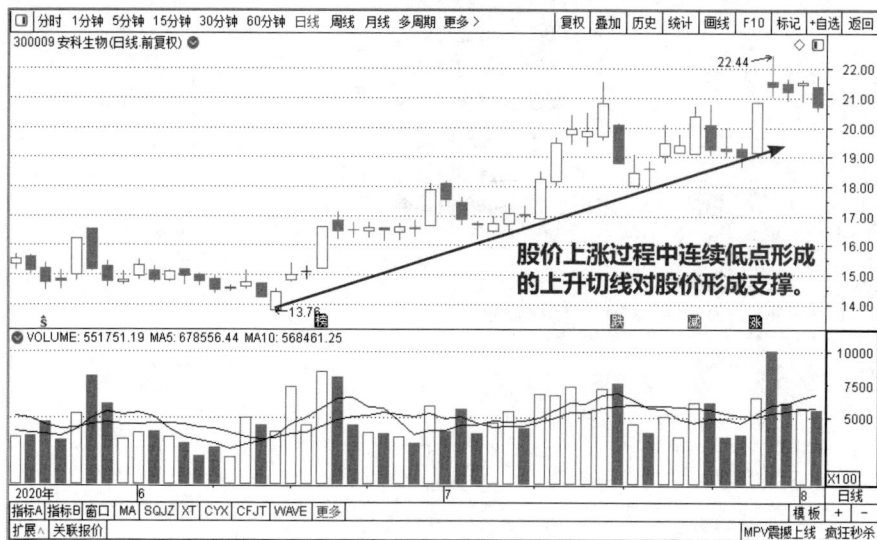

股价上涨过程中连续低点形成的上升切线对股价形成支撑。

要点剖析

画上升切线的关键在于找准股价运行的低点，同时在连续两个低点形成切线后，还需要根据股价运行的趋势随时进行微调，股价短期向上或向下突破切线是正常情况。

No.065
上升切线

顾名思义，上升切线是股价处于上涨过程中的趋势线，上升切线的作用是为股价的运行提供支撑。

上升切线对于逃顶的作用非常明显，当股价向下跌破切线且3个交易日没有回升到切线上方，则大概率意味着股价趋势的改变。

一图展示

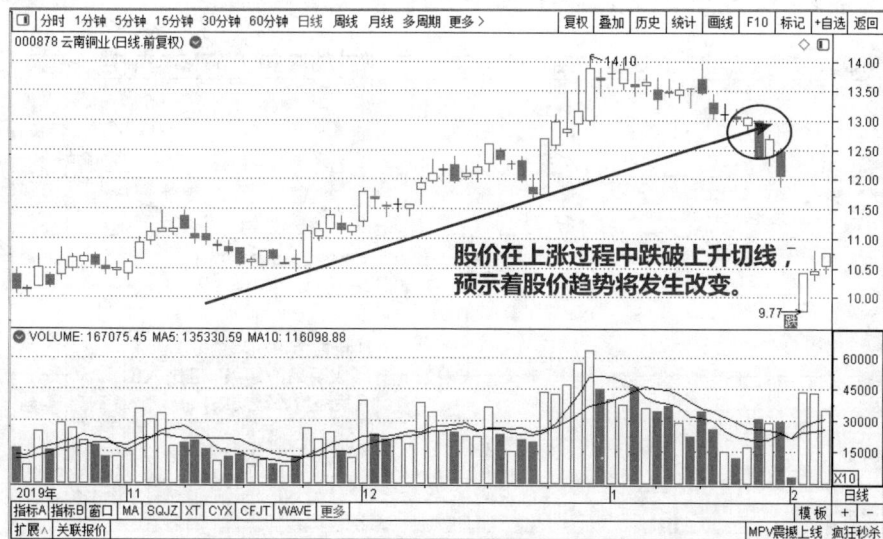

股价在上涨过程中跌破上升切线，预示着股价趋势将发生改变。

要点剖析

上升切线一般出现在股价的上涨阶段，它是将股价上涨过程中每次回调的低点进行连接起来的直线，为股价的每一次下跌回调提供了强有力的支撑，同时也有利于投资者判断顶部。

通常来说，一旦股价形成上涨趋势，其回调的低点只会逐渐升高，切线经过调整后的斜度会越来越大。

若在市场整体环境表现一般的情况下，股价向上远离原有的切线时，表现为加速上涨，这样的上涨通常难以持续，往往伴随着股价顶部的形成。

同时，投资者还可以通过观察股价与切线的关系去判断顶部，当股价向下突破上升切线，说明回调的力度较大。在多个交易日内股价仍未回到切线上方，说明股价运行趋势的拐点已经出现，投资者需要及时卖出离场，避免在后市更大的下跌中遭受亏损。

实例分析 铂科新材（300811）上升切线

铂科新材2020年3～8月的走势如下图所示。

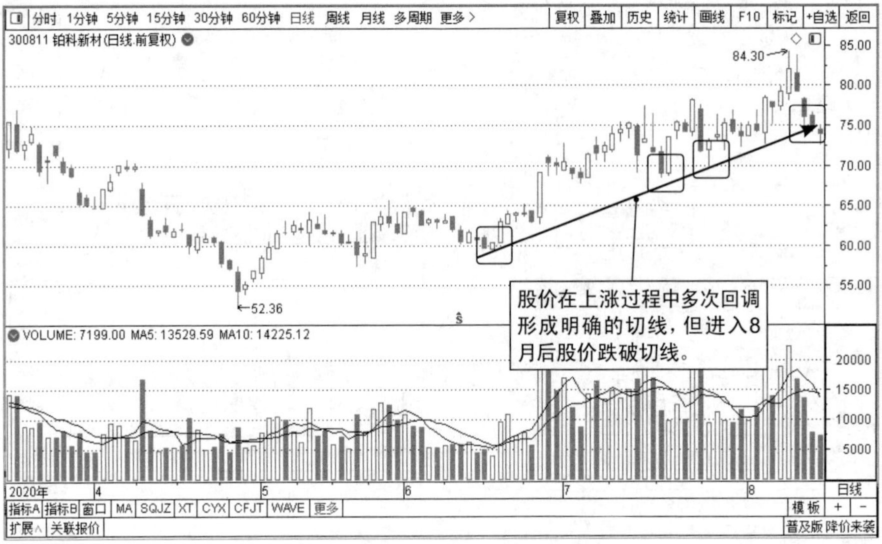

图　铂科新材2020年3～8月的走势

从上图可以看到，2020年3月，铂科新材的股价处于快速下跌行情中，从75.00元跌至最低52.36元，跌幅巨大。

这一段的跌幅主要是新股开板后的价值回归，该股在2020年1月上市，发行价为31.16元，上市后连续涨停至107.57元才打开涨停板，开板后一路下跌，实现价值回归，最终在52.36元附近止跌。

股价企稳后迅速展开反弹，在反弹过程中经历了多次明显的回调，进入6月中下旬后，股价加速上涨，在加速上涨过程中继续出现多次小幅度调整，将这些回调的低点连接起来形成上升切线。

随着股价在高位创出84.30元的新高，股价再次开始调整，回踩切线的趋势明显，伴随着8月11日以及接下来3个交易日的连续阴线，股价在8月13日当天跌破切线，股价有形成顶部的趋势。

铂科新材2020年7～9月的走势如下图所示。

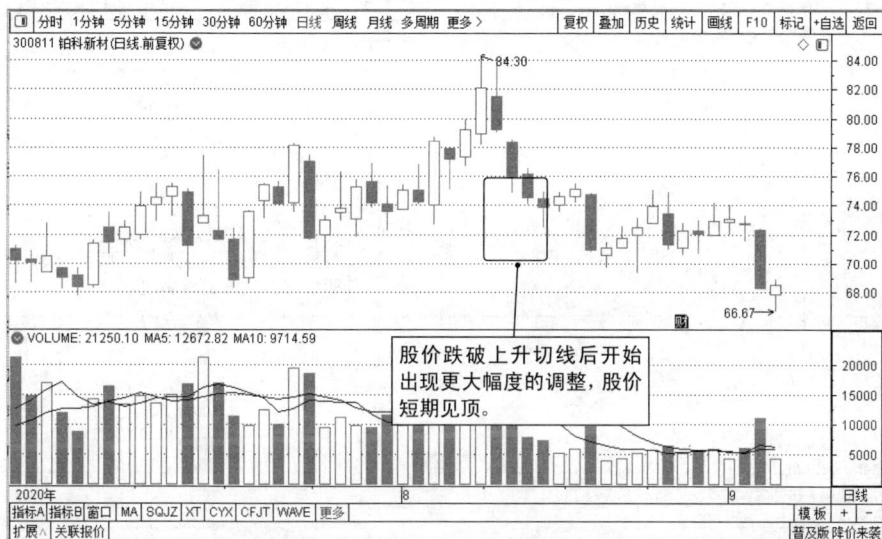

图　铂科新材2020年7～9月的走势

从铂科新材后续的走势可以看到，股价在8月13日跌破上升切线后便进入下跌趋势。由此可见，股价每一次回踩切线并不都是获得支撑从而反弹，也可能是股价见顶进入下跌的信号。

在实战中，投资者需要结合多个因素进行综合分析，特别是前期涨幅的大小，这对于股价是反弹还是见顶的分析尤为重要。

补充提示 *股市中趋势的重要性*

时也势也，命也运也。投资中最为重要的两样东西，一个是时，即时机的把握；另一个是势，即对趋势的判断。

切线实质上是趋势的一种表现形式，股价顺势而为的阻力最小，但股价不可能永远顺势而为，切线是股价趋势延续与转变的关键核心，所以在股价趋势初期形成时就画一条切线，投资者可以对股价未来的走势做到"胸有成竹"。

实例分析 壹网壹创（300792）股价远离切线判断顶部

壹网壹创2019年11月至2020年7月的走势如下图所示。

图　壹网壹创2019年11月至2020年7月的走势

从上图可以看到，壹网壹创在进入2020年1月后股价开启一波强势上攻，从80.00元最高上涨到216.13元，涨幅巨大。

随着我国城镇化率和人均可支配收入的不断提高，我国进入城镇化快速发展和个人消费水平稳步增长阶段。城镇居民是网络购物的主力军，电商行业将受益于城镇化率和人均可支配收入上升所带来的红利。同时，电子商务作为消费行业新的增长引擎，依然在快速发展，用户体验对用户消费决策的影响力越来越大，精细化的运营已经成为推动行业快速增长的重要驱动力。

而壹网壹创作为线上代运营龙头，公司整合营销能力、数据分析能力获得业内广泛认可。公司未来的远景目标是"成为全球品牌在中国电子商务渠道最专业的运营服务商"。

2020年上半年，伴随着电子商务在特殊背景下的加速发展，壹网壹创受益明显，因此股价上涨的同时具备概念炒作和基本面改善的双重利好。股价从80.00元上涨到140.00元后止涨回调，随后继续上涨，并在上涨中形成明确的切线。

在股价继续上涨的过程中，特别是进入5月后，股价加速上涨，从150.00元附近继续向上，逐渐远离切线，股价在创出216.13元新高时已经较切线上涨超过60.00元，涨幅超过40%。

通常而言，股价会沿着切线震荡上涨，而加速上涨远离切线就意味着股价脱离价值，开始加速形成泡沫，往往意味着顶部的出现，特别是壹网壹创前期已经涨幅极大。壹网壹创2020年5～9月的走势如下图所示。

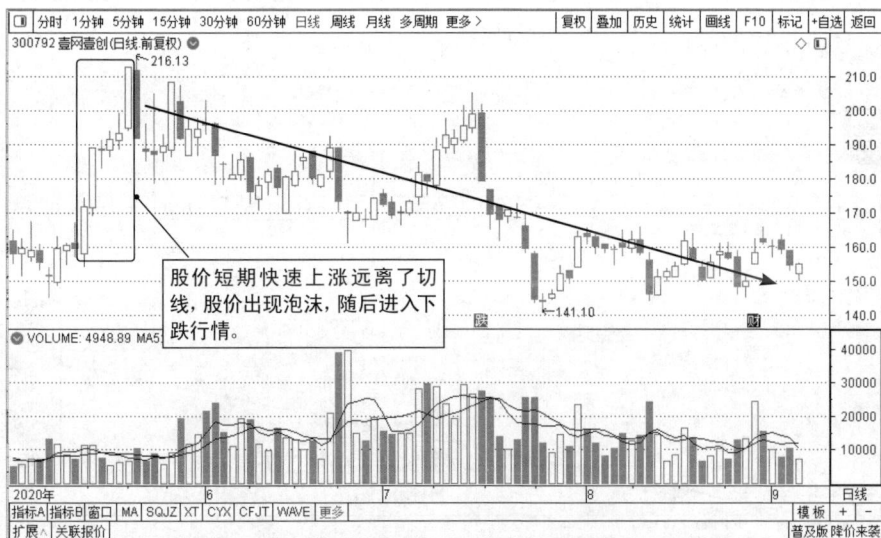

图　壹网壹创2020年5～9月的走势

从壹网壹创后续的走势来看，经过5月下旬的快速上涨后，5月底股价从200.0多元开始下跌，在7月底创出141.10元的新低。

No.066
跌破上升切线

当股价在上涨过程中跌破上升切线，意味着股价趋势转变，但投资者需要注意实战中股价的"假跌破"。

上升趋势线的功能在于能够显示出股价上升的支撑位，一旦股价在波动过程中跌破上升趋势线，就意味着行情可能出现反转，由涨转跌。

在实战中，投资者需要注意股价以怎样的形态跌破上升切线，是小实体的阴线还是大阴线，其背后的意义都有所不同。

股价若以小阴线跌破切线，则意味着股价的下跌较为犹豫，多空双方实力差距并不大，投资者还有机会离场。

股价若以大阴线甚至跌停的形态跌破切线，则意味着市场中的做空资金旗帜鲜明地告诉市场投资者，该股将大幅度下跌。

一图展示

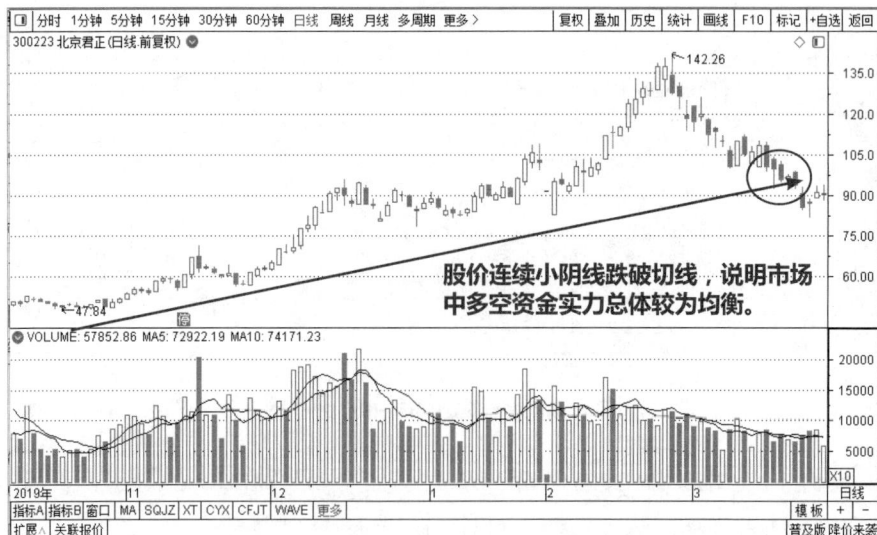

股价连续小阴线跌破切线，说明市场中多空资金实力总体较为均衡。

要点剖析

对于那些在上涨过程中有过加速上涨，远离切线的 K 线，跌破切线的逃顶判断会存在一定的滞后性。

当股价从远离切线的上方开始下跌，往往经过一定幅度的下跌后才会重新回到切线附近，而此时股价其实已经跌幅较大，此时再逃顶为时已晚。

但值得注意的是，若股价在跌破上升切线时以小阴线等形态为主，说明市场中的多空资金实力总体均衡，股价的回调只是前期涨幅较大的洗盘，股价在短期跌破切线后或许还有上涨的空间。

实例分析 台海核电（002366）跌破上升切线

台海核电2018年10月至2019年4月的走势如下图所示。

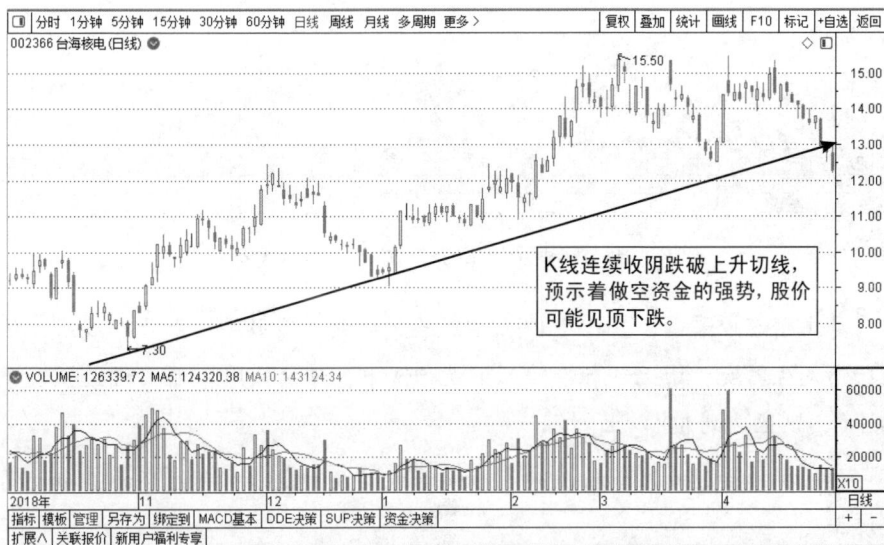

图　台海核电2018年10月至2019年4月的走势

从上图可以看到，2018年10月下旬，该股进入震荡上涨的行情中，股价从7.30元上涨至15.00元附近，涨幅达到100%以上。

股价在上涨过程中多次回调并形成了明确的上升切线。股价在上升切线的支撑作用下，逐步向上攀升。

2019年4月，市场突变，K线连续收出多根连续阴线，股价大幅下跌。4月25日，股价低开低走，K线收出一根大阴线，有效突破上升切线。此时，应引起投资者重视，股价跌破上升切线，说明该股的行情发生转变，股价即将见顶，后市看跌。台海核电2018年9月至2020年5月的走势如下图所示。

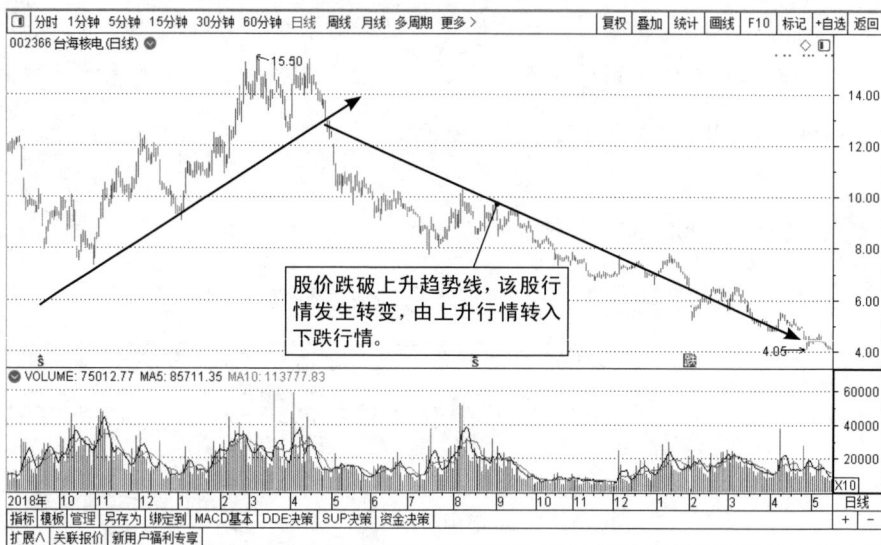

图　台海核电2018年9月至2020年5月的走势

从上图可以看到，2019年4月，K线连续收阴，有效跌破上升切线后，该股行情发生转变，由上升行情转入下跌行情中。股价从14.00元附近最低跌至4.05元，跌幅达到70%以上。

如果投资者没有在股价跌破上升趋势线时及时出逃，可能会面临重大的经济损失。

补充提示 *上升切线的市场含义*

上升切线指明了股价的运行方向，后市股价非常有可能沿着这条线继续运行。

所以，当股价跌破上升切线时，就是一个可靠的出货信号。而在没有跌破之前，上升切线则对股价起到支撑作用，股价回落至切线附近时受到支撑，再次反弹上涨。

No.067

水平切线

股价在高位运行的过程中，除了上涨或下跌的波动以外，从更长周期来看，还可能出现在一个箱体区间内运行的走势。

我们通常把股价回调的低点连接起来，呈一条水平直线，将这条直线称为水平切线，与箱体的下边类似，但不完全一样。

投资者要做的第一步是先画出水平切线。

一图展示

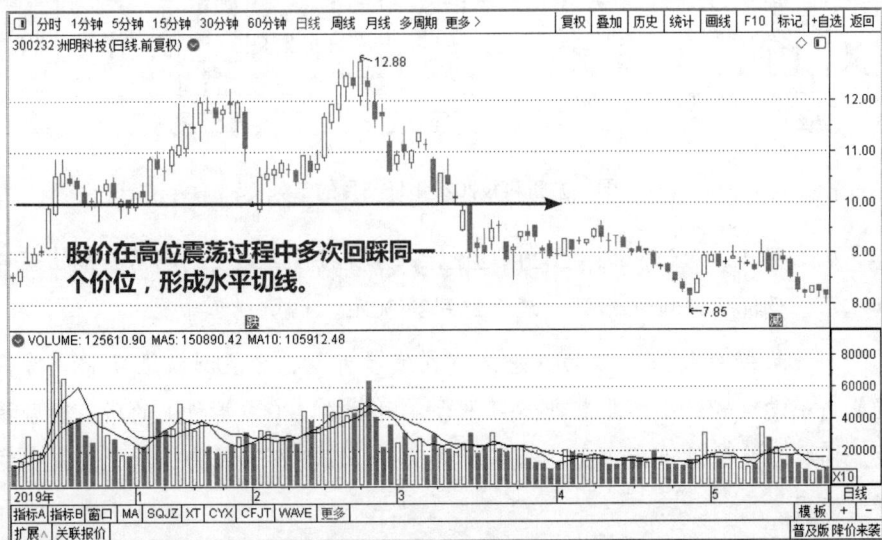

股价在高位震荡过程中多次回踩同一个价位，形成水平切线。

要点剖析

画出水平切线最简单的方法是将股价在高位回调到同一价位进行连接即可。

投资者需要注意，为保证水平切线的有效性，有时需要忽略股价回调过程中的下影线，以K线实体为准，即以开盘或收盘价为准。

实例分析 方直科技（300235）水平切线

方直科技2020年1～3月的走势如下图所示。

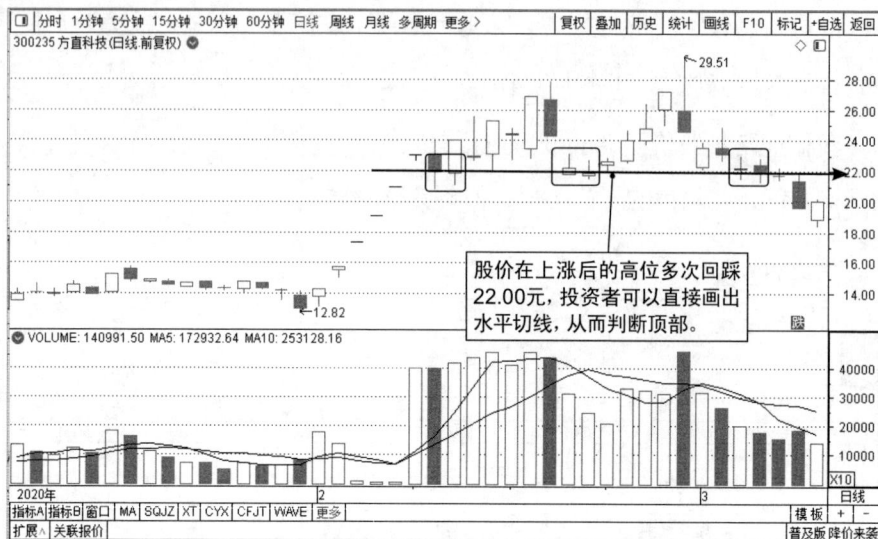

图　方直科技2020年1～3月的走势

从上图可以看到，进入2020年2月后，方直科技突然受到利好影响出现连续涨停，股价从14.00元附近快速上涨到24.00元。

而此次助推股价上涨的概念是"在线教育"，方直科技表示将免费向湖北省小学生开放小学生智能学习平台"同步学"（多学科）的所有付费模块。同时在疫情结束后，上述公司所提供部分服务及资源将继续免费提供给师生使用。

股价受益于"在线教育"概念的宣传，在22.00～26.00元的区间内来回震荡，股价曾多次下探22.00元的整数价位，并多次在这个价位得到支撑并展开反弹。因此，投资者可以很简单地画出水平切线，通过运用水平切线，投资者可以很好地去判断顶部。

方直科技2020年2～5月的走势如下图所示。

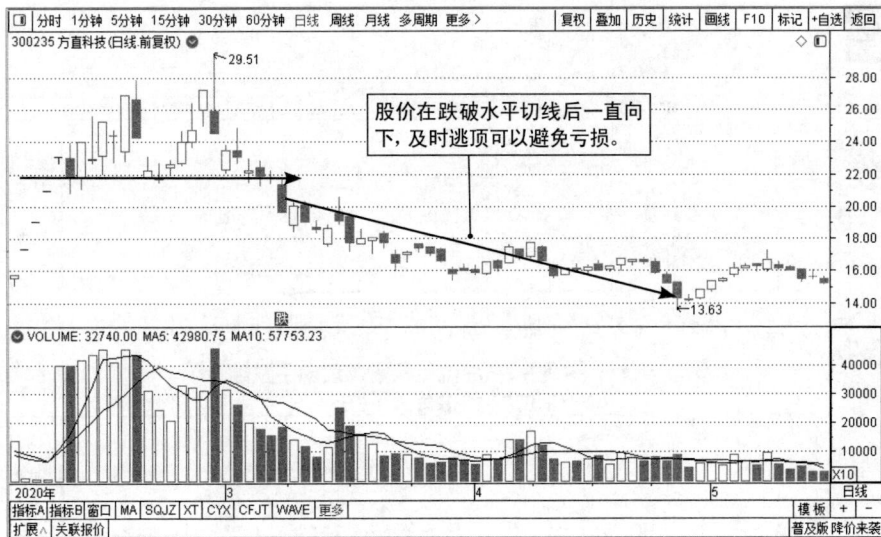

图　方直科技2020年2～5月的走势

从方直科技后续的走势可以看到，在投资者画出水平切线后，当看到股价向下跌破切线且一去不回头时，投资者应该及时卖出逃顶，避免不必要的亏损。

No.068
跌破水平切线

在画出水平切线后，投资者要充分利用水平切线去判断股价的顶部，争取在股价见顶前卖出。

与上升切线类似，水平切线在判断顶部时会有一定的滞后性，但好过上升切线。因为股价在高位的箱体震荡中上涨的幅度不会很大，因此其从远离水平切线的高位下跌的幅度没有那么大。

对于投资者而言，还是需要重点关注股价跌破水平切线时的 K 线形态，若是以大阴线跌破，则意味着后续跌幅还较大。

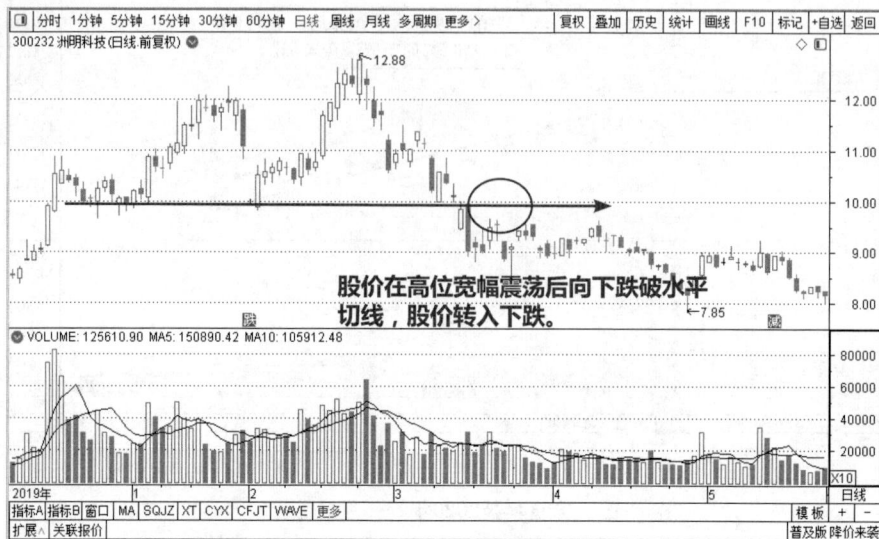

股价在高位宽幅震荡后向下跌破水平
切线，股价转入下跌。

**要点
剖析**

在利用水平切线对股价的顶部进行分析时，除了观察股价跌破切线时的
K 线形态以外，投资者还可以结合 K 线组合形态进行综合分析。

在 K 线组合形态中，如双重顶、头肩顶等形态，都涉及与水平切线类似
的特殊信号，如头肩顶形态中的颈线。

颈线的位置一般要比水平切线的位置更高，当股价跌破颈线后，投资者
就应该减仓，进行获利了结操作。

当股价在跌破颈线后继续向下跌破水平切线后，投资者就应该大幅度减
仓甚至清仓离场。

总而言之，无论是技术分析还是基本面分析，都需要总结多方面因素的
影响进行综合分析，这样才能提高逃顶的成功率，从而提高投资者在实战中
的胜率。

实例分析 星星科技（300256）跌破水平切线

星星科技2019年10月至2020年6月的走势如下图所示。

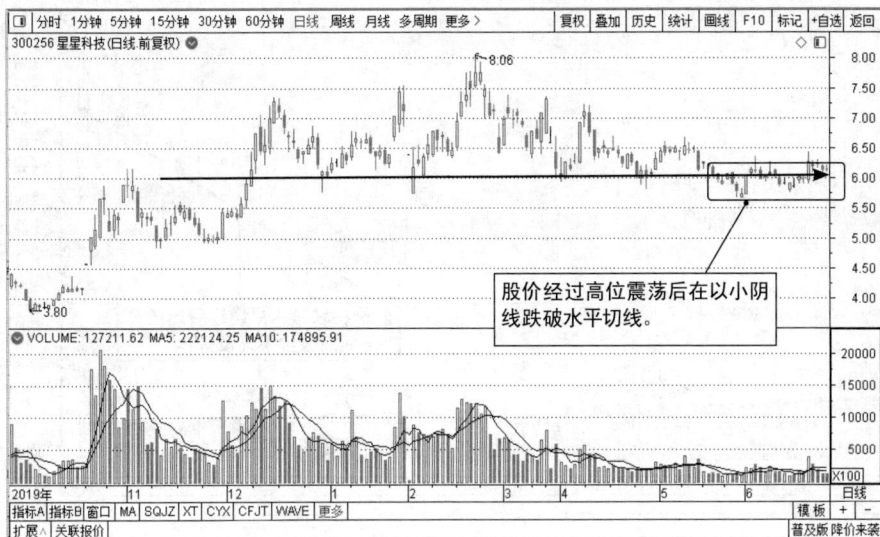

图　星星科技2019年10月至2020年6月的走势

从上图可以看到，从2019年11月开始，股价开始震荡上涨，从3.80元上涨到7.00元附近止涨，随后在6.00～7.50元的区间内震荡。

股价在高位震荡的过程中多次回调到6.00元的整体价位，并在这个位置得到支撑展开反弹，投资者可以快速得到一根水平切线。

在6月前后，股价以小阴线跌破水平切线，随后又收回到水平切线上，并在6.00元附近来回震荡，显示出市场中多空资金的均衡。

星星科技主营各种视窗防护屏、触控显示模组、精密结构件等相关业务，产品主要应用于手机、平板电脑、可穿戴产品、笔记本电脑等消费电子产品，以及车载、工控、医疗器械等领域。公司主要合作客户包括华为、联想、小米知名品牌厂商。

从星星科技的主营业务来看，消费电子行业在2020年上半年有明显的转暖，所以股价虽然跌破水平切线，但未来并不是没有投资机会，因此股价的调整并不是顶部的形成。

星星科技2019年12月至2020年8月的走势如下图所示。

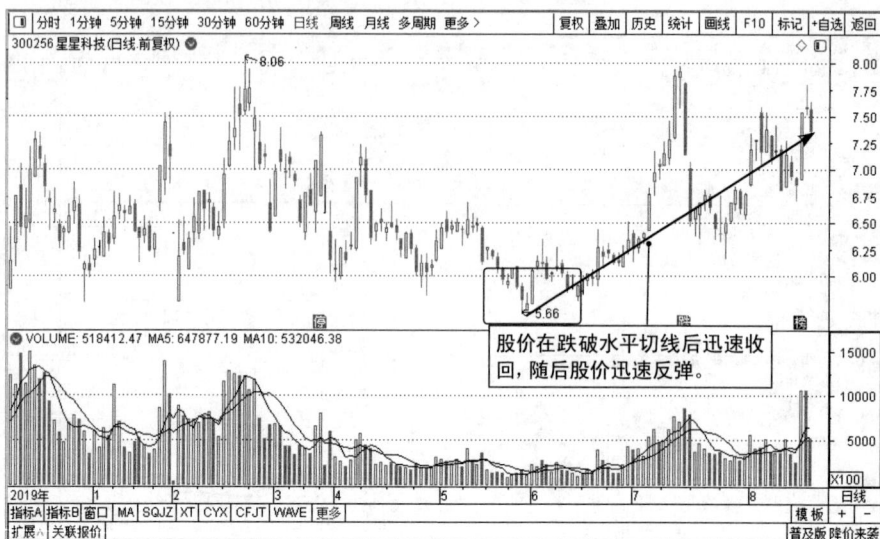

图　星星科技2019年12月至2020年8月的走势

从星星科技后续的走势来看，股价在跌破水平切线后出现短期的持续下跌，并创出5.66元的新低。

但是股价跌到6.00元以下的时间并不长，短期回调后迅速走强，股价快速反弹至7.00元上方。

总体来说，投资者需要注意股价跌破水平切线背后的意义，如星星科技这样前期涨幅不大，行业转暖，以小阴线跌破水平切线的情况，就极有可能是回调买入机会而不是逃顶机会。

6.2　确认通道，逃离顶部

如果切线是股价运行趋势的简单体现，那么通道就是股价运行的"枷锁"，一旦股价运行过程中形成明确的通道，那么在未来很长一段时间都将受困于通道的压力和支撑。对于逃顶而言，识别股价运行的通道有利于精准把握顶部。

No.069
如何找通道

从通道的字面意思可以看出，通道其实是由两条直线共同组成的，一条是股价运行过程中的低点连接线，为股价的运行提供支撑；另一条是股价运行高点的连接线，对股价运行起到压制作用。找通道就是要同时找到低点连接线和高点连接线，并且两条线要大致呈现平行。

一图展示

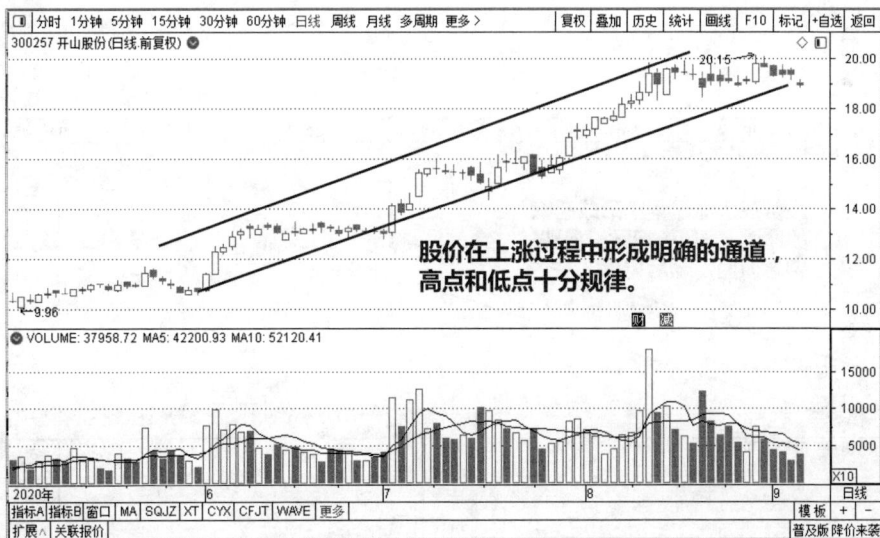

股价在上涨过程中形成明确的通道，高点和低点十分规律。

要点剖析

找通道对于初次接触的投资者而言有一定的难度，但多次练习后也会变得简单。

在股价上涨的过程中，通常我们会先画出上升切线，即股价上涨过程中回调低点的连接线，然后根据已经画出的切线的平行线去画另一条高点的连接线，最终画出通道。

No.070
上升通道

上升通道是在股价上涨的过程中形成的，对于寻找顶部、判断顶部以及逃顶有什么帮助呢？

我们在运用切线时有一个小技巧，即股价在加速上涨的过程中，逐渐远离切线意味着股价顶部的出现。这个小技巧在通道中同样适用，我们同样可以利用股价与通道的关系去判断顶部的形成。

一图展示

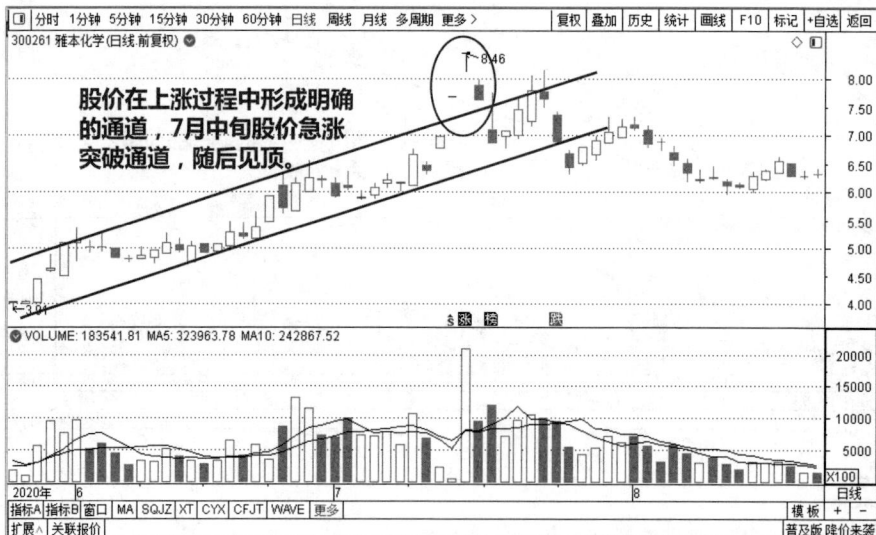

要点剖析

通道是股价运行过程中自发形成的，对股价下一步的走势具有"内生"的影响。

之所以把通道称为股价运行的"枷锁"，是因为通道是前期做多资金情绪的数字化体现，股价一旦脱离通道，意味着股价的运行脱离了做多资金的控制。

股价在上涨过程中如果向上突破通道上边线，则说明股价短期加速上涨，脱离正常运行的趋势，而市场中这种异常往往是不可持续的。

综上所述，投资者可以利用这个"潜规则"来判断顶部的形成，从而成功逃顶。

实例分析 硕贝德（300322）上升通道

硕贝德2019年4～10月的走势如下图所示。

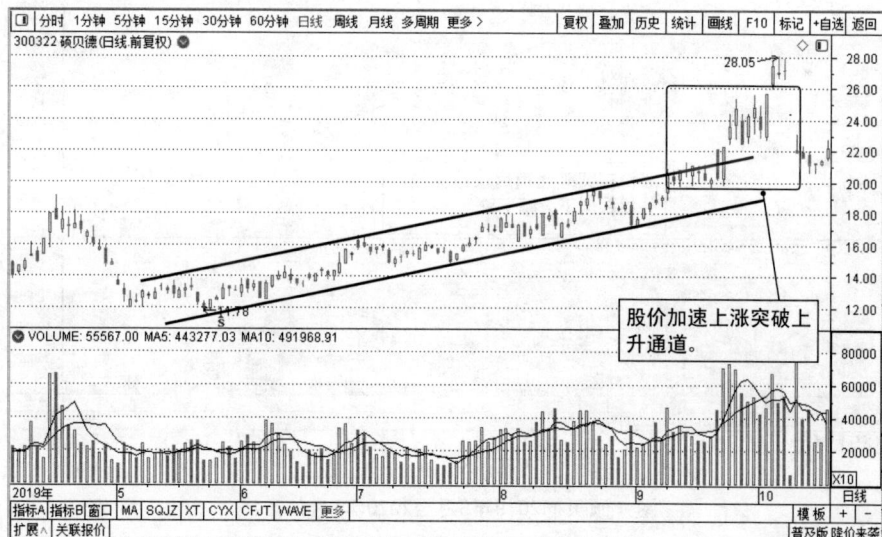

图　硕贝德2019年4～10月的走势

从上图可以看到，硕贝德前期经历了一次调整，5月初，股价在12.00元左右得到支撑。

股价在12.00元企稳后展开反弹，反弹过程较为平稳，经过约5个月的时间，股价从12.00元上涨到20.00元附近，涨幅巨大，但涨势平稳。

9月底股价达到22.00元左右的通道上边，不仅没有回调反而是强势突破，股价突破上升通道，短期顶部是否出现，需要结合基本面进行分析。

硕贝德的主营业务按产品类型可以分为终端射频产品、基站射频产品、汽车射频产品以及非射频外延产品四大类。主要包括手机天线、笔记本电脑天线、智能穿戴设备天线等，是公司目前盈利贡献最大的一类产品。

从业绩来看，硕贝德在2019年前三季度预计净利润1.0亿～1.1亿元，增长幅度为90.55%～109.60%，但其中大部分利润来自出售子公司股权的收益，属于非经常性损益，扣非后的利润表现为大幅度下滑。

硕贝德2019年8月至2020年5月的走势如下图所示。

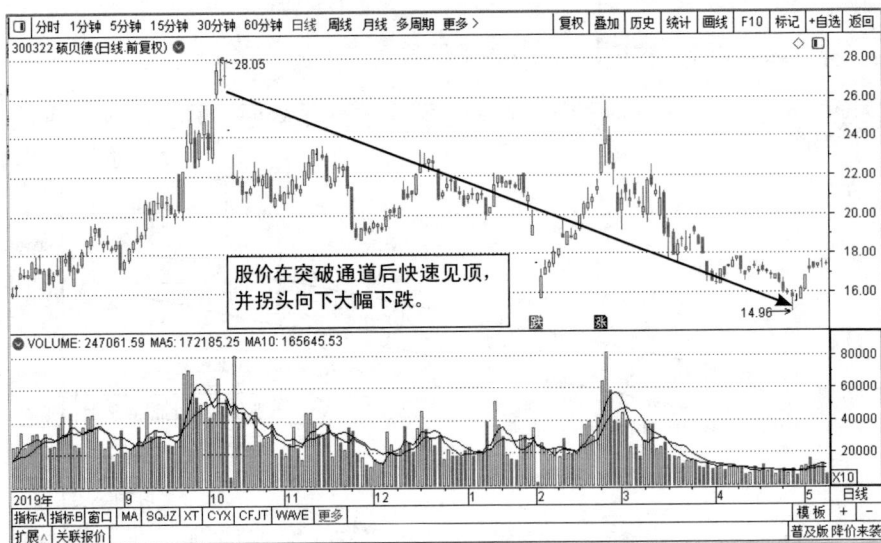

图　硕贝德2019年8月至2020年5月的走势

从硕贝德后续的走势来看，股价在向上突破通道后快速见顶并拐头向下，股价从28.00元跌至最低14.96元，跌幅将近50%。

对于投资者而言，应在股价向上突破通道时逐步减仓，将大部分的收益落袋为安。

No.071

跌破上升通道

如果说股价加速上涨是做多资金在离场前的诱多，那么当股价跌破上升通道，则说明做多资金早已获利兑现了大部分。跌破上升通道意味着股价由上涨转为下跌，股价出现周期无法确定的顶部。

一图展示

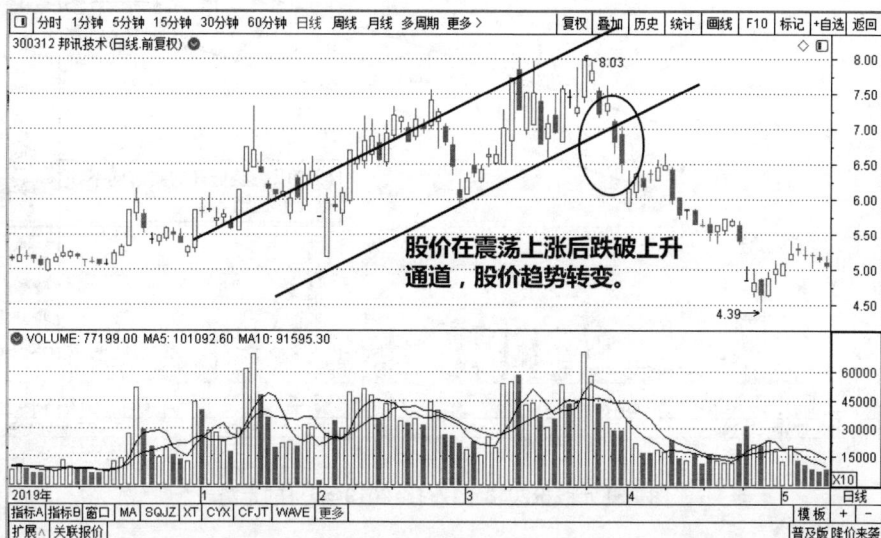

300312 邦讯技术(日线 前复权) VOLUME: 77199.00 MA5: 101092.60 MA10: 91595.30

股价在震荡上涨后跌破上升通道，股价趋势转变。

要点剖析

股价跌破上升通道，说明前期资金已经完成获利兑现，跌破通道已经等于砸盘不准备继续护盘了。

与上升通道的小技巧一样，投资者应当重点关注股价跌破通道时的 K 线形态，小阴线与大阴线跌破有本质区别，持续向下跌破与跳空低开跌破的区别也尤其明显。

这里需要特别说明的是，当股价在某个交易日里突然跳空低开，且同时跌破上升通道，说明做空资金的意图明显，且所谋巨大，股价未来向下的空间以及跌幅都较大。

实例分析 开元股份（300338）跌破上升通道

开元股份2018年12月至2019年6月的走势如下图所示。

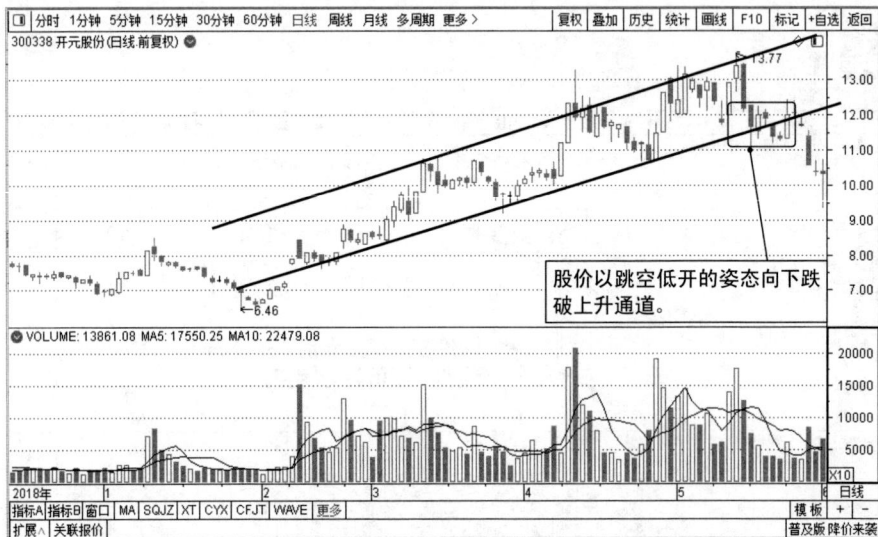

图 开元股份2018年12月至2019年6月的走势

从上图可以看到，进入2019年2月后，开元股份的股价进入震荡上涨的趋势中，并且走势富有规律和节奏。

股价持续运行在通道内，并未出现向上突破通道的走势。但是股价在12.00～13.00元的区间内继续上行遇阻后，股价向下跌破上升通道。

5月23日，股价当天低开约为2%，形成明显的跳空缺口，全天低开低走跌幅4.13%。跳空低开跌破上升通道则意味着做空资金的坚决，股价后续将迎来较大幅度的下跌。

开元股份2019年4～8月的走势如下图所示。

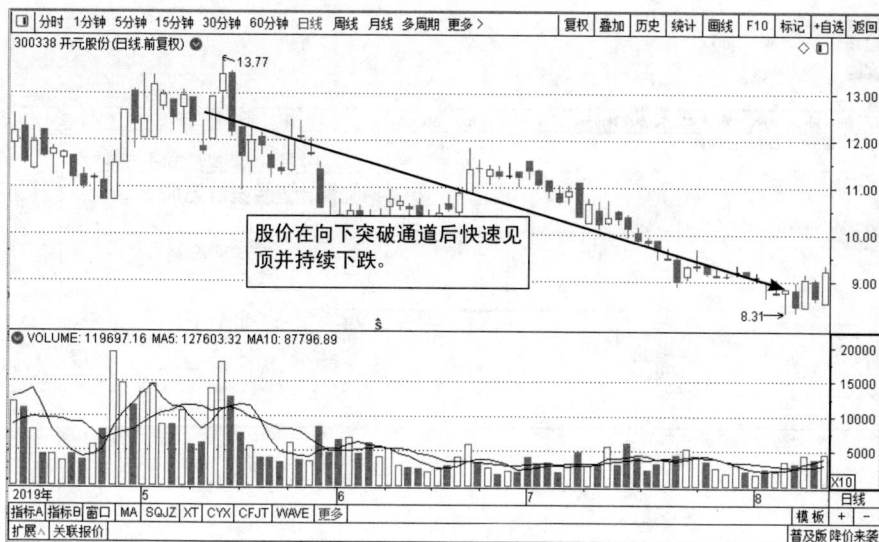

图　开元股份2019年4～8月的走势

开元股份后续的走势证明了做空资金的坚决，股价在跌破上升通道后从12.00元左右跌至9.00元下方，跌幅超过25%。

No.072

水平通道

水平通道也可以看作是箱体震荡，股价在经过大幅上涨后，做多资金需要兑现获利，因此会将股价维持在高位进行震荡。

通常表现为股价每次上涨一个价位就会受阻回调，每次回调到一个价位后就会获得支撑。

将高点和低点分别连接起来，形成一个箱体，也就是股价运行的通道，对于股价走势的指示意义非凡。

对上升通道一样，当股价向上突破水平通道，则意味着做多资金可能通过诱多的方式来加速完成出货的目的，股价的顶部即将出现。

一图展示

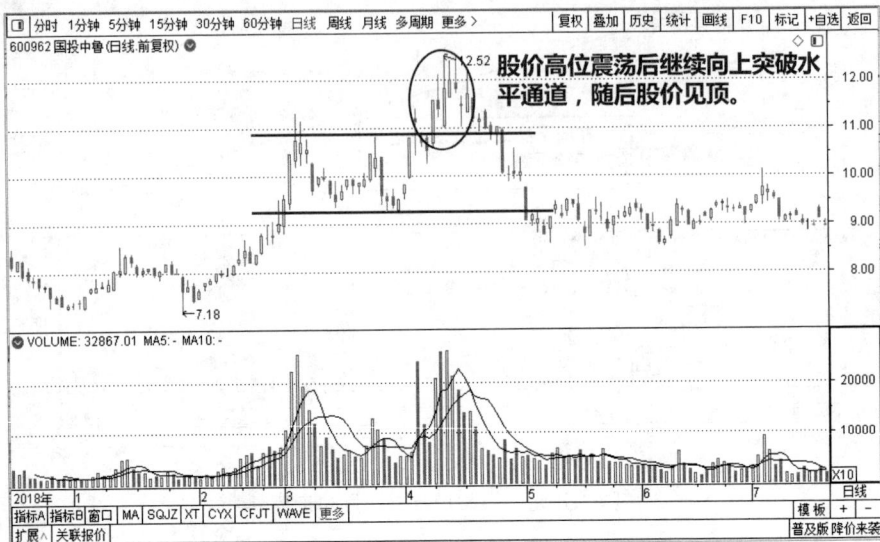

股价高位震荡后继续向上突破水平通道，随后股价见顶。

要点剖析

股价通道运行的有许多，特别是水平通道。对于那些在高位长期震荡的个股而言，有高点也有次高点，有低点也有次低点。

因此在实战中，当股价在高位长期运行时，投资者可以找到股价的高点和低点，以及次高点和次低点，甚至次次高点和次次低点，多给股价画几个通道。多个水平通道可以提升股价顶部信号的有效性，同时也为投资者仓位管理提供参考。

当股价向上突破水平通道后，投资者可以考虑减少部分仓位，特别是在前期涨幅较大的情况下。

当股价向上突破通道后又回踩通道上边，则要考虑大幅度减少仓位，当股价跌破水平通道的下边，则应该清仓离场。

实例分析 淮北矿业（600985）水平通道

淮北矿业2018年12月至2019年7月的走势如下图所示。

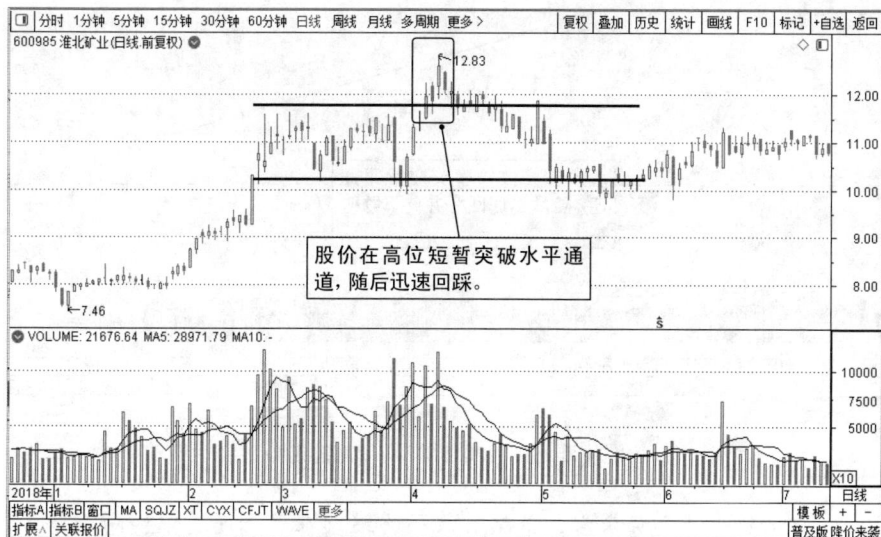

图　淮北矿业2018年12月至2019年7月的走势

从上图可以看到，淮北矿业从2019年1月开始上涨，股价从8.00元左右快速上涨到11.50元后止涨，并在10.00～12.00元的区间内震荡。

股价经过约一个月的震荡后，在水平通道下边线得到支撑后迅速反弹，随即突破水平通道上边线，创出12.83元的新高。

但股价并未持续向上，而是快速向下回踩水平通道的上边，此时是投资者减仓的机会。

随后股价继续向下靠近水平通道的下边线，甚至一度跌破。此时，投资者要么大幅度减仓，要么清仓离场，具体采取哪一种操作，需要结合个股的基本面等多个因素去综合分析。

淮北矿业2019年3～11月的走势如下图所示。

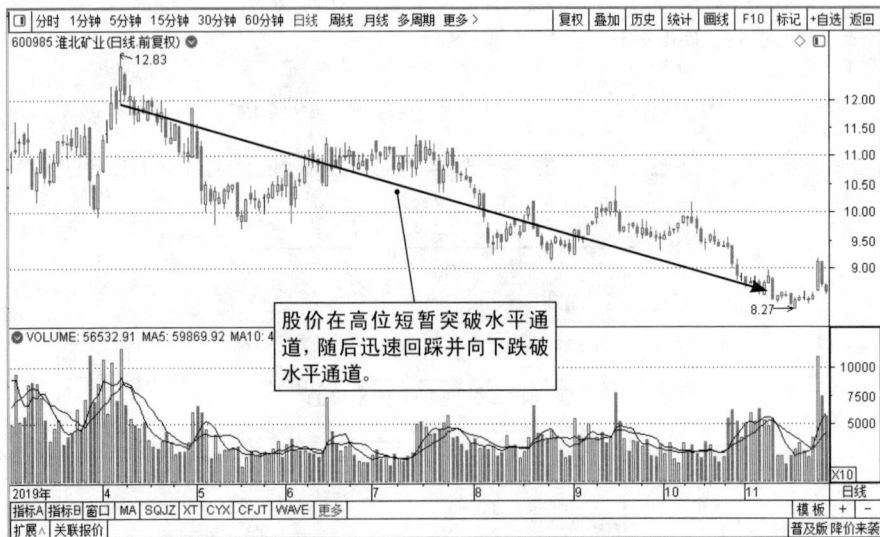

图　淮北矿业2019年3～11月的走势

从淮北矿业的走势来看，虽然后续股价继续在水平通道中横向运行，但这样的走势对于投资者而言毫无意义，最终仍是向下突破通道走向下跌。

提前清仓对于投资者而言，既节约了宝贵的资金使用效率，又避免了收益受损。

No.073
跌破水平通道

水平通道是多空资金在高位维持的"生态平衡"，一旦向上或向下突破通道，则意味着生态平衡被打破。

当股价向下跌破水平通道，意味着做多资金基本已完成出货，做空资金已经融到足够的股票可以进行做空操作。

对于投资者而言，当股价向下突破水平通道，无论如何都需要进行适当的卖出操作。

一图展示

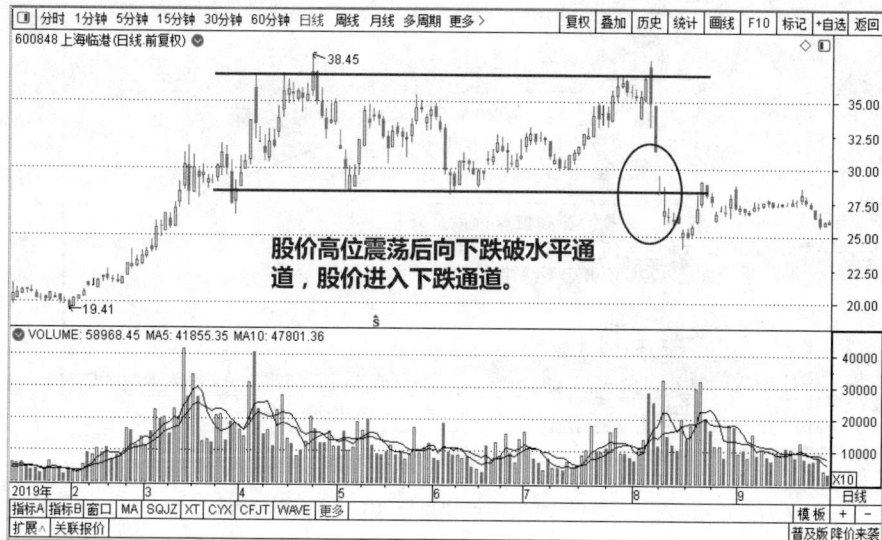

股价高位震荡后向下跌破水平通道，股价进入下跌通道。

要点剖析

与水平切线类似，投资者需要关注 K 线以何种形态跌破，大阴线跌破或跳空低开跌破都意味着做空资金的坚决和强大。

同时，投资者还需要注意股价在向下跌破通道后又迅速回补到通道中运行，在这种情况下并不值得投资者去回头加仓买入。

适合加仓买入的情况是：股价跌破通道后又收回，随后继续上行突破通道，并在通道上方稳步运行，此时才适合重新回头买入。

实例分析 江苏有线（600959）跌破水平通道

江苏有线2018年12月至2019年8月的走势如下图所示。

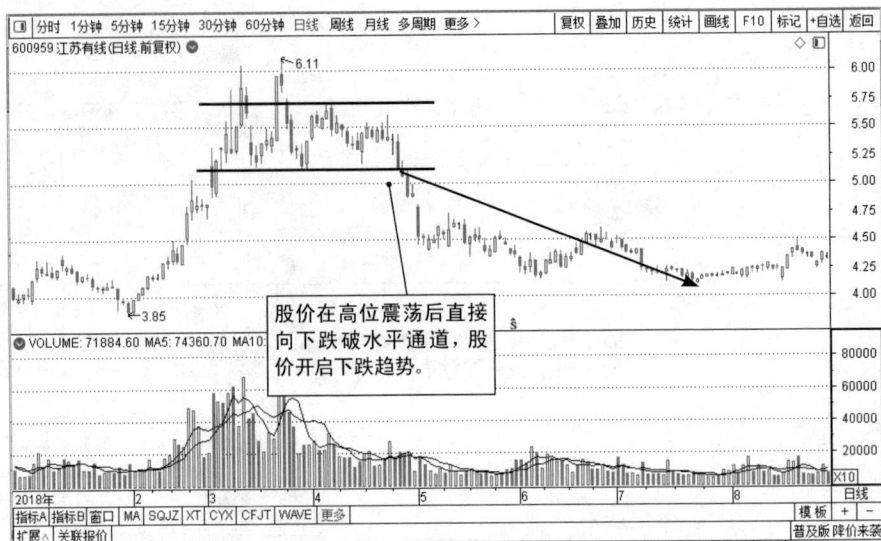

股价在高位震荡后直接向下跌破水平通道，股价开启下跌趋势。

图　江苏有线2018年12月至2019年8月的走势

从上图可以看到，进入2019年2月后，江苏有线的股价快速上涨，从最低3.85元上涨到6.00元左右止涨，涨幅巨大。

在股价上涨到6.00元左右受阻后，又多次回调到5.00元上方，在高位形成短期运行的水平通道。

进入4月下旬，股价向下跌破5.00元，正式跌破水平通道，且没有向上回补的走势，股价由此进入下跌通道。

第7章

技术逃顶入门

成交量和均线逃顶运用

在技术分析领域，成交量和均线十分重要。成交量是市场中资金买进和卖出的直接体现，因此通过成交量可以分析股票操作背后资金的意图；而均线则是股价运行趋势的指引，将不同时间周期的均线进行结合分析，有利于投资者在实战中逃顶。

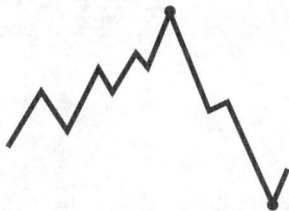

7.1 成交量识别顶部

在股市中，很多数据和信息都可以造假，唯独成交量不会骗人，它是实打实存在的，因此在技术分析领域，成交量的分析是提高行情预测准确率和可靠性的一项重要指标。

No.074
成交量代表什么

成交量是一种买卖双方供需的表现，它可以通过股票的成交股数反映股市的人气聚散信息，从而判断股票后市是否被投资者看好。

一图展示

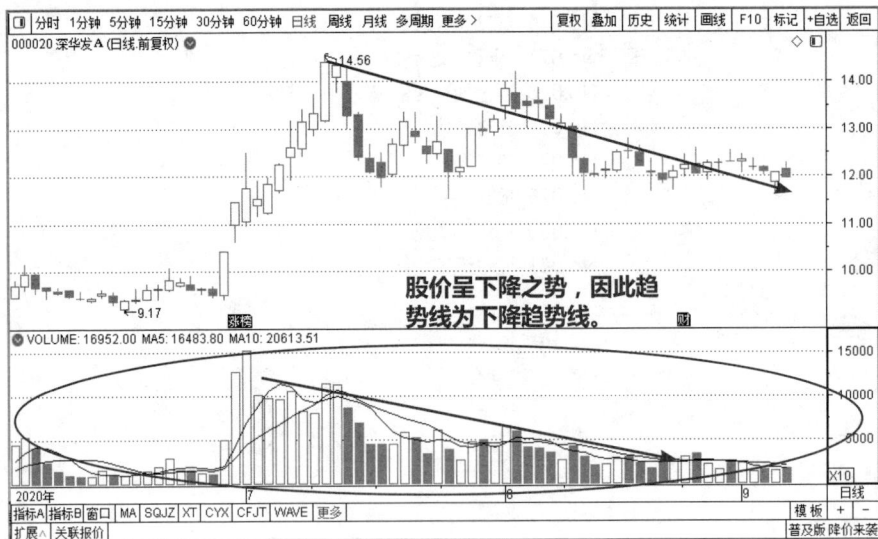

要点剖析

成交量实时记录个股当前的成交情况，根据不同的划分方法，成交量也有不同的分类。

按照形态划分，成交量可分为以下形态。

◆ **逐渐放量**：成交量逐渐放大。

◆ **逐渐缩量**：成交量逐渐缩减。

◆ **快速放量**：在某个时间段，成交量突然放大，在显示上，形态比前期突兀，若出现在股价低位，意味着有资金主力入驻，后市表现持续看好。

◆ **快速缩量**：在连续出现较大的成交量后，接连出现很小的成交量。快速缩量意味着成交量缩减，但是不能明确地判断当前市场是多方还是空方。

◆ **量平**：成交量与前期相比，没有太大变化。量平一般出现在股价横盘区域。

No.075
顶部成交量特征

在股价上涨的过程中，特别是在涨停途中，涨停板打开次数越多，意味着卖出的资金越多，选择买入的资金越多，成交量也就越大。

这种高位涨停多次被打开的K线一般而言实体会较长，显示多空双方在交易中斗争激烈，这样往往导致股价继续上涨的信心受到动摇，是股价即将见顶的信号之一。

股价上涨到高位后有所调整是正常现象，但是一旦调整幅度过大，例如，出现跌停，且跌停当天的成交量巨大，说明此时卖出的人多，跟风抄底的人也不在少数，这样往往预示着资金的出逃，同样K线也表现为实体较大的阴线，也是股价见顶的信号之一。

上述两种成交量特征是股价顶部的典型特征，是投资者在学习使用成交量分析顶部的基础。

一图展示

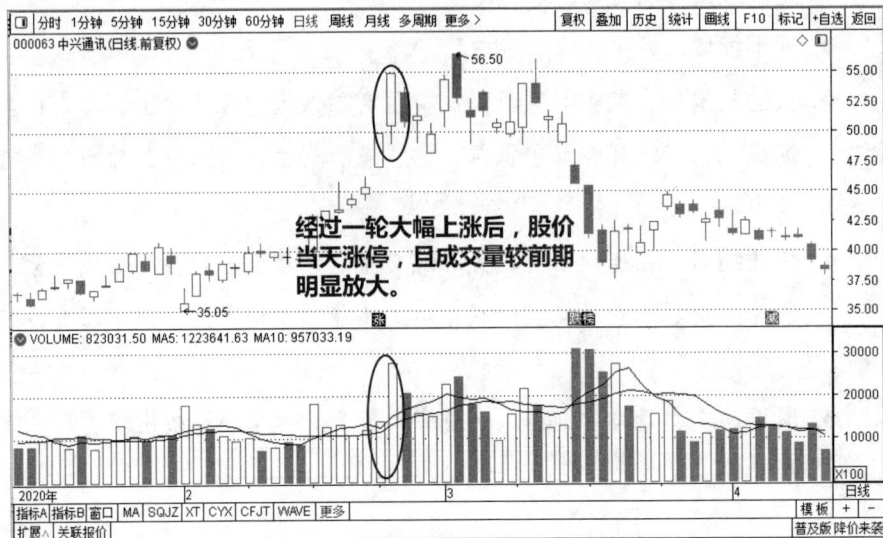

| 分时 1分钟 5分钟 15分钟 30分钟 60分钟 | 日线 周线 月线 多周期 更多 > | 复权 叠加 历史 统计 画线 F10 标记 +自选 返回 |

经过一轮大幅上涨后，股价当天涨停，且成交量较前期明显放大。

要点剖析

成交量和股价是唇齿相依的关系。量是价的先行者，当成交量增加时，股价迟早会跟上来；当股价上涨而成交量没有变化或缩小时，股价迟早会掉下来。可以总结为"价是虚的，只有量才是真实的"。

持续上涨相当长的一段时间后，出现急剧增加的成交量，而股价却上涨乏力，这是资金主力出货的征兆。

当股价向下跌破趋势线，同时成交量放大，这是股价下跌的信号，表明资金主力出货，趋势反转。

实例分析 远大控股（000626）涨停多次打开且放量

远大控股2019年9月至2020年1月的走势如下图所示。

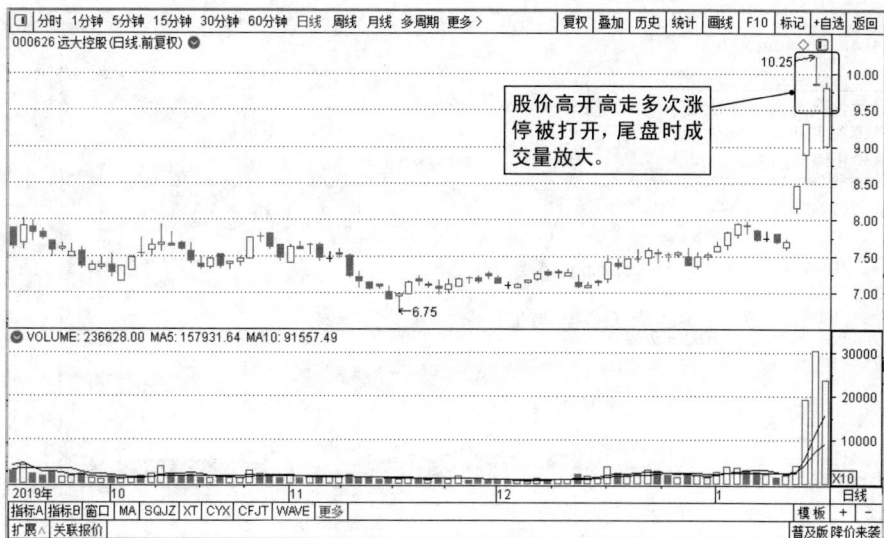

股价高开高走多次涨停被打开，尾盘时成交量放大。

图　远大控股2019年9月至2020年1月的走势

从上图可以看到，远大控股前期股价没有明显的运行趋势，股价在7.00～8.00元的区间里反复横盘震荡。

观察2019年10月至2020年1月这段时间成交量的表现情况发现，股价表现弱势震荡时成交并不活跃，每天的换手率和成交量都极低。

进入2020年1月下旬，股价突然连续两个交易日涨停，伴随着成交量的快速放大。1月14日，股价开盘后几秒就封住涨停，涨停板上卖出的资金寥寥无几。

1月15日，股价高开平走，全天大多数时间在高位震荡，卖出和买入的资金较多，股价在收盘前封住涨停，成交量较上一个交易日明显放大。

1月16日，股价再次高开走走，盘中多次触及涨停，但最终回落，全天成交量继续放大，且K线形成墓碑线，发出强烈的股价见顶信号。股价在涨停多次被打开且成交量急剧放大后立即下跌，1月17日，股价大幅度低开，全天收跌，虽然K线收阳但给投资者的感觉极差。

远大控股2019年12月至2020年3月的走势如下图所示。

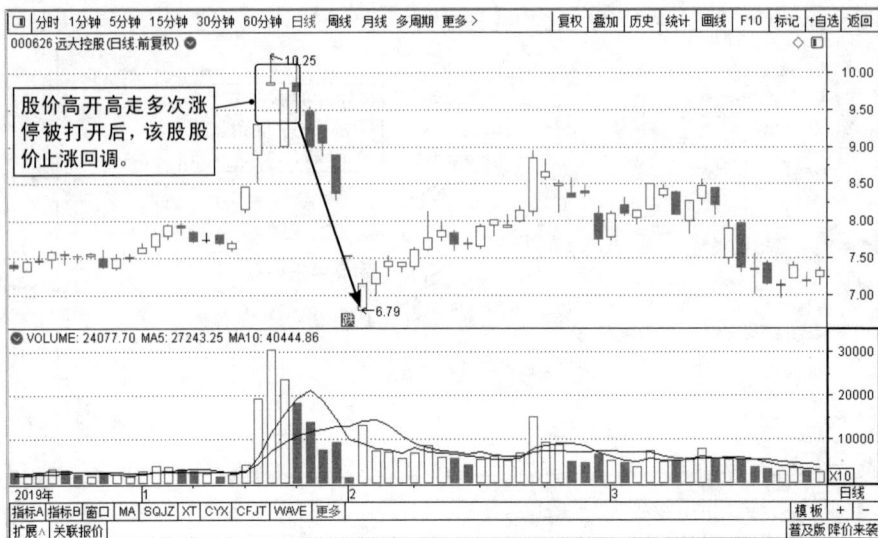

图　远大控股2019年12月至2020年3月的走势

从远大控股后续的走势来看，股价在1月16日多次涨停被打开且成交量急剧放大后，即快速进入调整，股价迅速从10.00元附近跌至6.79元，甚至比前期起涨点更低。

补充提示　高位涨停被打开放量的另一种情况

高位涨停且被多次打开，当天成交量明显放大，也经常出现在股价上涨的初期，此时市场对该股的观点未达成一致，或者说部分主力资金掌握了更深层次的投资逻辑，手里的筹码不够多，选择在涨停板上抛售从而打开涨停板，同时低调持续买入，增加低位筹码的仓位。

因此，在通过对股价涨停被打开时的分析，首先要对股价够不够高，前期涨幅够不够大有明确的分析。

实例分析　东方电子（000682）高位放量下跌

东方电子2020年1～4月的走势如下图所示。

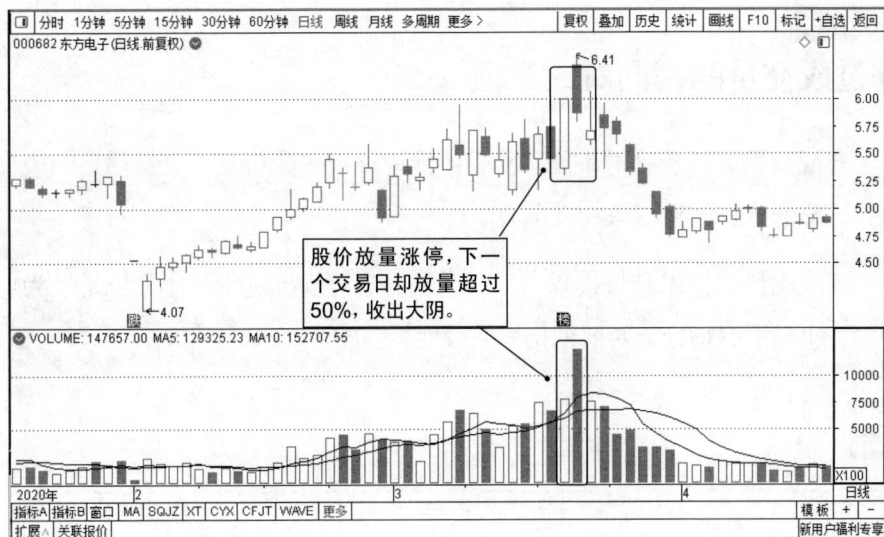

图　东方电子2020年1～4月的走势

从上图可以看到，东方电子的股价在2020年2月之前经历了一次大跌，股价在一次跌停后继续下跌创出4.07元的新低。

随后股价企稳反弹，股价经过将近两个月的震荡上涨，3月19日收出涨停大阳线，股价在当天创出6.41元新高，成交量持续放大。

3月20日，股价高开低走，全天下跌，跌幅超过2%，且当天的成交量异常放大，较上一个交易日明显增加，涨幅巨大。

对于东方电子在高位的异常放量大跌，需要引起投资者注意，首先看前期涨幅，从4.00元左右上涨到6.00元，涨幅达到50%左右。

再结合东方电子的基本面，分析其基本面预期能否支撑超过50%的涨幅。东方电子2019年全年实现营业收入34.19亿元，实现扣非净利润2.27亿元，同比增长62.55%，业绩表现整体优秀。

但短期内股价涨幅达到50%，基本也能反映其业绩的增长。因此，股价在3月20日的放量大跌至少意味着一次短期顶部，股价在接下来至少有一次明显的调整。

No.076
通过成交量的横向对比逃顶

对成交量的分析绝对不能孤立，不能单独地去分析某一个交易日的成交量，这样的分析结果参考意义不大。

在成交量的技术分析过程中，与前期的走势情况进行对比分析是最为重要的，也是所有指标中对前期指标依赖性最强的。

一图展示

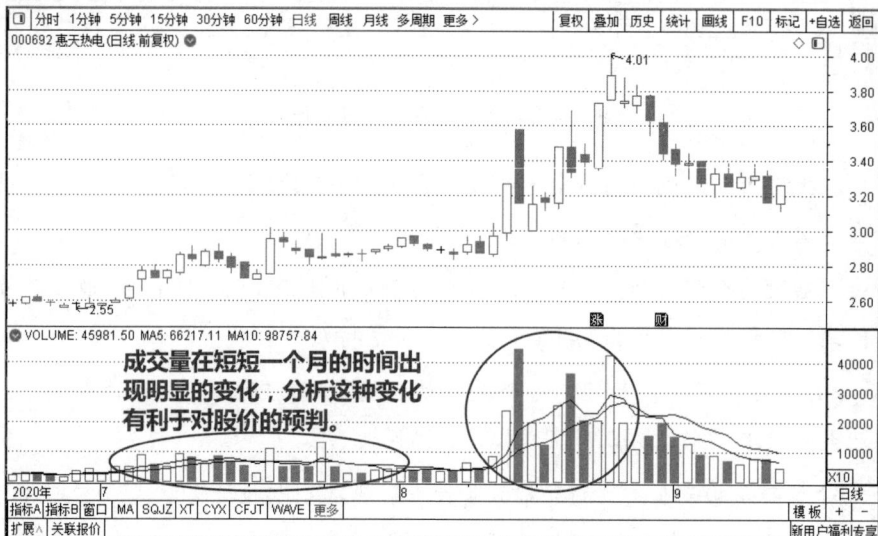

要点剖析

在分析成交量时，要将某一个交易日的成交量重点与前一个交易日进行对比，分析连续两个交易日成交量的变化。

同时，还需要将某一个交易日的成交量与前期重要点位的成交量进行对比，如前期的高点。

如果股价最近表现为创出新高，而同期的成交量却没有超过前期高点时的成交量，说明股价的上涨动能并不充分，股价有见顶的可能。

实例分析 锦龙股份（000712）成交量的前后对比

锦龙股份2019年11月至2020年3月的走势如下图所示。

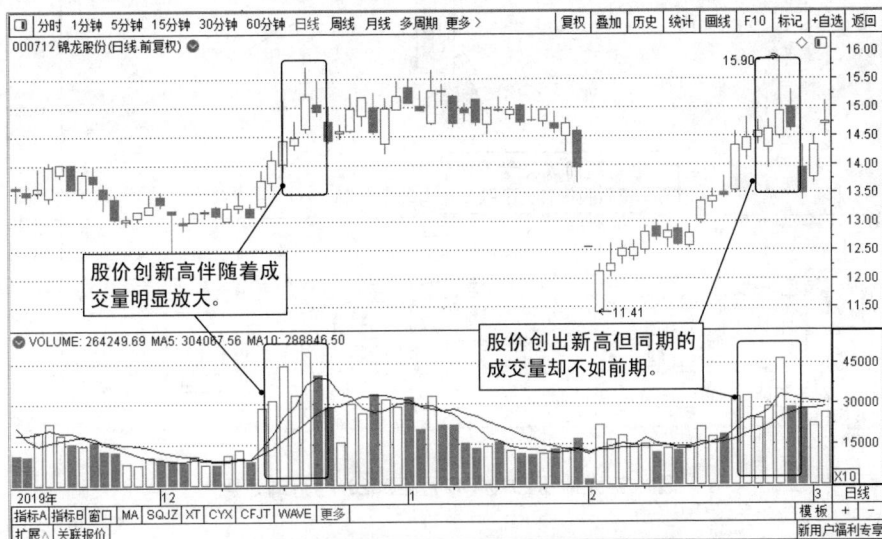

图　锦龙股份2019年11月至2020年3月的走势

从上图可以看到，2020年12月中旬，锦龙股份的股价有一次明显上涨，股价从13.00元短期上涨到15.00元左右。

在股价上涨的过程中成交量明显放大，其中股价在2019年12月19日创出新高时的成交量约为50 000手。

在2019年12月19日后股价并未持续上涨，而是在15.00元附近震荡。进入2020年1月中下旬后，股价从高位大幅度下跌，最低跌至11.41元，成交量逐步缩小。

股价在11.50元附近得到支撑后快速反弹，成交量逐步放大。2020年2月26日，股价在经过大幅度上涨后继续创出新高，达到15.90元。

2月26日，股价冲高回落创出新高，当天的成交量明显放大，但并未突破

12月19日的成交量高位。因此，在股价新高而成交量未新高的时候，投资者就需要格外注意。

锦龙股份2019年12月至2020年4月的走势如下图所示。

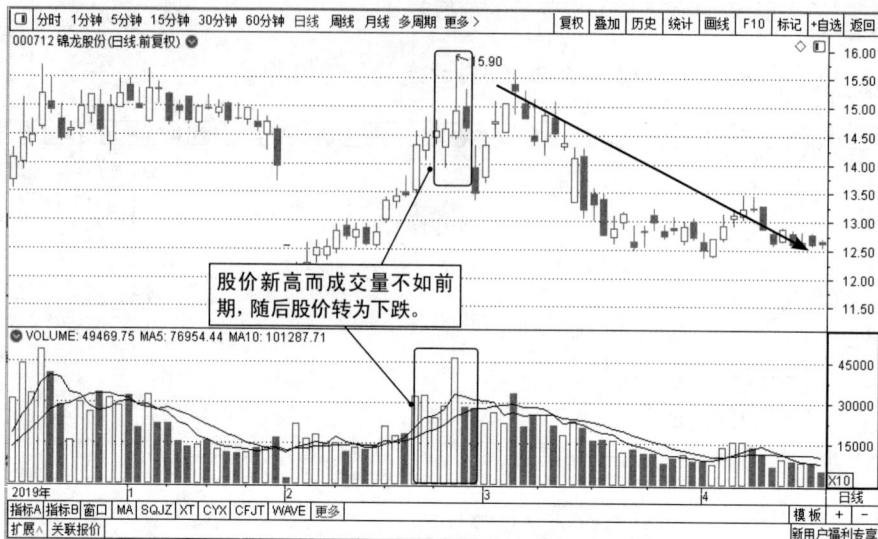

图　锦龙股份2019年12月至2020年4月的走势

从锦龙股份后续的走势可以看到，在股价创出新高后不久就开始扭头向下，股价从15.00元附近下跌至12.50元附近，跌幅巨大。

而且从锦龙股份在高位的走势可以看到，在股价创出15.90元新高后不久有所回调，随后又快速反弹，股价大有继续上攻的趋势，但同期的成交量较前期有明显缩小迹象。

7.2　成交量见顶信号

成交量作为股价运行的根本动力，两者之间的关系并不会完全呈绝对正相关的长期运行趋势。在实战中，股价与成交量除了正相关的关系之外，在股价趋势转化的关键阶段，股价与成交量可能会从正相关变为负相关。

No.077

量减价增

量减价增是指个股成交量不断缩减，同期的个股股价却出现上涨的量价背离现象。量减价增在上升行情和下降行情中都有出现，但是这种现象在上升行情和下降行情中的研判有所区别。

一图展示

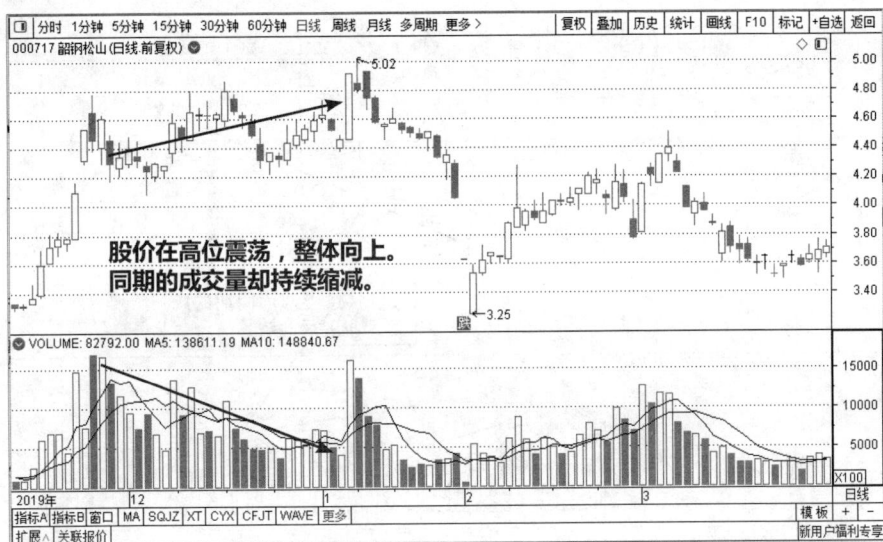

股价在高位震荡，整体向上。同期的成交量却持续缩减。

要点剖析

在上升行情中，适度的量减价增表明主力控盘程度比较高，在成交量没有放大的情况下，主力依然能够使得股价继续上涨，说明主力维持股价上升的实力较强，大量的流通筹码被主力锁定。

但量减价增毕竟是一种量价背离的趋势，在市场中任何背离都不会长期维持下去。因此，在随后的上升过程中出现成交量再次放大的情况，可能意味着主力在高位出货，此时是逃顶的机会。

在下跌行情中，有时也会出现量减价增的反弹走势。股价经过短期的大幅度下跌后，由于跌幅过猛，主力没能全部出货，为了完成出货，主力会抓住大部分投资者不忍轻易割肉离场的心理，利用少量资金再次将股价拉高，造成股价反转的假象，引诱广大散户买入，拉动股价，从而达到利用反弹走势出货的目的。

实例分析 航锦科技（000818）量减价增

航锦科技2019年12月至2020年2月的走势如下图所示。

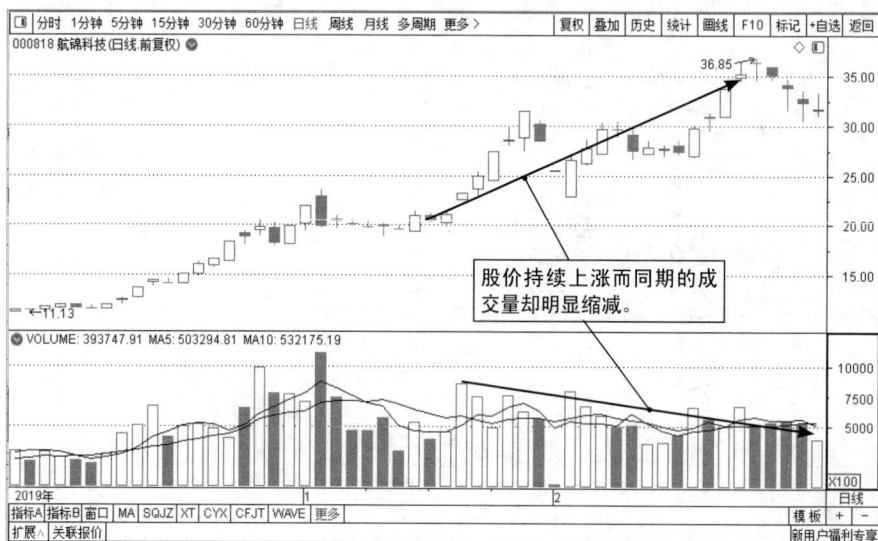

图 航锦科技2019年12月至2020年2月的走势

从上图可以看到，航锦科技在2019年12月至2020年2月这段时间里整体表现十分强势，股价呈现明显的上涨趋势，且在上涨过程中回调的幅度小、时间短，是这个时间段里市场中引人注目的大牛股。

股价上涨到20.00元附近短暂停歇后继续强势上攻，股价多次收出涨停，但同期的成交量却呈现明显的缩减趋势，出现明显的量减价增的背离现象，值得引起投资者注意。

在后续的上涨中，股价不断创出新高，一度上冲到35.00元以上，但同期的成交量却持续缩减，背离现象持续时间较长。

　　航锦科技2020年2～4月的走势如下图所示。

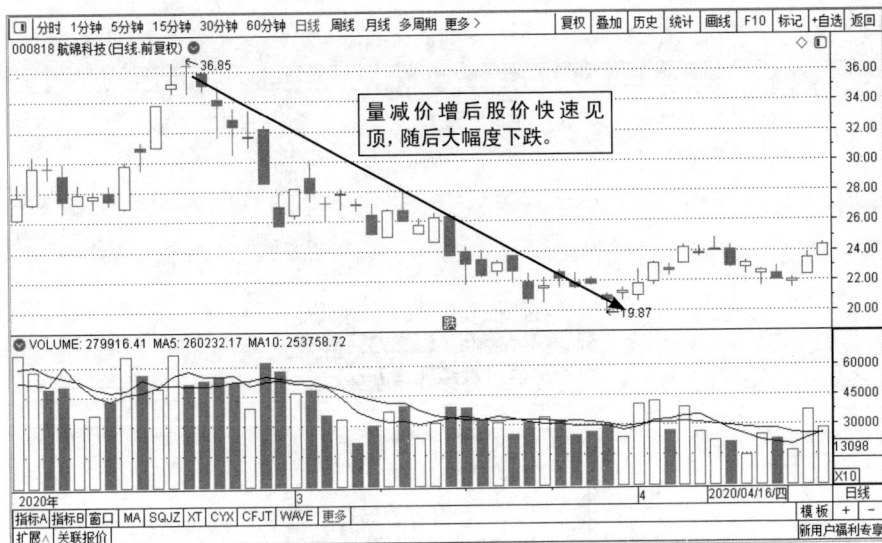

图　航锦科技2020年2～4月的走势

　　从航锦科技后续的走势来看，股价在创出新高后很快进入下跌趋势，股价从36.85元快速下跌到19.87元，跌幅巨大。

No.078
量价齐跌

　　量价齐跌是指个股在成交量减少的情况下，同时期的股价也同步下跌的一种量价配合现象。

　　有的量价齐跌出现在上涨行情中期，股价缩量调整意味着后续将继续上涨；有的量价齐跌也会出现在股价大幅度上涨后的高位，此时主力资金已经完成大部分出货，但手里仍有部分筹码，需要维持盘面的整体稳定来逐步出货，给投资者营造一种高位震荡调整的假象。

一旦当主力资金完成出货，股价就会加速下跌同时放量。

一图展示

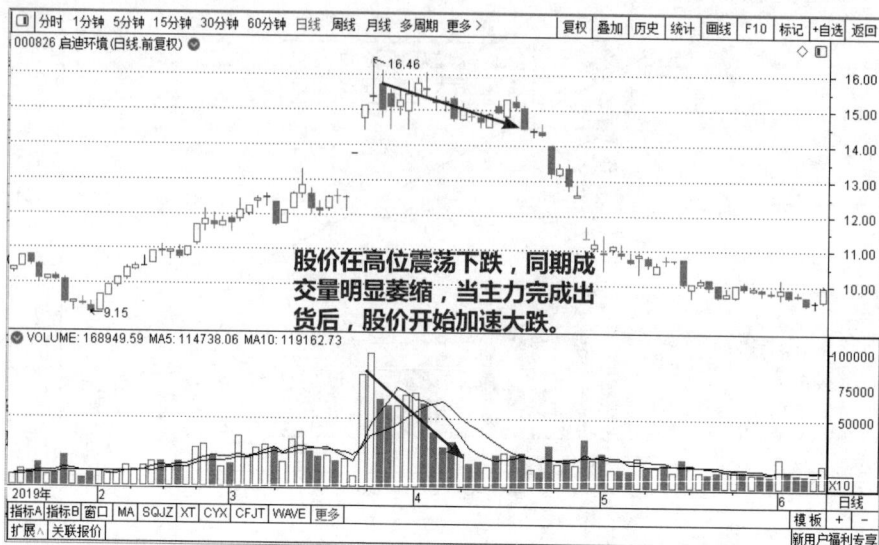

要点剖析

在上涨行情中，当股价上升到一定高度后，市场成交量开始减少，股价也随之小幅下跌，呈现一种量价齐跌的现象，但这种量价齐跌只是对前期上升行情的一个主动调整过程。

上升行情中的"价跌"，是市场主力主动对股价进行调整，是为了清洗市场浮筹和修正较高的技术指标，而"量缩"则表明投资者有很强的持股信心。当股价完成整理过程后又会重新上升，所以上升趋势中的量价齐跌并非逃顶机会。

在下跌行情中，股价开始从高位下跌后，由于市场看空，一些获利投资者纷纷出逃，场外大多数投资者选择持币观望，市场无力承接，因而产生股价下跌、成交萎缩的量价齐跌现象。

实例分析 湖北能源（000883）量价齐跌

湖北能源2019年6月至2020年3月的走势如下图所示。

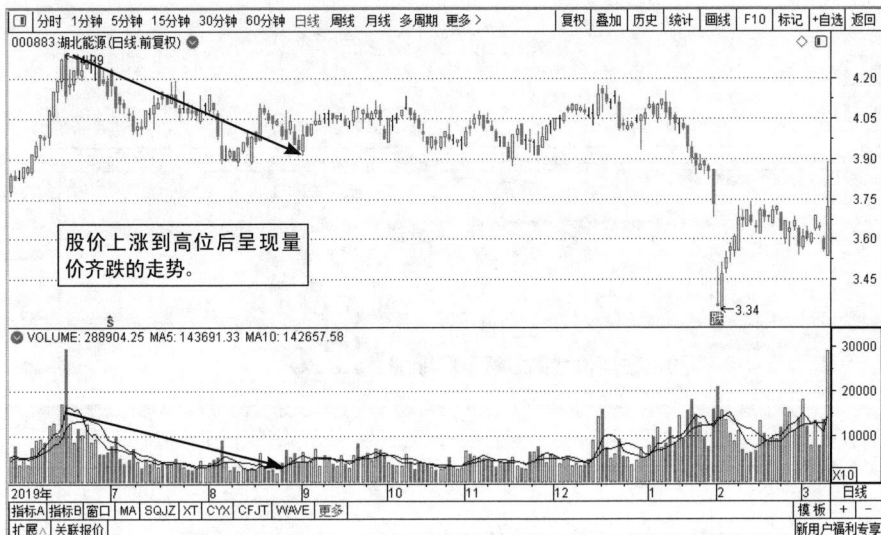

图 湖北能源2019年6月至2020年3月的走势

从上图可以看到，湖北能源在2019年6月股价上涨并创出新高，随后展开调整，调整过程中成交量急剧萎缩。

股价从高位调整的幅度并不大，股价长期运行在3.90～4.20元的区间中，但同期的成交量较前期有明显萎缩，整体呈现量价齐跌的走势。

进入2020年1月后，主力资金通过长期的震荡也已基本完成出货，股价受整体指数或利空消息影响开始加速大跌，股价从4.00元跌至最低3.34元。

No.079
量增价平

量增价平是指个股的成交量不断放大，同时股价方面却没有多大变动，几乎维持在一定价位水平的一种量价走势。

量增价平的量价走势既可以出现在上升行情中，也可以出现在下跌行情中，想要具体判断它所发出的买卖信号，最重要的是要判断出"量增价平"中的"价"是高价还是低价。

一图展示

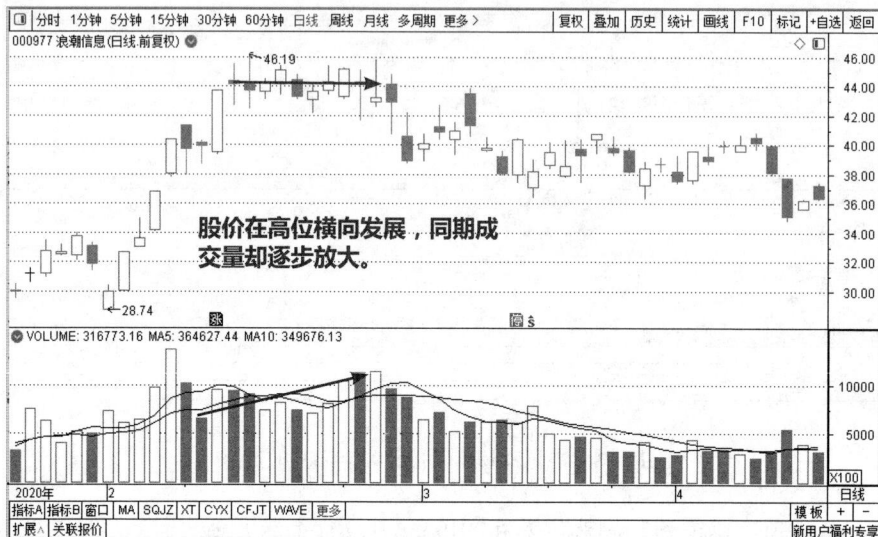

要点剖析

如果在经过一段时间的连续上涨后，股价处在相对的高价区域，此时成交量仍在增加，但股价却没能继续上扬，出现量增价平的形态，表明市场主力在维持股价不变的情况下，可能在悄悄地出货。

因此，股价高位的量增价平是一种顶部反转的征兆，一旦接下来股价掉头向下运行，则意味着股价顶部已经形成，投资者应注意股价的高位风险。

实例分析 威海广泰（002111）量增价平

威海广泰2019年12月至2020年4月的走势如下图所示。

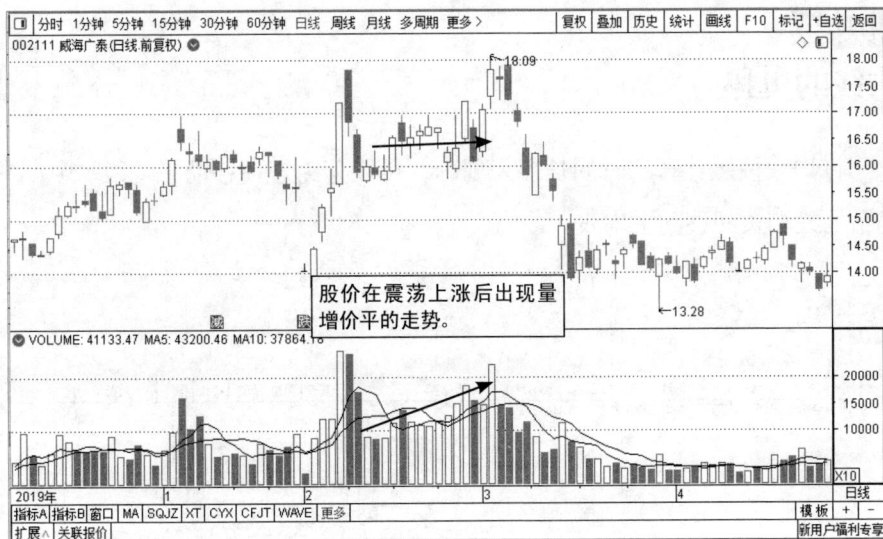

图　威海广泰2019年12月至2020年4月的走势

从上图可以看到，进入2019年12月后，威海广泰迎来了一波震荡上涨行情，上涨的过程充满波动。

2020年1月，股价先是大幅下跌随后迅速反弹，当股价反弹到16.00元附近后开始横向发展，而同期的成交量却明显呈现阶梯式放大。

股价在震荡的高位出现量增价平的现象，需要结合个股的基本面进行综合分析。首先看个股在近期有无涉及市场中热炒的概念，其次看个股经营层面的行业是否向好，最后看企业业绩预期好坏。

威海广泰主要涉及的军工概念在2020年2月前后并未得到市场的热炒，所以其出现量增价平很明显是股价短期见顶的信号，后续的走势也验证了这种预测。

7.3 通过均线识别顶部

均线全称为移动平均线，简称 MA，是投资者在分析股价走势时最常使用的一项技术指标，移动平均线将时间段内投资者买入股票的平均成本（股价）的变动用曲线的方式表现出来，具有很强的指导意义，下面进行具体介绍。

No.080
均线的奥秘

将均线按照计算的时间长短来划分，可以分为短期移动平均线、中期移动平均线和长期移动平均线。

一图展示

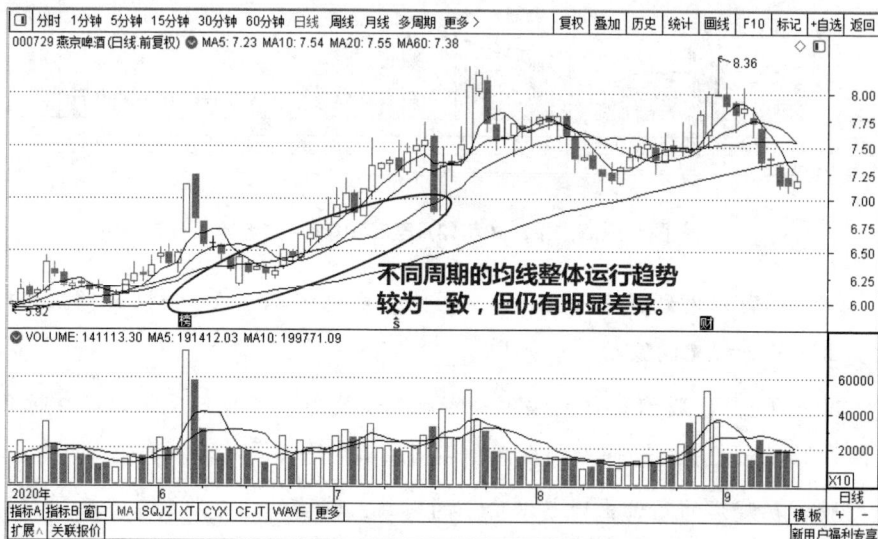

不同周期的均线整体运行趋势较为一致，但仍有明显差异。

要点剖析

把均线划分为不同周期的意义在于投资者可以根据实际需求去使用。短线投资者主要采用短期均线，中长期投资者则重点看中长期均线。

◆ **短期移动平均线**：指计算周期在一个月以内的股价变动曲线，包括5日移动平均线和10日移动平均线。

◆ **中期移动平均线**：指计算周期在一个月以上，半年以下的股价变动曲线，包括20日移动平均线、40日移动平均线和60日移动平均线，中期移动平均线在实际运用中的应用率最高。

◆ **长期移动平均线**：指计算周期在半年以上的股价变动曲线，主要包括120日移动平均线和250移动平均线，在实际应用中的应用率并不是很高。

另外，均线还具备平缓性、滞后性以及助涨助跌性3个特点。

平缓性是因为均线是由一定周期的股价计算而来，所以它在股价的涨跌表现程度上，会比实时的股价变动显得平缓一些。

由于移动平均线是根据股价的变动计算得来的曲线，能够反映股价的变动趋势，但是毕竟是股价先发生变动，然后才计算出平均线，所以移动平均线的变动相对于股价而言，具有一定的滞后性。

移动平均线的助涨助跌性主要表现在股价对其的突破上，当股价在上涨途中突破移动平均线，即由移动平均线下方转移到上方运行，那么股价会持续一段时间的上涨走势；如果股价在下跌途中由移动平均线之上运行跌到移动均线之下运行，那么股价会持续一段时间的下跌。

No.081
股价远离均线的意义

均线是一段时间里股价表现的平均数，因此当股价在短期内连续大幅上涨，其在形态上必然会表现为向上远离均线。

与其他指标一样，股价向上远离均线的走势并不符合长期规律，后续必然会有所调整，股价最终仍会回到均线上。

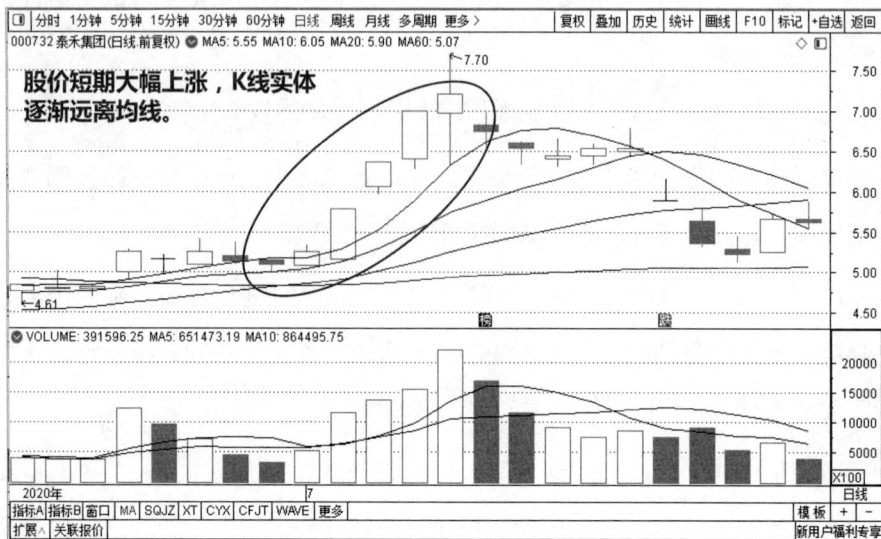

要点剖析

通过均线对股价的运行趋势进行分析时，一定要结合当前市场指数的表现以及个股的基本面。若指数表现强势，则个股连续大幅上涨也是合理的。

若个股基本面突然公开惊天利好消息，那么股价的连续大幅上涨也是合理的。所以，投资者要做的就是结合大盘和个股基本面分析股价的连续大幅上涨是否合理。

若大盘和基本面都不支持股价连续大幅上涨，那么在 K 线实体远离均线后不久也将迎来回调，投资者就需要注意进行回避逃顶。

实例分析 中交地产（000736）股价远离均线

中交地产2019年12月至2020年4月的走势如下图所示。

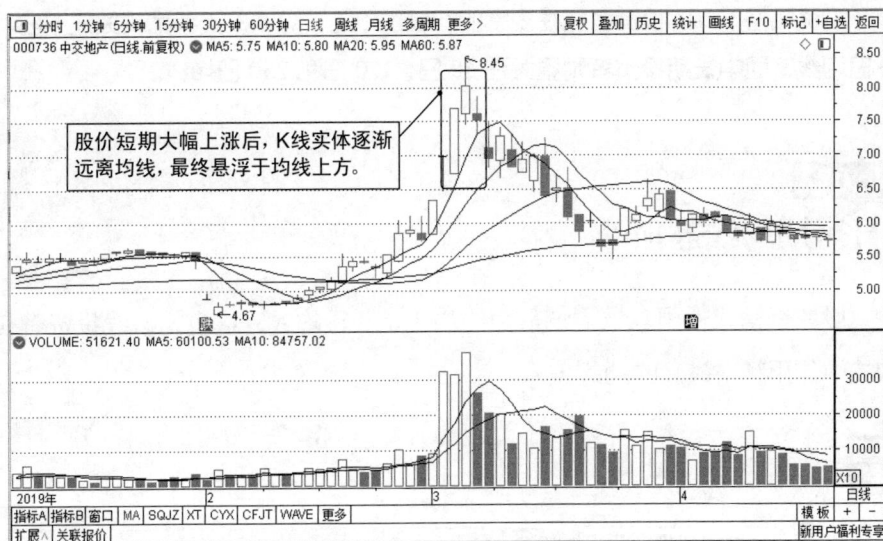

图　中交地产2019年12月至2020年4月的走势

从上图可以看到，2020年2月下旬，中交地产的股价出现一次短期快速上涨，股价从最低4.67元上涨到8.00元上方，短期涨幅巨大。

在短期上涨中，3月2日股价收出涨停，当天收盘价离短期均线开始出现一定距离。3月3日，股价继续涨停。3月4日，股价再次涨停，当天收盘价已经明显偏离短期均线。

3月5日，股价高开震荡收涨，K线实体与短期均线再无任何接触，从形态上来看如同一座"空中楼阁"，缺乏均线的支撑，股价很难继续向上。

在3月5日新高之后，股价果然快速调整，K线实体再次回到均线上，股价调整力度巨大。

7.4　经典均线识别顶部运用

投资者在实战中进行投资分析活动时，可以通过观察移动平均线的走势、交叉和突破等发展状态来预测后市。

投资风格不同的投资者往往观察的均线也不同，短期投资者比较关注 5 日、10 日均线，而中长期投资者则更关注 60 日、120 日和 250 日均线。

No.082
5日短期均线逃顶

股票行情软件中默认周期最短的均线是 5 日均线，这也是短线投资者在实战中使用频率最高的均线。

一图展示

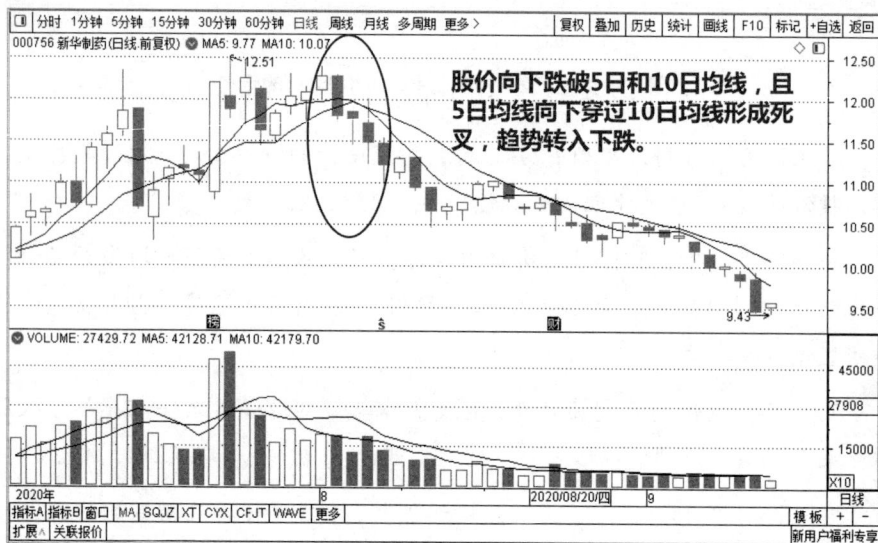

股价向下跌破5日和10日均线，且5日均线向下穿过10日均线形成死叉，趋势转入下跌。

要点剖析

在分析短期均线，如 5 日、10 日均线时，主要通过观察其与 K 线实体的关系，以及 5 日、10 日均线两者的关系。

当 K 线实体向下穿过 5 日、10 日均线，且短期继续向下，丝毫没有反弹回补的趋势，说明股价短期见顶。

与其他指标一样，均线的死叉也意味着股价短期见顶，通常表现为短期均线向下穿过稍长周期均线，如5日均线向下穿过10日均线形成的死叉。

实例分析 中色股份（000758）短期均线死叉

中色股份2019年12月至2020年4月的走势如下图所示。

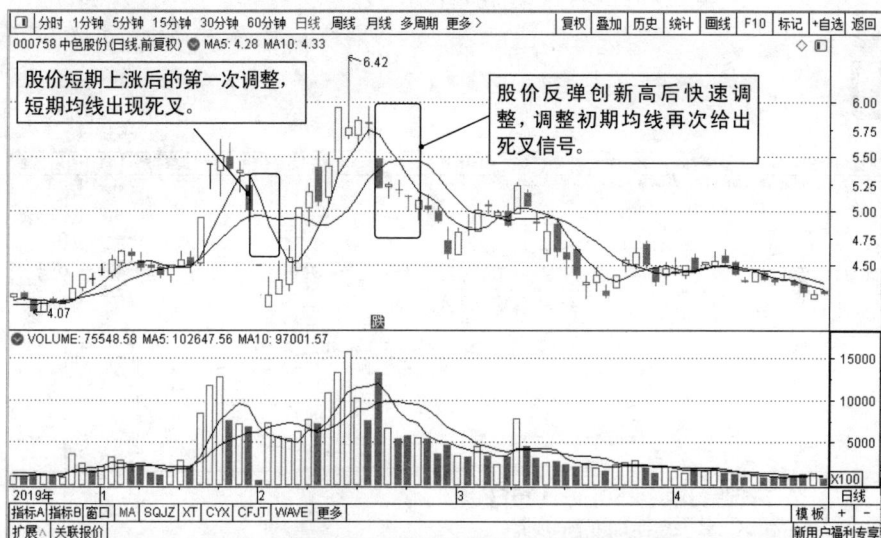

图 中色股份2019年12月至2020年4月的走势

从上图可以看到，2019年12月，中色股份启动了一波震荡上涨的趋势。股价从最低4.07元上涨到5.50元附近，随后短期均线形成死叉，股价快速回调到起涨点4元附近。

股价在4.00元附近得到支撑后快速反弹，并创出新高，最高涨至6.42元。随后股价再次调整，在调整的第一个交易日里，5日均线向下穿过10日均线，形成死叉，意味着股价短期趋势的扭转，投资者应注意及时逃顶。

投资者要注意的是，即使是短期均线，给出的见顶信号虽直接预示着股价短期趋势的改变，但短期趋势的改变随时可能会演变为中长期趋势的改变，特别是在市场整体行情不佳的情况下，所以中长线投资者也不能忽视短期均线的运行情况。

No.083
中长期均线逃顶

中长期均线一般包括 60 日、120 日和 250 日均线以及周期更长的均线，在此以常用的 60、120 和 250 日均线为例。其中，120 日均线就是我们常说的半年线，对应的 250 日均线则是常说的年线。

一图展示

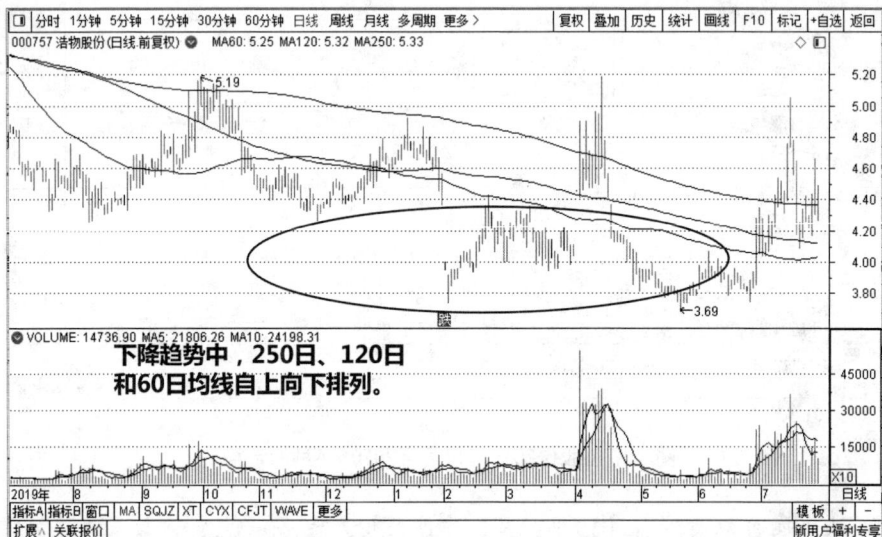

下降趋势中，250日、120日
和60日均线自上向下排列。

要点剖析

由于中长期均线的计算周期一般都比较长，所以其迟滞性更为明显，因此，中长期均线通常仅用于长期投资分析中，持股周期至少在 1 年以上，甚至不低于 3 年。

通常当中长期均线向下形成空头排列时，说明股价运行趋势已经进入长期下跌，是中长期投资者离场的信号。

实例分析 中百集团（000759）中长期均线空头排列

中百集团2016年2月至2020年6月的走势如下图所示。

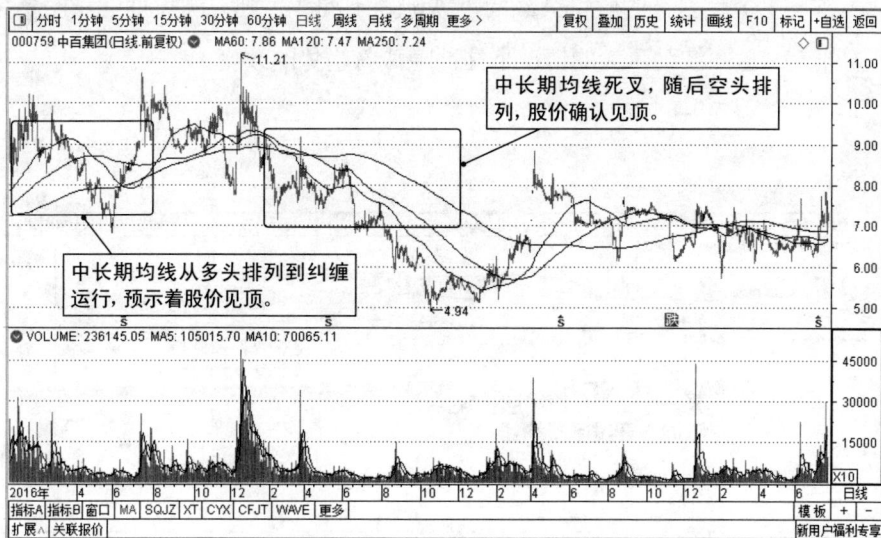

图　中百集团2016年2月至2020年6月的走势

从上图可以看到，中百集团在整个2016—2020年的区间内，处于震荡下跌的趋势中。

在2018年2月之前，中百集团的股价处于高位震荡上涨，此时的中长期均线从向上多头排列转变为纠缠。

进入2018年2月后，随着股价的调整，中长期均线开始向下运行，同时也形成死叉，60日分别下穿120日和250日均线形成中长期趋势中的死叉，预示着股价的中长期见顶。

死叉之后均线开始呈现明确的空头排列，250日均线最为迟滞，因此运行在最上方。

对长线投资者而言，能够在股价中长期均线死叉时进行减仓甚至离场的操作，将能实现完美逃顶。

No.084
股价跌破均线的意义

当某一个交易日的股价突然向下跌破多条均线，则说明短期的做空资金实力强大，盘面波动巨大的情况下往往隐藏着趋势的改变。

一图展示

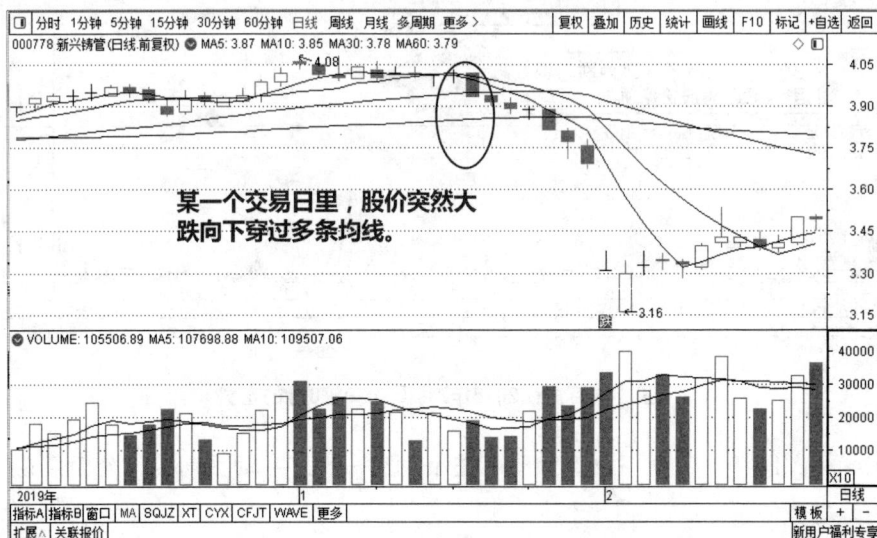

某一个交易日里，股价突然大跌向下穿过多条均线。

要点剖析

实战中，通常把某一个交易日里股价突然大跌向下穿过多条均线称为"一柱穿多线"，往往预示着股价运行趋势的转变。

投资者在实战中遇到"一柱穿多线"时，需要紧密观察后续几个交易日的走势，若股价继续向下，则确定股价将持续下跌，投资者应抓紧时间逃顶。

第8章

技术逃顶进阶

筹码形态分析

　　投资既是一门技术，也是一门哲学。如果说成交量是投资这门哲学的阶梯，那么筹码就是这门哲学的大门。筹码是在成交量的基础上做的提炼和升级使用，筹码分布可以反映主力控盘信息、多空交锋情况、市场成本变化趋势，可以帮助我们理解股价运行轨迹，预测价格发展方向。

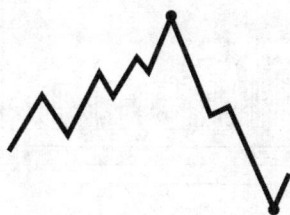

8.1 筹码指标的实战形态

筹码分布图一般显示在 K 线图窗口的右侧，由紧密排列的水平柱状条构成。每根柱状条与 K 线图的价格坐标相互对应。同时，每根柱状条的长度表现在这个价位上建仓的持股量占总流通盘的百分比。

No.085
筹码指标

在实战中，可以简单地将筹码理解为股票本身，在不同的时间有不同的价格，要想获得筹码，就需要购买股票，于是筹码就有了成本。

股票持仓成本的分布准确来说是"流通股票持仓成本分布"，在实际应用中，经常用"筹码分布"来表示持仓成本分布

一图展示

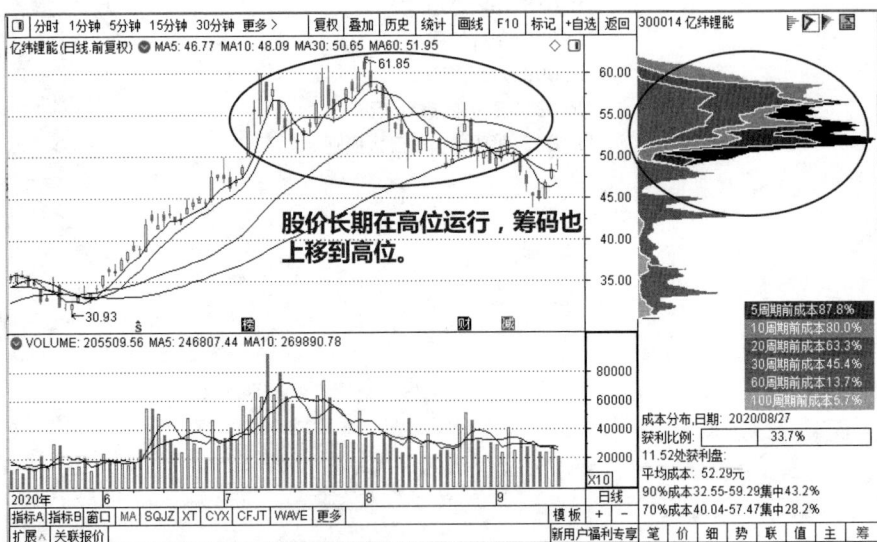

要点剖析

筹码分布图是对筹码在特定时期分布情况的一个直观展示，是我们进行筹码分析的重要依据。整个筹码分布图可以分为上方的图表展示区（俗称"火焰山"）和下方的数据展示区两部分。通达信软件默认情况下显示的是远期筹码分布，以不同的颜色代表不同的筹码分布，其意义如下。

◆ **金黄色**：100周期前的成本分布。

◆ **暗黄色**：60周期前的成本分布。

◆ **橙色**：30周期前的成本分布。

◆ **紫红色**：20周期前的成本分布。

◆ **浅红色**：10周期前的成本分布。

◆ **大红色**：5周期前的成本分布。

◆ **白色**：5周期内的成本分布，如果是白色背景则显示黑色。

在筹码分布图的数据展示区中包含多项数据，是筹码分析的重要内容，各项的意义如下。

◆ **获利比例**：以当前价位（指鼠标光标停留处的K线价位）为基准，市场中获利盘的比例。获利比例越小，说明市场中处于亏损状态的投资者越多；反之，则说明市场中大多数投资者处于盈利状态。

◆ **获利盘**：以当前价位（指鼠标光标停留处的价位）卖出，可以获利的股票数量。在这里则是该数据占该股票总流通股本的比例。

◆ **平均成本**：在当前价位下，该股有筹码的平均买入成本。

◆ **90%成本**：不同持股成本的投资者中，90%的筹码所集中的价格区间，这代表了多数投资者的持股成本，可以作为后市操作的依据。

◆ **集中**：筹码在某个价格区间的密集程度，它可以反映出投资者的持股成本究竟在哪些价位，也是发现股票潜在支撑位和压力位的重要指标。

No.086
筹码的密集

当股价在某一价位区间长时间震荡，同期的成交量表现密集时，筹码就会集中到这一价位区域，从筹码分布图上来看，就会形成一个很高的"山峰"，而这个"山峰"两侧基本没有筹码分布，这就是筹码分布的密集形态，这个"山峰"称为"密集峰"。

一图展示

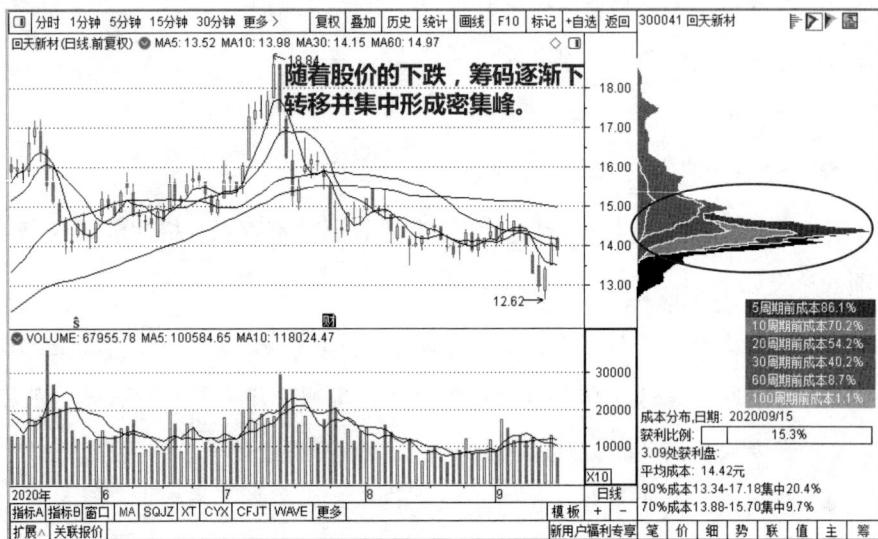

要点剖析

筹码的密集根据出现的区域不同，可以分为低位密集和高位密集，高位密集是可靠的股价见顶信号。

筹码的高位密集形态是指股价经过一段时间的上涨后达到相对高位并持续一段时间，成交量大幅增加，使得大量筹码向高位聚集，并形成一个筹码的相对密集区。

高位密集形态表明经过前期的大涨，低位筹码获利较大，已在高位逐步出场，使得筹码逐步向高位转移。当筹码在高位形成密集区，特别是出现单峰密集形态时，投资者要提高警惕顶部的出现，随时做好离场的准备，若再观察到短期（5、10周期内）筹码大量增加，而下方低位筹码快速消失，更应果断离场。

实例分析 台基股份（300046）高位密集

台基股份2019年12月至2020年3月的走势如下图所示。

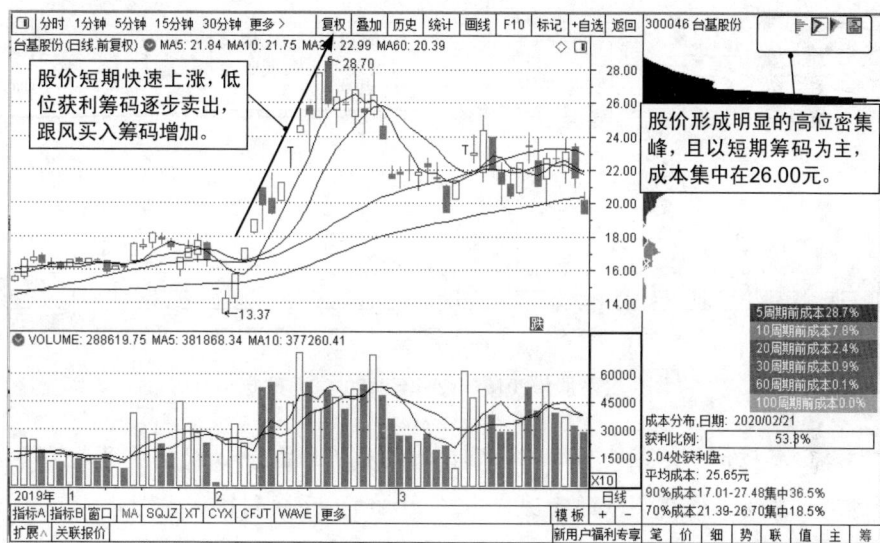

图 台基股份2019年12月至2020年3月的走势

从上图可以看到，台基股份的股价前期经历了一次明显下跌，股价最低到了13.37元，随后股价强势反弹，经过多次涨停，股价在2月19日最高达到28.70元，涨幅超过100%。

从右侧的筹码分布来看，2月21日当天的收盘价为25.80元，是股价新高后调整的第二个交易日。从筹码形态来看，在26.00元附近形成明显的高位密集峰，且颜色为黑色，意味着都是5个交易日内的短期筹码。

从侧面可以看出，低位的获利资金基本已经出逃完毕，筹码的成本集在26.00元附近，基本都是股价上涨后跟风买入的短期资金。

因此，投资者可以判断，在经过大幅上涨后，台基股份是否还具备继续上涨的基础，如果没有，那么股价短期至少会出现一次明显的调整。

台基股份2019年12月至2020年8月的走势如下图所示。

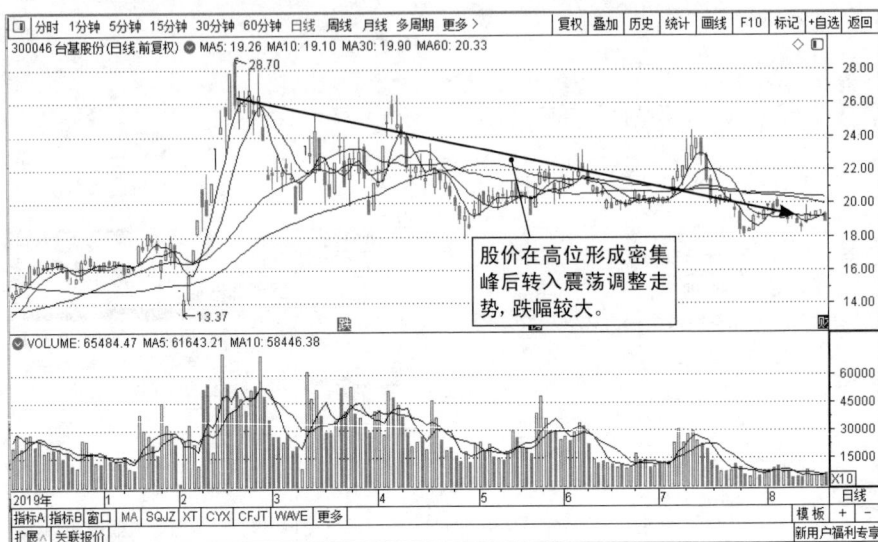

图　台基股份2019年12月至2020年8月的走势

从台基股份的后续走势可以看到，筹码在2020年2月21日前后形成高位密集峰后，股价呈震荡下跌的走势，从26.00元附近下跌到18.00元附近。

No.087
筹码密集峰与股价的关系

股价经历一轮上涨后，在高位徘徊并伴随较大的成交量，就会在高位形成筹码密集峰，此后股价无法再开启一波上涨走势，而是向下跌破重要支撑位以及筹码密集峰，由上涨趋势转为下跌趋势。

投资者可以参考重要支撑位以及筹码密集峰是否被跌破，作为股价是否见顶的依据。

一图展示

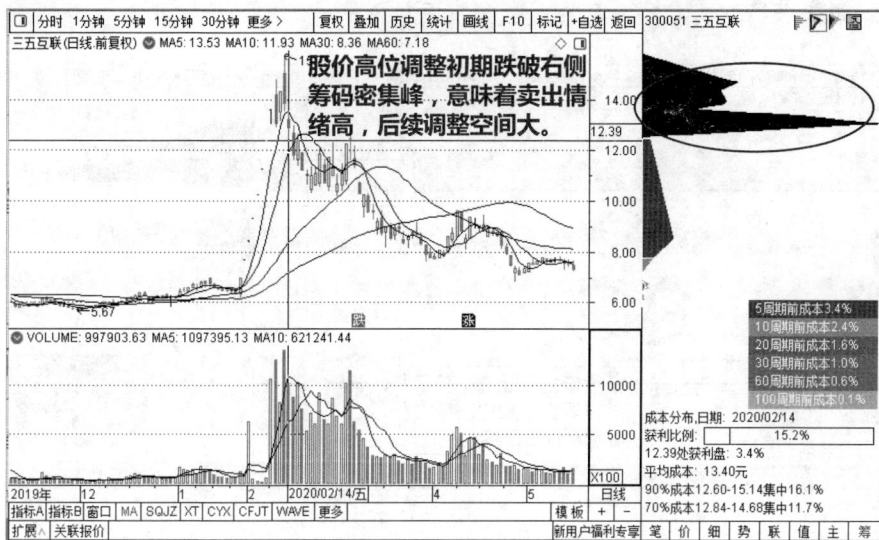

要点剖析

出现股价向下跌破筹码密集峰的情况有 3 种可能性：一是该股突发较大的利空消息，表现为股价短期大幅上涨大幅下跌；二是整体市场出现逆转，主力眼见大势已去，无心再做一波，从而选择顺势出货；三是对大势预判较为超前的主力，提前对大部分股票开始出货，由于时间宽裕，在高位通过震荡慢慢沽出筹码，以便获得更大的利益。

补充提示 **主力资金高度控盘的筹码形态**

主力资金高度控盘的筹码分布较为密集，筹码峰值分布清晰且比较有规律，能够看到明显的单峰分布或多峰分布。

远期筹码分布和近期筹码分布重叠度较好，不同交易时间段的筹码交叉有一定的规律，远期筹码分布峰值较大且重叠较好。

实例分析 航天长峰（600855）股价跌破高位密集峰

航天长峰2020年2~4月的走势如下图所示。

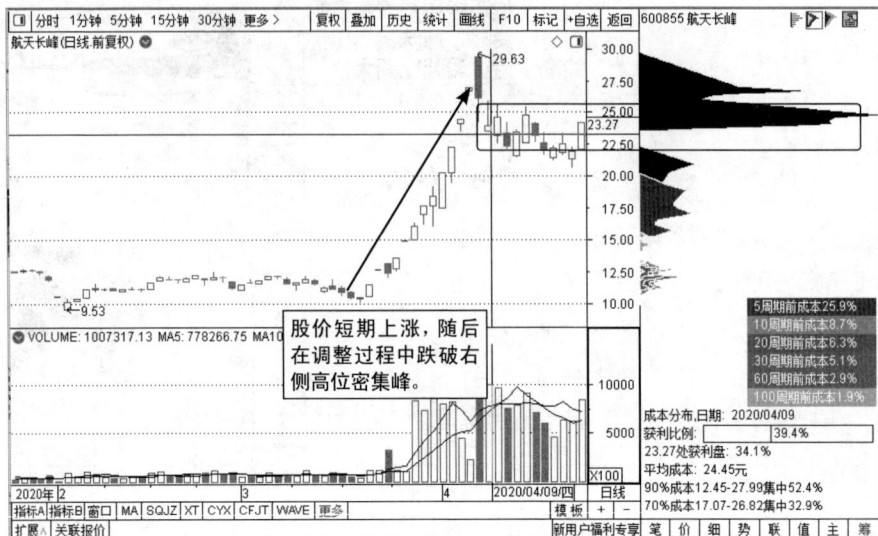

图 航天长峰2020年2～4月的走势

从上图可以看到，航天长峰前期在10.00元价位附近持续1个多月的横盘震荡走势。

3月下旬，航天长峰受军工题材等利好因素驱动，股价突然出现爆发式上涨行情，股价在随后的交易日里不断创出新高，股价快速向上攀升。在股价上攻30.00元失败后，随后几个交易日股价走势出现常规调整。

但是在4月10日当天，股价盘中最低23.43元，全天都在右侧筹码密集峰下方运行。股价跌破筹码密集峰，意味着短期卖出的资金较多，做空意愿较为强烈。

一般在实战中遇到这样的走势，都需要引起投资者重视，对于正常的操作来说应该减仓以进行应对。具体减仓的仓位要根据低位筹码的锁定程度，如果低位筹码少，那么要加大减仓的仓位；如果低位筹码牢靠，且在低位形成密集峰，那么可以少量减仓。

航天长峰2020年3～7月的走势如下图所示。

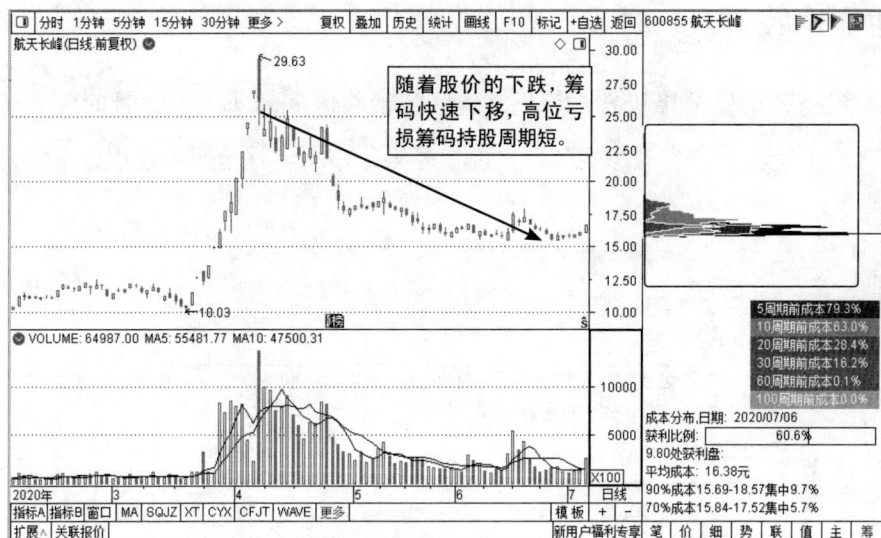

图　航天长峰2020年3～7月的走势

从航天长峰的后续走势来看，股价跌破高位密集峰后就进入短期快速下跌的趋势中。

上图中右侧的筹码分布图是股价跌至15.00元附近时的筹码分布，可以看到高位的筹码分布几乎消失了。

由此可以看出，该股短期持股的投资者较多，或者说前期的获利筹码在股价高位或下跌过程中均应果断止盈卖出。

8.2　筹码的经典形态

筹码分布应用到实战中，主要是通过看筹码的分布情况来判断股票的运行趋势，这种分布情况主要是指筹码的几种经典形态以及其变化趋势。经典形态有单峰密集、双峰密集、多峰密集等。

No.088

单峰形态

筹码分布呈单峰状态，筹码密集区的价格区间较小，不同时间段的成本比例相差较小，且差额均匀，体现在筹码分布图上就是颜色直观分布较为和谐。

一图展示

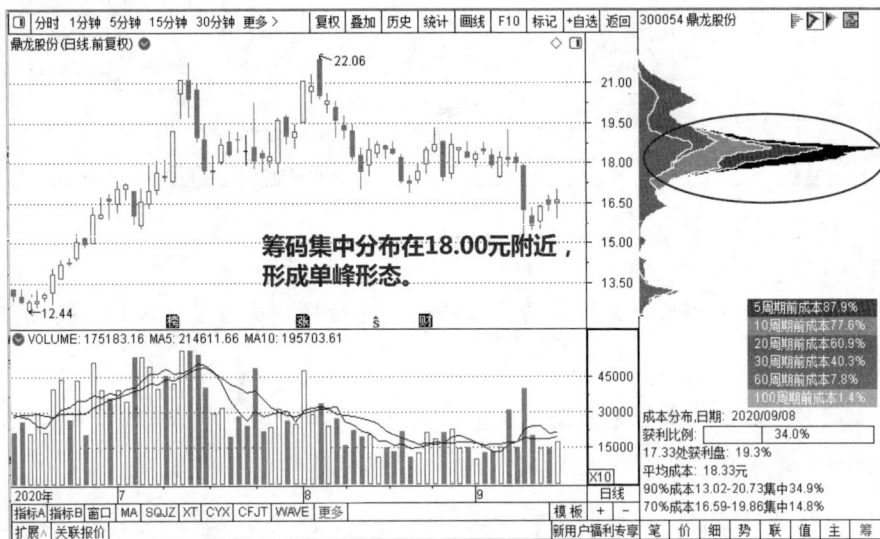

筹码集中分布在18.00元附近，形成单峰形态。

要点剖析

筹码分布上体现出单峰形态，意味着短期内市场中的交易成本开始集中，有资金在该区域大量买入。

如果是高位出现筹码由多峰转为单峰，需要引起投资者注意。多峰，说明筹码分布均匀，成本位于多个区间；转为单峰，说明前期的低位筹码正在出货，且出货完成，股价在短期内将迎来趋势的拐点。

No.089
单峰的移动

筹码峰不是一成不变的，它会根据股价和成交量的波动而随时移动，通过观察单峰的移动趋势，可以判断股价未来的运动方向。

一图展示

股价处于低位震荡时，通过长时间的盘整，筹码在低位形成单峰，随着股价的上涨，单峰逐渐向上移动。

要点剖析

在市场行情好的环境下，有的优质白马股连续几年的业绩都表现不错，股价呈现大趋势向上，低位的筹码锁定得非常好。在低位形成单峰后，即使在后期上涨过程中，低位筹码惜售的情况下成交量较小，从筹码分布来看，筹码不会与股价同步上移。

筹码的单峰不仅会随着股价上涨而上移，也会随着股价的调整而下移。投资者要注意的是，当股价经过上涨后的高位盘整期，若在高位盘整期中筹码由多峰开始移动为单峰，则要注意逃顶。

实例分析 恒信东方（300081）单峰的移动

恒信东方2019年8月至2020年2月的走势如下图所示。

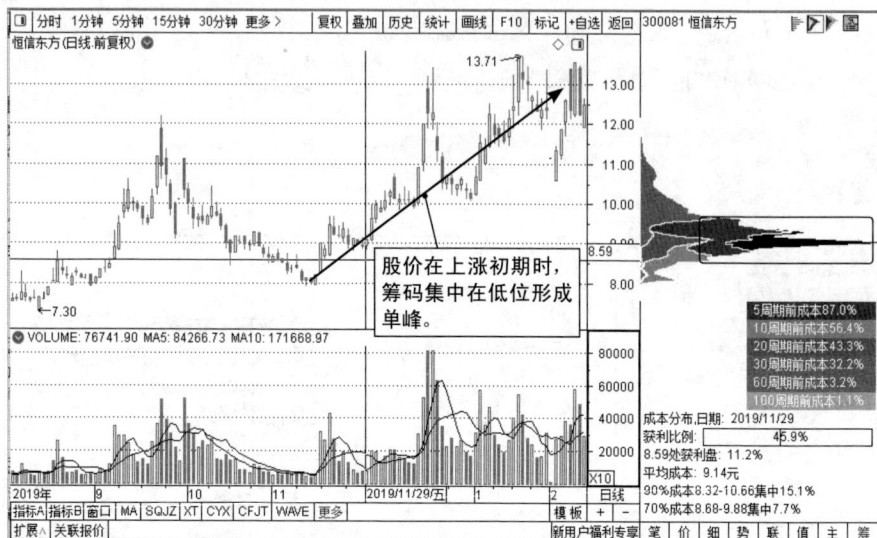

图　恒信东方2019年8月至2020年2月的走势

从上图可以看到，2019年8～12月，恒信东方的股价出现一波明显的上涨下跌行情。股价先是从7.00元多上涨到12.00元附近，随后又调整到8.00元附近。

股价在8.00元得到支撑后再次反弹，反弹初期的筹码分布可以看到基本都集中在9.00元附近，筹码在9.00元形成单峰。

从此时的筹码数据显示来看，获利的比例较高，达到45%左右，平均成本为9.14元，与当时的股价基本一致。

随后股价继续向上反弹，进入2020年1月后，当股价上涨到13.00元附近后，再观察其筹码分布进行分析。

恒信东方2019年10月至2020年3月的走势如下图所示。

从恒信东方后续的走势可以看到，当股价继续上涨，右侧的筹码分布已经由单峰转变为多峰。从数据来看，市场中的获利比例高达85%，且平均成本不足12.00元，远低于当时的股价。

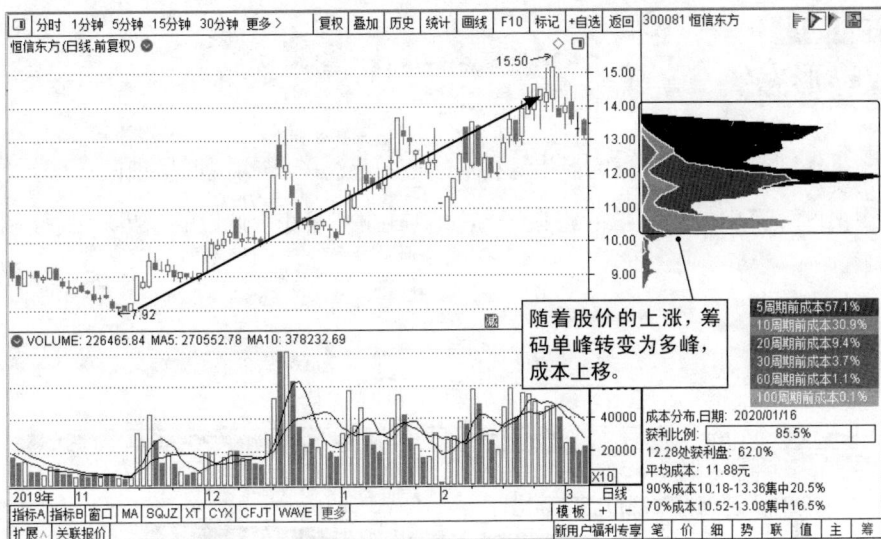

图　恒信东方2019年10月至2020年2月的走势

恒信东方2019年12月至2020年5月的走势如下图所示，当股价进入高位震荡后期，筹码分布再次从多峰转变为单峰，随后股价见顶。

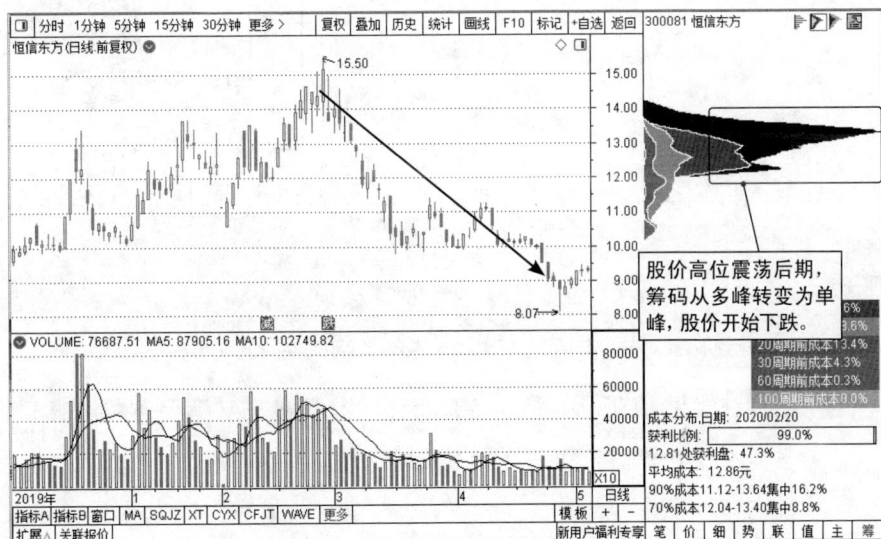

图　恒信东方2019年12月至2020年5月的走势

No.090

双峰形态

双峰形态的筹码分布是指在筹码分布图上，筹码的柱形呈现两个明显的密集山峰，其中处于高位的密集峰称为"高位峰"，处于低位的密集峰称为"低位峰"。

一图展示

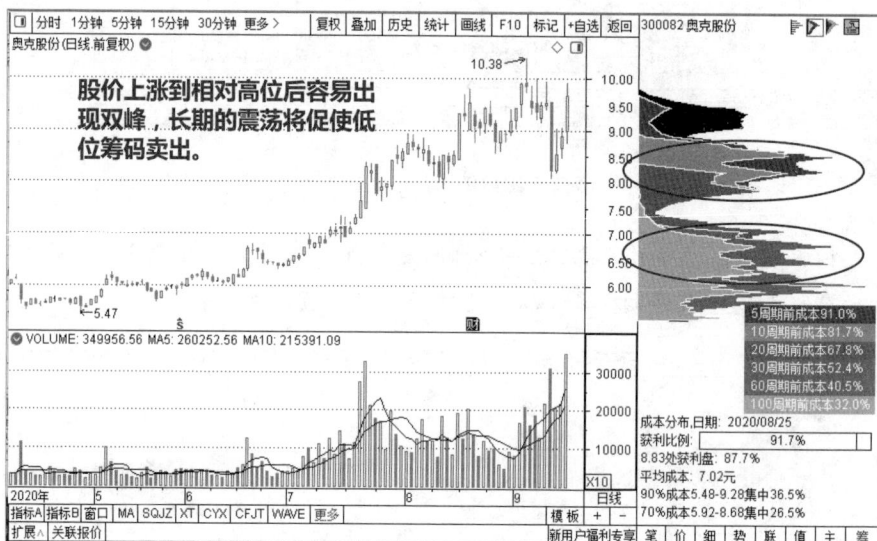

股价上涨到相对高位后容易出现双峰，长期的震荡将促使低位筹码卖出。

要点剖析

双峰筹码分布出现在不同的位置，具有不同的意义，分别如下。

◆ **出现在上涨初期**：如果在行情上涨的初期出现双峰形态，说明股价虽然有上涨动力，但上方的阻力也较强，一旦股价快速上涨，上方筹码很有可能大量抛出，致使股价上涨受阻甚至下跌。

◆ **出现在上涨一段时间后**：如果上涨行情已经持续一段时间，这时出现双峰形态，投资者需要注意横盘整理或下跌行情的出现，如果之后下峰筹码快速减少，上峰附近快速增加，应当先出局观望为主。

实例分析 智云股份（300097）双峰形态

智云股份2020年5~8月的走势如下图所示。

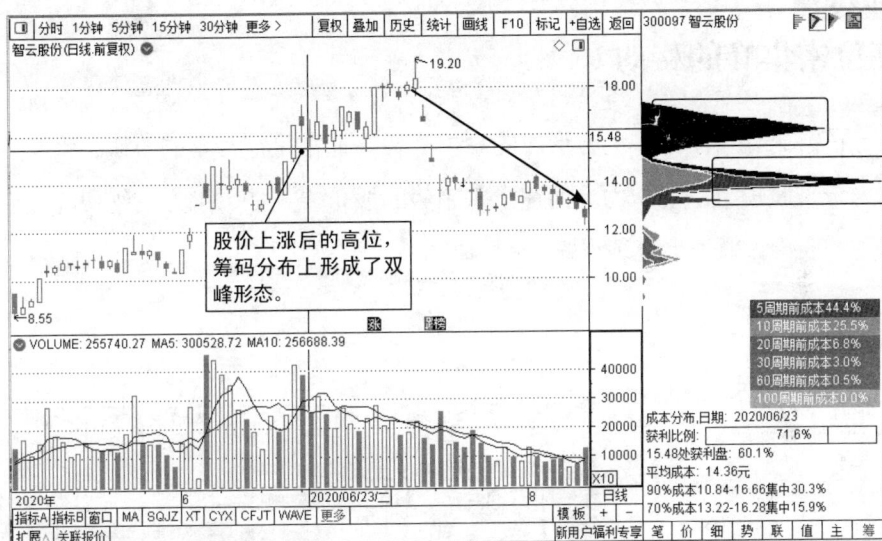

图 智云股份2020年5~8月的走势

从上图中可以看到，2020年5月，智云股份开启了一波快速上涨，股价从8.55元最高上涨到18.00元附近，涨幅超过100%。

分析这个阶段的上涨原因，根据该公司发布的业绩预告，显示2020年上半年公司实现营业收入4.5亿元，同比增长169.40%，预计实现归属于上市公司股东的净利润1 850万~2 350万元，增长幅度为1.29~1.37倍。

智云股份以高端智能制造装备为发展主线，致力于发展成为国内一流、国际领先的智能装备系统方案解决商，主营业务为成套智能装备的研发、设计、生产与销售，并提供相关的技术配套服务。随着国内OLED行业投资周期来临，下游客户固定资产开支逐步增加，相关设备的进口替代加速，公司3C智能制造装备板块本报告期较上年同期有明显增长。

股价大幅度上涨后，筹码分布上形成双峰形态，低位密集峰集中在14.00元左右，高位密集峰集中在16.00元左右且多为短期筹码。

可以预见的是，伴随着股价上涨，低位筹码的卖出，高位筹码以短期跟风买入资金为主，股价必然会迎来一次调整。

No.091
高位密集峰的移动

在筹码分布图中，上方形成的高位密集峰通常是被套牢的筹码，因此会成为未来股价上涨的压力。而在下跌趋势的股价中，如果上方的筹码峰没有移动，股价大概率会继续下跌。

一图展示

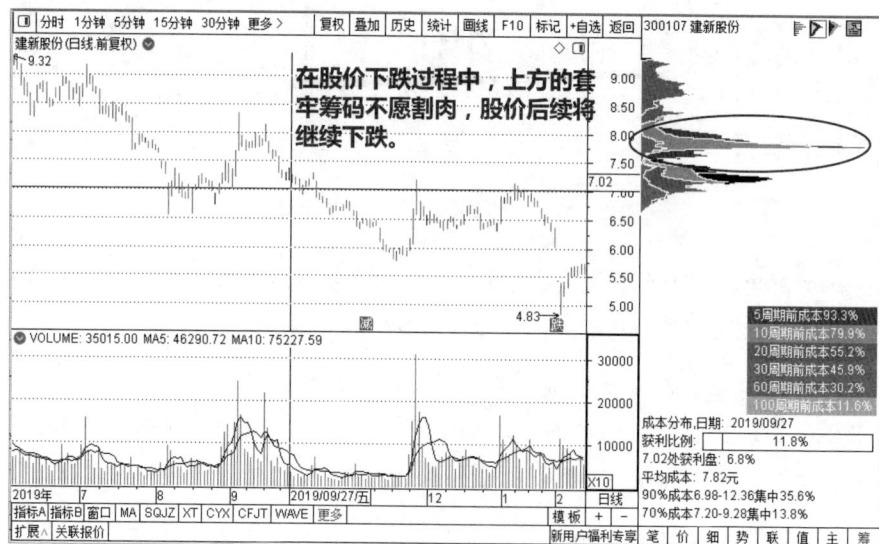

在股价下跌过程中，上方的套牢筹码不愿割肉，股价后续将继续下跌。

要点剖析

上峰的价位越高，说明该股被套得越深，股价想要涨回去就需要更大的量能。反之，上峰的价位越低，说明前期被套的筹码越容易解套，股价上涨的阻力也就相对要小一些。在股价持续下跌的过程中，筹码一般都会逐步向下转移，但是大多数筹码转移到下方的时机通常都不是在下跌趋势的尾部，而是在下跌结束后的第一波较大幅度的反弹行情中，说明未来阻止股价上涨的压力正在被逐步化解。

实例分析 顺网科技（300113）高位密集峰的移动

顺网科技2019年12月至2020年4月的走势如下图所示。

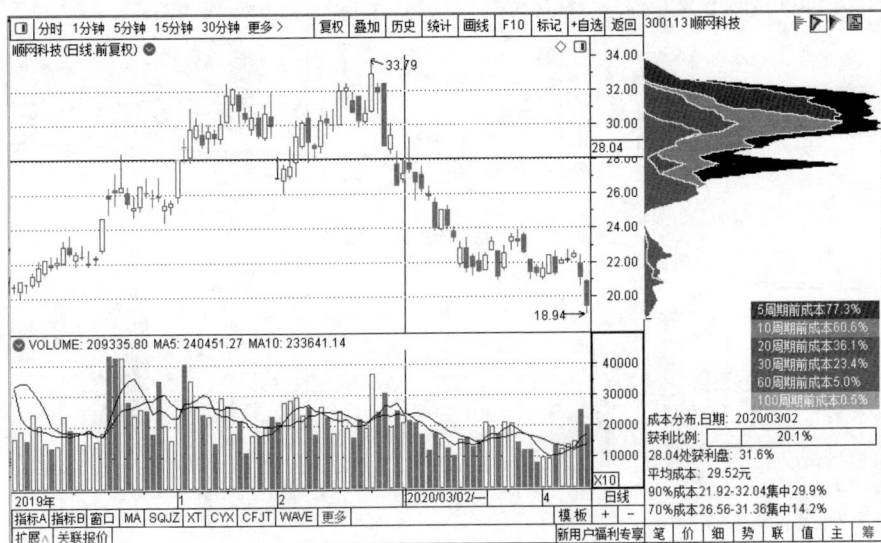

图　顺网科技2019年12月至2020年4月的走势

从上图可以看到，在2019年12月至2020年2月的这段时间里，顺网科技的股价呈现明显的上涨趋势，从开始的20.00元快速上涨到32.00元上方，短期内涨幅超过50%。

随后股价止涨回调，当股价跌至28.00元附近时，此时的筹码分布图中，多数筹码仍集中在28.00元上方，在30.00~32.00元的区间里分布，意味着股价下跌，但高位密集峰并未移动，意味着高位套牢盘不愿意割肉，从而可以得出股价接下来将继续下跌，直到高位筹码有明显的减少或向下移动。

No.092
筹码分析的三大原则

在使用筹码分布分析行情时，需要把握 3 个比较重要的使用法则，分别是不从众法则、多指标配合法则和多周期共振法则。

一图展示

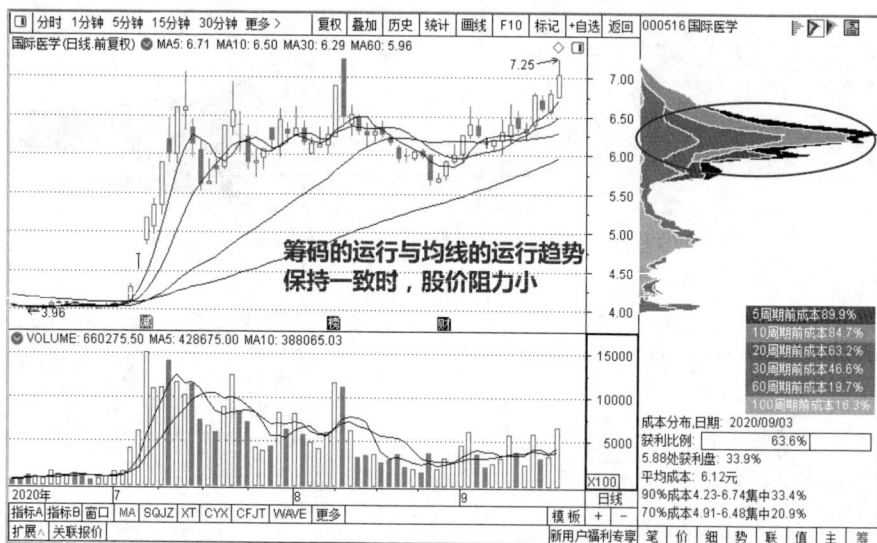

筹码的运行与均线的运行趋势保持一致时，股价阻力小

要点剖析

股市中有"7 亏 2 平 1 胜"的规律，也就是说大概有 70% 的人会亏损，仅有 10% 的人是赚钱的，因此在交易过程中应遵循"与大部分人相反"的不从众法则；多指标配合法则是指每确定一个真正的买卖点时，必须有两个或两个以上的指标同时支持该买卖点，才可以最终确认，单独一个指标发出买卖信号往往是不可靠的；多周期共振法则是指当一个买卖点出现时，必须要两个或两个以上的周期同时发出买卖信号，才能确认是可靠的买卖时机。

第 9 章
技术逃顶进阶

从背离现象中寻找逃顶信号

所谓背离，如果仅从字面意思来看，就是违背、偏离或脱离。实际上就是违背、偏离和脱离原来正常的、公认的的轨道和运行趋势。背离是一种非常规的现象，其出现往往意味着趋势的改变。背离的出现和发展同样也是不可持续的，从背离到回归正常轨道，往往预示着股价趋势的改变。

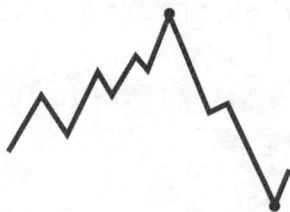

9.1 背离的魅力

背离是一种异于常理的现象，是指当股价在上升（或下降）过程中，其指标却下降（或上升）的现象，背离发出原趋势衰竭的信号。比较前后两个阶段的特征，是判断背离的唯一手段。

No.093
为什么会出现背离

金融市场中存在各式各样的背离，表现在 K 线图上，是指在长期趋势运行中，股票价格虽然前进的动能在逐渐衰减，行情接近尾声，趋势即将反转，但由于原有行情所累积的势能和惯性作用，仍能在随后的一个时间阶段里创出新高或新低。

一图展示

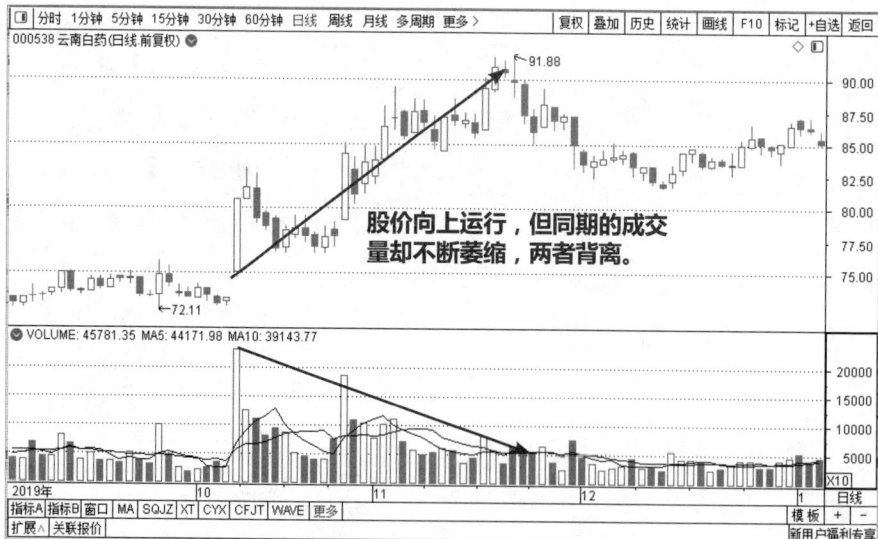

股价向上运行，但同期的成交量却不断萎缩，两者背离。

要点剖析

通过对 K 线形态、成交量、各类技术指标的全面分析，可以看到背离中的股价上涨已是强弩之末，仔细甄别就能看出明显的前兆。

由于市场中的背离现象代表一种扭曲的非常规运动趋势，与常规条件下的自然运动原理相违背，因此凡是背离现象，之后都必然会得到修正。

实例分析 佛山照明（000541）背离的修正

佛山照明2020年5～9月的走势如下图所示。

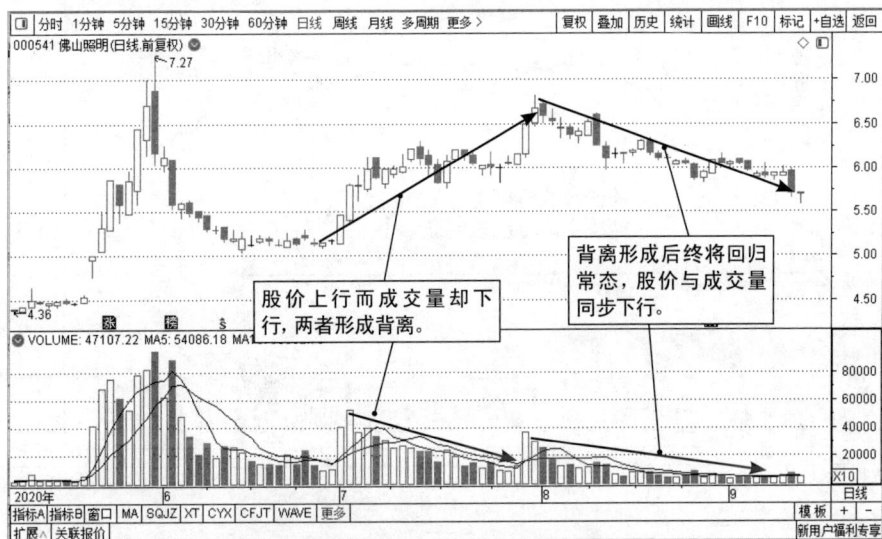

图 佛山照明2020年5～9月的走势

从上图可以看到，2020年5～7月，佛山照明经历了一波快速上涨下跌的行情，股价先是从4.36元左右短期快速上涨到7.27元，随后又快速调整，跌至5.00元附近企稳。

股价企稳后延续前期的强势上涨，股价从5.00元震荡上涨到6.50元左右，而同期的成交量却在不断萎缩，与股价运行的趋势形成背离。

这种背离自然是不可持续的，在进入8月后，股价结束反弹开始下跌，同期的成交量也开始萎缩，两者同步下行，回归常态。

No.094

上涨幅度背离

所谓上涨幅度背离，是指股价在创出新高时，与此前一段上涨趋势相比幅度更小，表明股价上涨的动能在衰减，从 K 线图上来看就是上涨幅度的背离，是股价见顶的信号。

一图展示

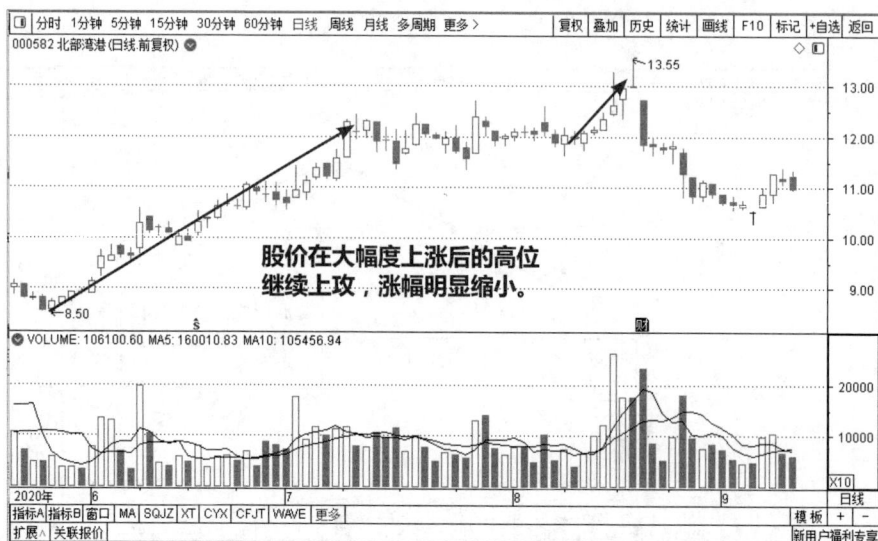

要点剖析

股市中有一个经典理论叫作"波浪理论"，股价无论是上涨还是下跌都会出现一浪接一浪的走势。在上涨过程中，如果不能一浪比一浪高，一浪比一浪长，则说明上涨的动力在衰减，股价在经过前期的上涨后即将迎来顶部，这是需要投资者特别注意的点。

实例分析 焦作万方（000612）上涨幅度背离

焦作万方2020年3～8月的走势如下图所示。

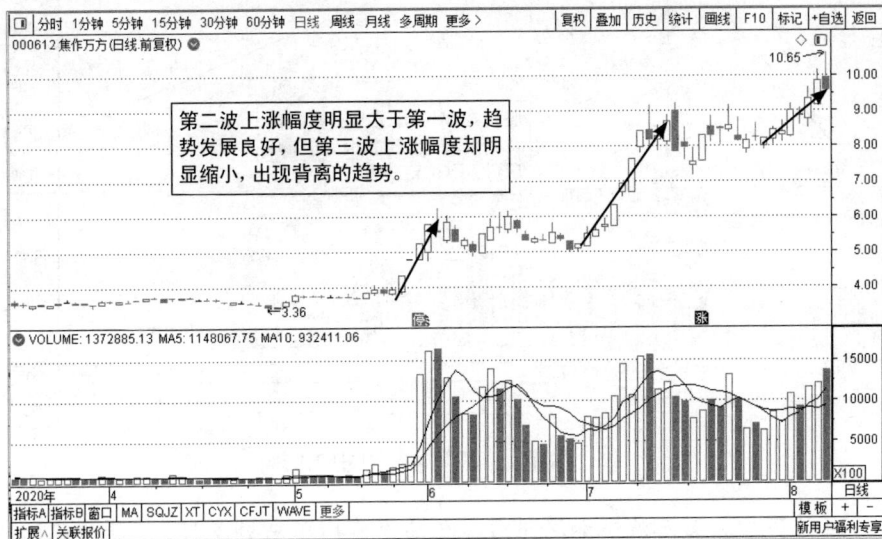

图　焦作万方2020年3～8月的走势

从上图可以看到，作为一家以电解铝产品为主的企业，主营业务为铝冶炼及加工，铝制品、金属材料销售。焦作万方的业务和业绩在市场中都不具备吸引力和明显的投资价值。

在2020年6月之前，焦作万方的股价表现都十分平淡，也符合其基本面的情况。但是进入6月后，股价突然连续涨停，从4.00元上涨到6.00元左右，涨幅约为50%。

在经过横盘震荡后，股价从5.00元再次上涨，此次作为第二波的上涨，股价一口气上涨到9.00元附近，涨幅约为80%，是前期第一波上涨的良好延续。

股价在上涨到9.00元附近后遇阻开始再次横盘震荡，在8.00～9.00元的区间里短暂震荡后继续上攻，但作为第三波上涨，短期上涨幅度在超过10%时就遇阻，K线形态上收出明显的墓碑线。

焦作万方2020年6～9月的走势如下图所示。

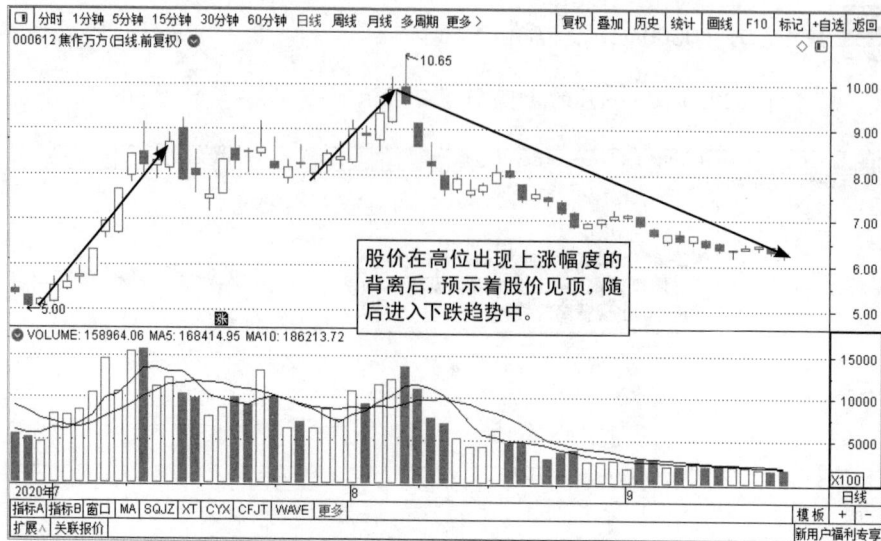

股价在高位出现上涨幅度的背离后,预示着股价见顶,随后进入下跌趋势中。

图　焦作万方2020年6～9月的走势

焦作万方在第三波上涨遇阻后,涨幅较前期涨幅明显更小,出现上涨幅度的背离,预示着股价的见顶。

越是在高位,投资者越需要对每个交易日的K线形态重点关注,将K线形态与背离等各项技术指标进行综合分析,提高预判顶部的成功率。

No.095
上涨时间背离

除了上涨幅度背离以外,上涨时间背离也可以作为判别股价趋势的一种常用方式。

所谓上涨时间背离,是指在K线图上,股价持续上涨创出新高,但相较于前一段上涨的时间长度却相对减少,从而表现出来的一种走势形态上的背离形态。

上涨时间实际是指交易日的数量,直接表现为K线数量的多少。

一图展示

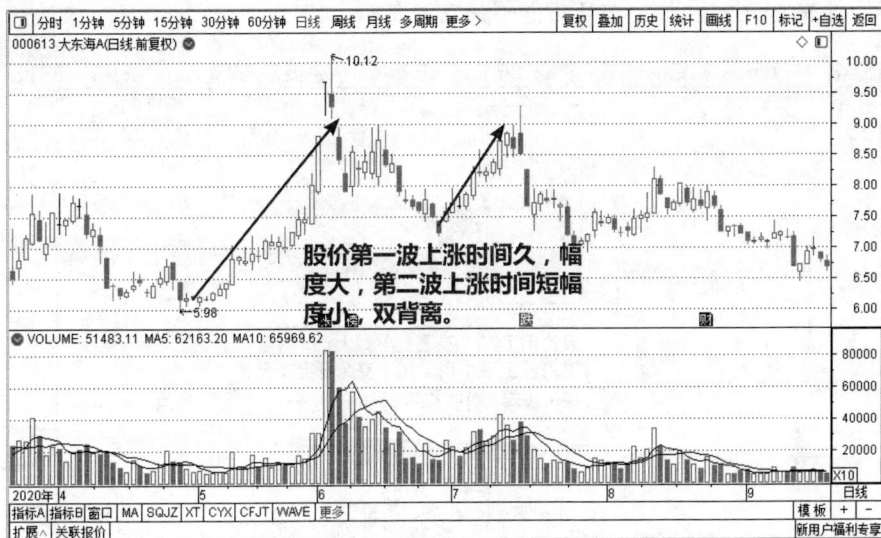

股价第一波上涨时间久，幅度大，第二波上涨时间短幅度小，双背离。

要点剖析

　　上涨时间背离说明原趋势在时间上已无法维持趋势走势的长度，与上涨幅度背离无法维持原来的上涨幅度一样，都是原趋势衰竭在不同视角下的具体表现形式，对于投资者而言，都应当引起重视。

　　值得注意的是，在大多数情况下，如果出现上涨幅度背离，上涨时间上也会出现对应的背离。

　　但在实战中也会出现特殊的情况，其一是上涨幅度背离但时间不背离，即第二波上涨较上一波上涨的幅度更小，且花费的时间更长，也就是说，用更长的时间走出更小的涨幅，也是股价见顶的信号。

　　其二是上涨幅度不背离但时间背离，即股价在下一波上涨中用更短的时间实现了较上一波更大的涨幅，投资者要注意具体分析，这可能是股价表现强势的信号，也可能是股价加速见顶的信号，需要根据情况具体分析。

**实例
分析** 中油资本（000617）上涨时间背离

中油资本2020年5～9月的走势如下图所示。

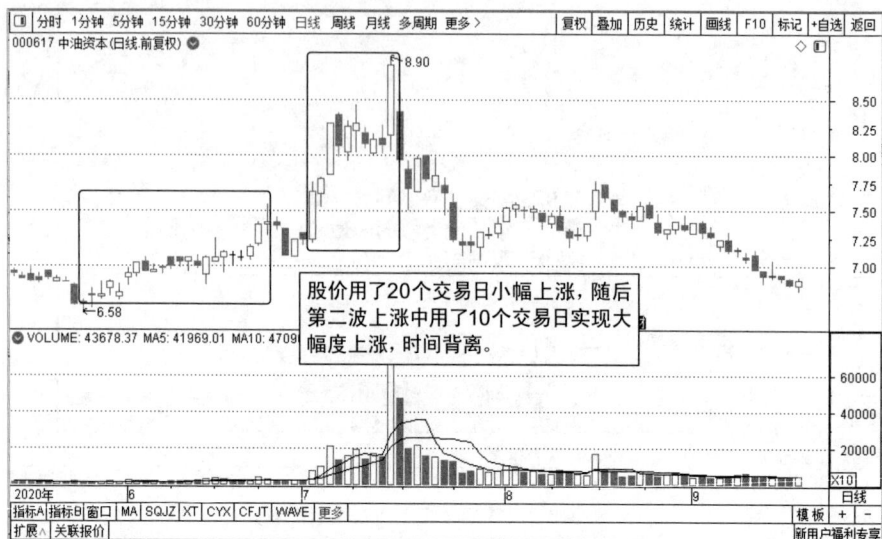

图　中油资本2020年5～9月的走势

从上图可以看到，在2020年5～7月的时间阶段里，中油资本的股价从最低6.58元开始震荡上涨，短期上涨到7.00元左右。

股价从6.58元上涨到7.50元左右用了20个交易日，时间跨度将近一个月。随后股价调整了4个交易日，从7月2日开始继续上涨，且涨势更猛，呈现加速上涨的态势。

在第二次上涨中，股价从7.00元附近上涨到最高8.90元，涨幅比前一波上涨更大，但时间更短，从7月2日到7月15日创出新高，仅用了10个交易日，刚好是上一波上涨一半的时间。

在股价新高的阶段里，出现了明显的上涨幅度不背离，但是时间背离的情况，可能是股价表现强势，也可能是股价加速赶顶，如何判断呢，可以通过基本面的情况去综合分析。为什么是基本面呢？因为在2020年这个大环境下，市场投资风格更偏向于价值投资。

中油资本作为中石油下属的子公司，主营业务是自有资金对外投资、投资管理；投资咨询服务，企业策划；企业投资服务。从业绩表现来看，虽然近年来都处于增长趋势线下，但增幅十分有限，年度净利润增幅都在10%以上，同时中油资本也缺乏市场中的热门概念。

因此可以综合判断，第二波上涨是股价加速赶顶，投资者应及时通过判断背离来实现逃顶。

9.2 经典逃顶的背离图形

上涨幅度和上涨时间是从 K 线形态的视角去分析的，接下来投资者还可以将 K 线和其他各类技术指标进行结合分析，观察两者之间的运行趋势。常见的有量价背离、MACD 背离、KDJ 背离等，其中量价背离在前面知识中已经介绍了，这里不再赘述。

任何一只股票要成交，必须同时满足两个条件，即该股票在某一个价位上要有人买，也要有人卖，这样成交才会最终实现。

成交量是买卖双方共同创造出来的，仅有买方或仅有卖方，都无法产生成交量。

为什么在同一个价位区域会形成买卖双方呢？这是由于在此价格区间，参与市场交易的投资者很多，这些投资者对股价的走势抱有不同的意见，有的投资者看空。因此卖出，有的投资者看多，因此选择买入。

投资者要注意的是，当市场中投资者的分歧越大，对应的成交量才会越多，而分歧越小，则成交量越少。

所以在上涨初期和末期，成交量是最多的，而在白马股的上涨过程中，成交量则是最少的。

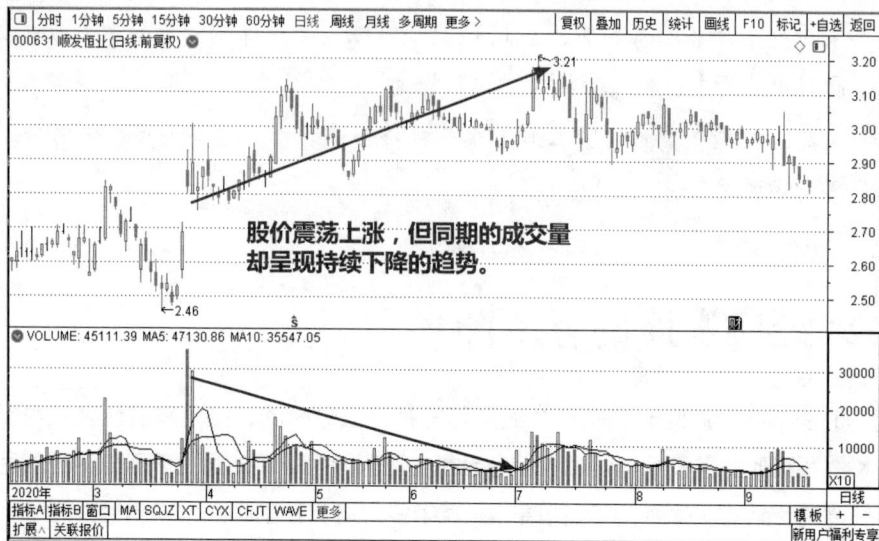

股价震荡上涨，但同期的成交量
却呈现持续下降的趋势。

要点剖析

成交量与股价的表现形式概括起来，主要有4种基本形式。一是量价齐升；二是量价齐跌；三是量增价跌；四是量跌价增。

其中第一种和第二种是正常的量价关系，两者保持同方向运行。而第三种和第四种则是非正常关系，也就是量价背离。

一般来说，上涨趋势都是由资金不断买入来推动的，因此上涨趋势比下跌趋势更需要成交量来推动。

上涨趋势初期，成交量温和放大，价格随着成交量的递增而上涨，即量价齐升。上涨趋势回调过程中，成交量逐步萎缩，出现缩量调整，持股投资者惜售。在上涨趋势的末期，多数会出现量价背离的情况，预示着上涨趋势的结束，股价即将见顶。

实例分析 美尔雅（600107）量价背离

美尔雅2020年3～6月的走势如下图所示。

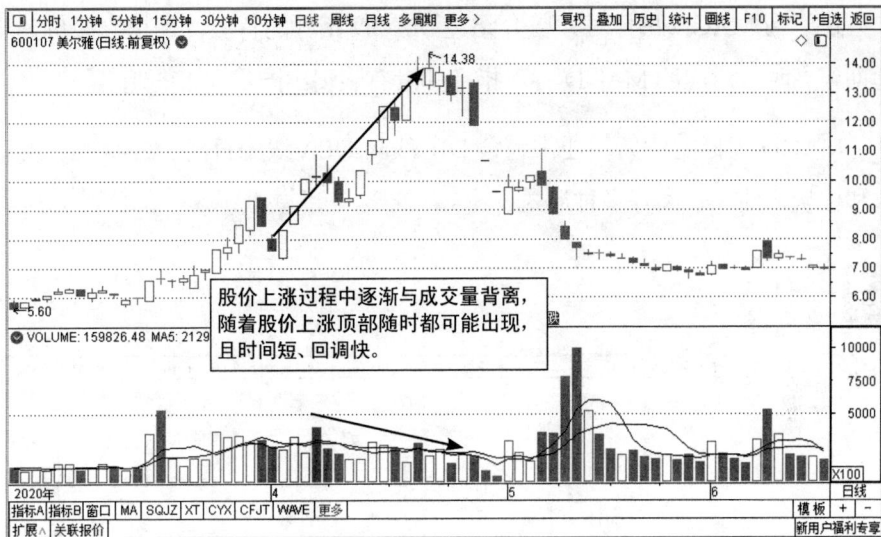

图中文字框：股价上涨过程中逐渐与成交量背离，随着股价上涨顶部随时都可能出现，且时间短、回调快。

图　美尔雅2020年3～6月的走势

从上图可以看到，2020年3月底，美尔雅出现了一次极强的上涨趋势，股价从6.00元左右快速上涨到14.00元附近，涨幅超过100%。

美尔雅的主营业务为服装、服饰类产品的研发、设计、生产和销售。2019年实现营业收入44 725.09万元，实现归属上市公司股东净利润 3 945.19万元，归属于上市公司股东的扣除非经常性损益的净利润-1 060.35万元。

从基本面来看是无法支撑美尔雅持续上涨的，跟踪美尔雅上涨的过程出现，股价进入4月后，同期的成交量呈现缓慢萎缩的态势，同期的股价却依旧强势，连续涨停。

股价与成交量出现明显的背离，且在股价涨幅一倍的情况下，这样的量价背离是明确的股价见顶的信号。

对于这类短期大幅上涨而言，其顶部区间也非常短，回调来得非常快，且回调迅猛，从美尔雅后续的走势来看，股价在半个月的时间里就几乎跌回起涨点，投资者若不能及时逃顶，将长期被套。

No.096

MACD指标的高级背离

在学习 MACD 指标时，曾介绍过 MACD 指标的背离，是指当股价创出近期新高时，对应的 MACD 各项指标却没有表现出同步向上的趋势。

MACD 指标的背离，通常包含 DIF 线与 DEA 线的背离、柱状线长度背离和柱状线面积背离等多种形式。

一图展示

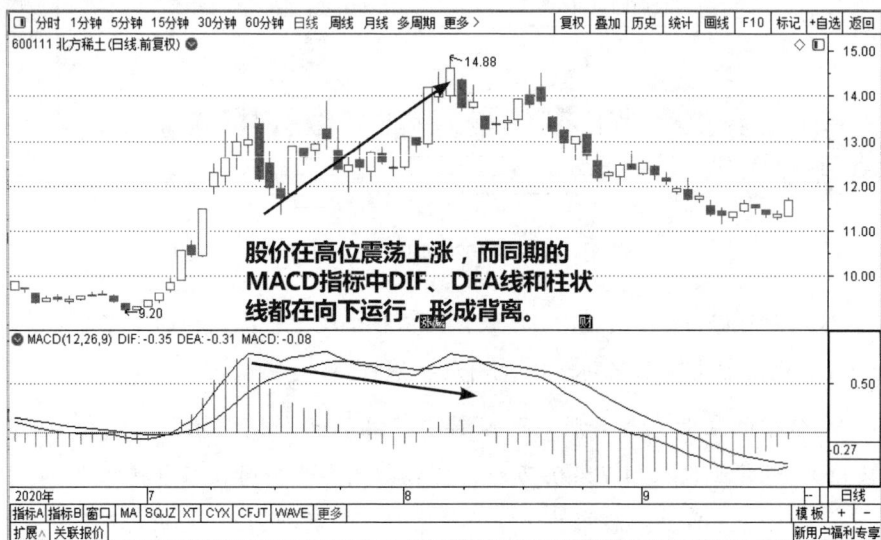

股价在高位震荡上涨，而同期的 MACD指标中DIF、DEA线和柱状线都在向下运行，形成背离。

要点剖析

MACD 指标的高级背离主要是指柱状线与股价的背离，当股价创出近期新高，对应的 MACD 柱状线中红色柱状线长度相比前高不再伸长，此时就形成股价和柱状线的背离。

柱状线包括红色和绿色，0 轴以上为红色，0 轴以下为绿色，其长度由 DIF 线与 DEA 线的差决定。

柱状线缩小，说明 DIF 线与 DEA 线的差值在减小，趋势的动能在衰减，由此可以预示股价运行趋势的改变。

实例分析 东睦股份（600114）MACD指标的高级背离

东睦股份2019年12月至2020年4月的走势如下图所示。

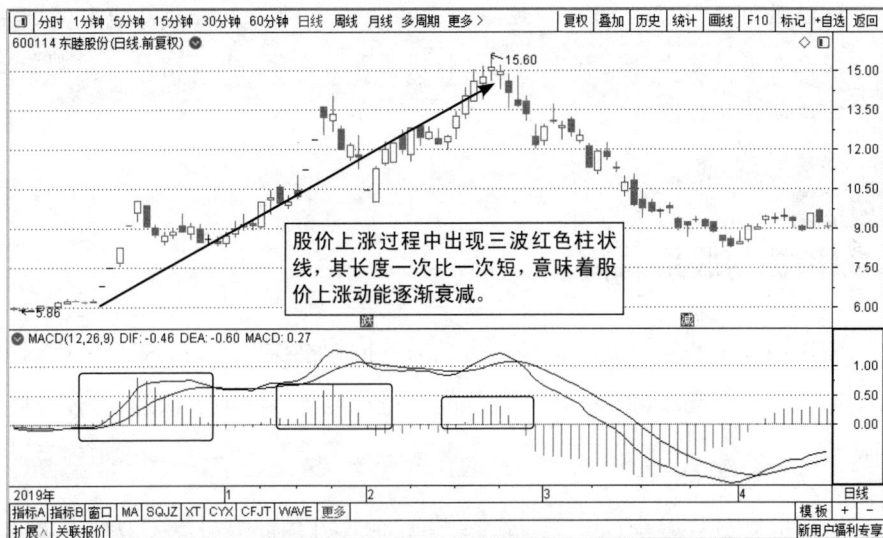

图 东睦股份2019年12月至2020年4月的走势

从上图可以看到，在2019年12月至2020年3月之前的这段时间里，东睦股份的股价出现一波大幅度上涨，从6.00元左右上涨到15.00元附近，涨幅超过150%，可谓是大牛股。

东睦股份是全球PM（粉末冶金）、MIM（金属注射成型）行业龙头，为全球唯一一家PM与MIM产业规模同时达到10亿元以上的企业。MIM广泛用于消费电子、可穿戴产品、汽车、家电等领域，未来渗透率有望超过预期，成长空间大。从业绩来看，东睦股份2019年实现营业收入21.62亿元，同比增长12.69%，归母净利3.08亿元，同比下降6.18%，扣非净利1.06亿元，同比下降53.69%。

综合基本面情况来看，东睦股份短期业绩表现不佳，但所处行业天花板高，想象空间巨大，而股价超过150%的涨幅几乎全靠概念支撑，不可持续。

观察股价上涨时MACD指标的运行趋势，发现股价第一波上涨时MACD红色柱状线的长度明显高于第二波和第三波上涨，并且随着股价的上涨，红色柱状线的长度呈逐渐下降的趋势。

伴随着红色柱状线的逐渐缩减，意味着助推股价上涨的动能在不断变弱，因此在第三波上涨过程中红色柱状线不再增长时，投资者就应该判断出股价的顶部并及时逃顶。

No.097
KDJ指标与股价背离

KDJ 指标主要是研究股价最高价、最低价和收盘价之间的关系，同时融合动量概念、强弱指标和移动平均线的一些优点，因此能够快速、直观地研判行情。

经过前面对 KDJ 指标的学习我们知道，在 KDJ 指标中，J 线为方向敏感线，最富有变化；K 线为快速确认线，变化速度次之；D 线为慢速主干线，波动最小。

在行情软件中，KDJ 指标通常显示在 K 线图下方，图标中分为 100、80、50、20、0 五个参照区域。

我们在前面对 KDJ 指标的死叉寻顶等内容进行过学习，通常股价在高位出现 KDJ 指标的死叉，都是短期卖出的信号。但若是结合顶背离等内容进行分析，那么死叉寻顶的成功率将会更高。

一图展示

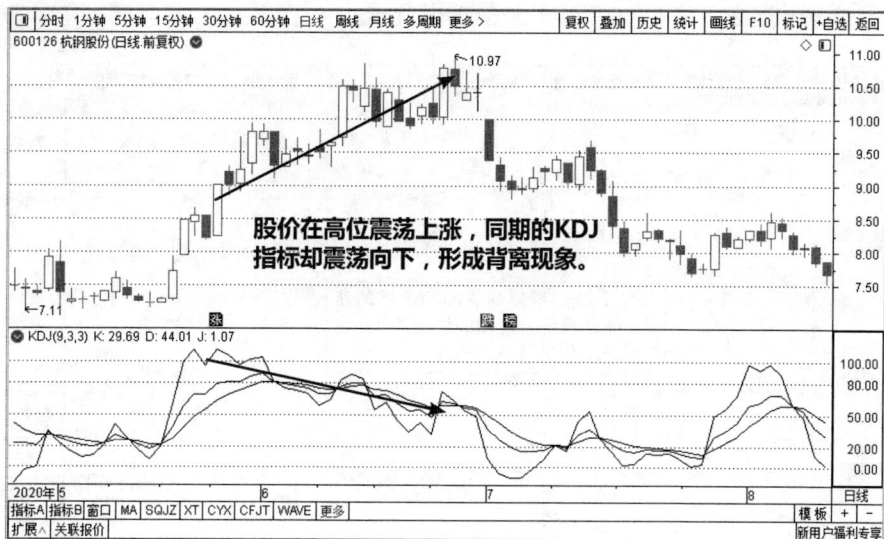

股价在高位震荡上涨，同期的KDJ指标却震荡向下，形成背离现象。

要点剖析

由于 J 线过于敏感，不确定性成分较多，因此在使用 KDJ 指标来判断背离时，主要取用 K、D 值来做比较，这样判断的结果会更有稳定性和可行性。

KDJ 指标的顶背离是指在上涨趋势中，股价持续创出新高时，对于 KDJ 数值在 80 以上，但却不再创出新高，股价和 KDJ 指标形成明显的反差。

在实战中，上涨趋势中通常会先出现 KDJ 指标的顶背离，即股价持续上涨，而 KDJ 指标却震荡下行，在此过程中会形成 KDJ 指标的死叉。

因此，顶背离后的死叉是成功率相当高的寻顶方法，投资者一旦在实战中遇到，一定要引起重视，做出充分应对。

即使顶背离后出现的死叉位置不是特别高，投资者也要相应减仓，切忌追求卖在最高位，宁愿损失一部分收益，也要保住已经拥有的收益。

实例分析 云南城投（600239）KDJ指标与股价背离

云南城投2020年5～9月的走势如下图所示。

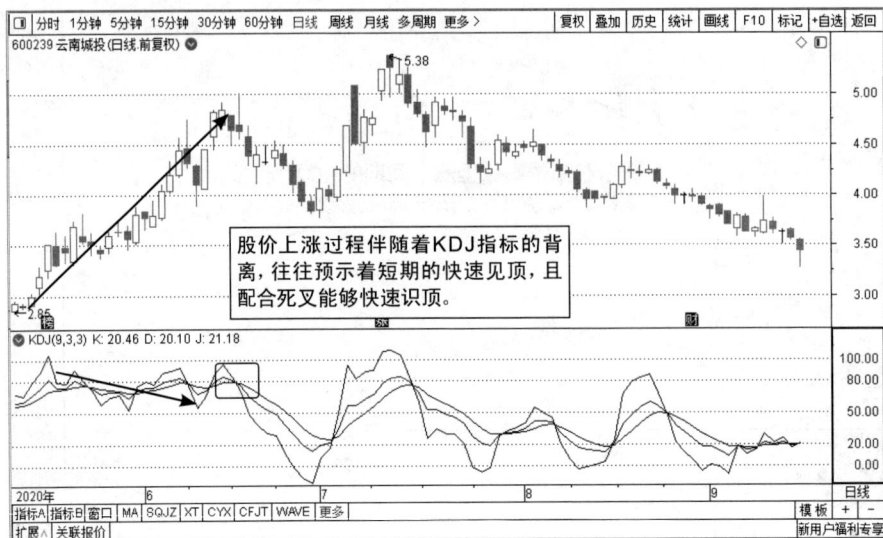

股价上涨过程伴随着KDJ指标的背离，往往预示着短期的快速见顶，且配合死叉能够快速识顶。

图　云南城投2020年5～9月的走势

从上图可以看到，在2020年5～7月的这段时间里，云南城投的股价震荡上涨，从3.00元左右上涨到了5.00元，涨幅不小。

在股价上涨的初期，KDJ指标就开始向下运行，股价从3.00元上涨到4.50元的区间里，KDJ指标长期运行在80附近，并未随着股价持续上行。

在进入6月中下旬后，在KDJ指标持续下行的过程中，KDJ指标形成死叉，对于这类顶背离后出现的死叉，是明确的见顶信号。

而且对云南城投这类基本面表现一般的股票而言，股价很难持续大涨。因此在死叉时，投资者就应该卖出。

虽然后续在调整之后，股价又再创新高，但相较于投资者卖出的价位，收益并没高出多少，且浪费更多时间。

No.098

个股与指数背离

指数主要是个股所在板块的指数，包括上证指数、深证成指、创业板指数和科创板指数。

指数是板块内所有个股按照市值权重加权而来，指数的走势代表市场中多数个股的走势。

一图展示

指数向下运行股价却继续上涨，不久后股价就步入指数的后尘。

要点剖析

股价与指数的背离主要分为指数下降而股价上涨、指数上涨而股价下跌。其中指数下降而股价上涨更为复杂，需要视情况具体分析，可能是个股长期趋势向上且具备基本面支撑的白马股或长牛股；也可能是个股短期的逆市走强，是主力吸引跟风盘进场的套路。

指数上涨而股价下跌，大概率为个股既没有基本面支撑，也没有概念可以炒作，整体表现弱势。

实例分析 我爱我家（000560）个股与指数背离

我爱我家2020年6～9月的走势如下图所示。

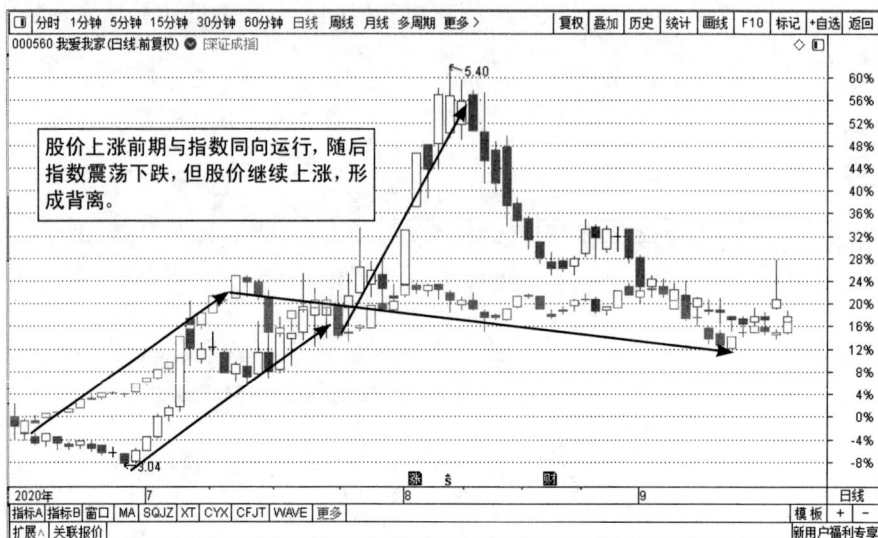

股价上涨前期与指数同向运行，随后指数震荡下跌，但股价继续上涨，形成背离。

图　我爱我家2020年6～9月的走势

从上图可以看到，在2020年6月下旬，我爱我家的股价出现了一波大幅度上涨，在股价上涨前期，其与指数运行的趋势基本保持一致。

当股价上涨到4.00元左右时，指数开始横向震荡，而我爱我家的股价却持续上涨，连续收出阳线，丝毫未受到指数震荡甚至下跌的影响。

我爱我家作为一家房产中介服务商，在2020年的"房住不炒"的政策环境下，基本面表现并不突出，因此并不具备走出独立行情的基础。

因此可以判断，我爱我家的股价在与指数背离后，不久后就会回归常态，与指数保持同向运行。

从我爱我家后续的走势来看，股价在背离指数不久后就开始快速下跌，最终回归常态。

No.099

个股与基本面背离

分析一家公司的基本面情况，应当包括宏观基本面分析和微观基本面分析两个方面。

宏观基本面要关注国家宏观经济政策、宏观经济运行趋势等；微观基本面则要关注公司的财务情况、盈利情况、经营管理等。

一图展示

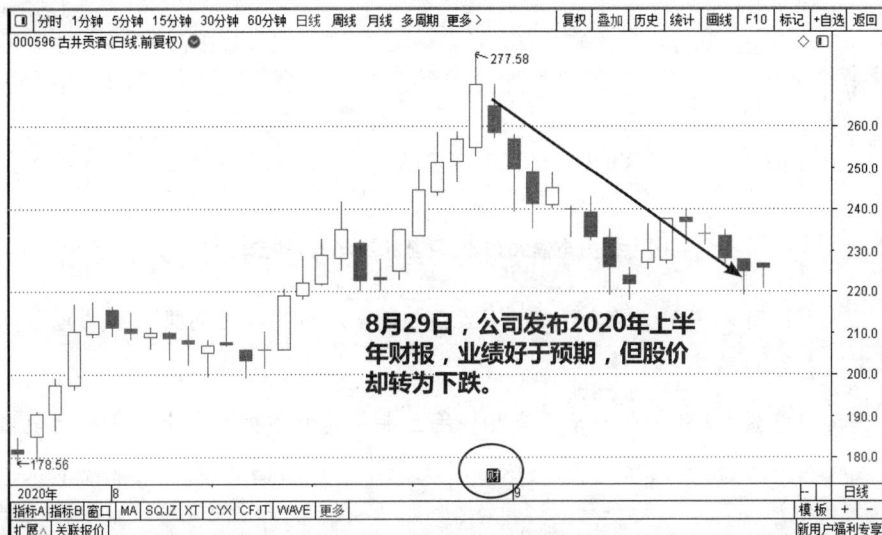

8月29日，公司发布2020年上半年财报，业绩好于预期，但股价却转为下跌。

要点剖析

在实战中，投资者经常会碰到个股在经过一段时间的上涨后突然公布利好消息，随后股价却立马转为下跌，让投资者摸不着头脑，这其实是市场中最为简单的道理——利好兑现。

投资看重的是未来、是预期，一旦预期落地和兑现，那么未来的不确定性也就消失了，股价也就缺乏继续向上的想象空间了。

实例分析 格力电器（000651）个股与基本面背离

格力电器2019年8月至2020年3月的走势如下图所示。

图 格力电器2019年8月至2020年3月的走势

从上图可以看到，在2019年8月至2020年1月的这段时间里，格力电器走出震荡上涨的趋势。

格力电器在8月30日当天公布2019年上半年的财务报告，上半年格力电器实现收入983亿元，同比增长6.89%，实现扣非净利润133亿元，同比增长仅为6%。

对于格力电器这样的家电龙头企业而言，上半年个位数的增长明显不及市场给予的预期。但是从后市的走势来看，在半年报公布后，股价从56.00元涨到68.00元上方。

但最终格力电器的股价依旧回归基本面，在68.00元新高后股价快速下跌到50.00多元。

公司财务情况分析

2015 年"股灾"之后，A 股投资风格逐年发生转变，从过去的投机到一度价值投资大行其道，投资者在进行顶部分析时，一定要明确当前市场的投资风格。A 股在 2020 年以后的投资风格，可以预见的是向着投机与投资相结合的方向发展，在这样的趋势下，财务分析是每个投资者必须要掌握的。

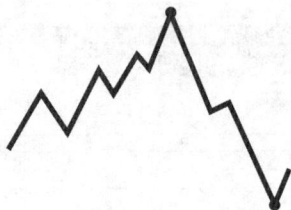

10.1 行业分析定基础

在对个股进行财务分析之前，投资者必须先对该企业所处的行业有基本的概念和了解，行业是否景气直接决定着企业是否具备投资价值。

No.100
行业周期

每个行业都要经历一个由成长到衰退的发展演变过程，这个过程便称为行业周期。在 A 股中，有许多行业是典型的周期性行业，如养殖、钢铁、煤炭、有色金属、工程机械、港口运输等。

也有许多行业属于非周期性行业，不受宏观经济的影响，主要是与我们息息相关的衣食住行，如食品、医药、白酒等。

一图展示

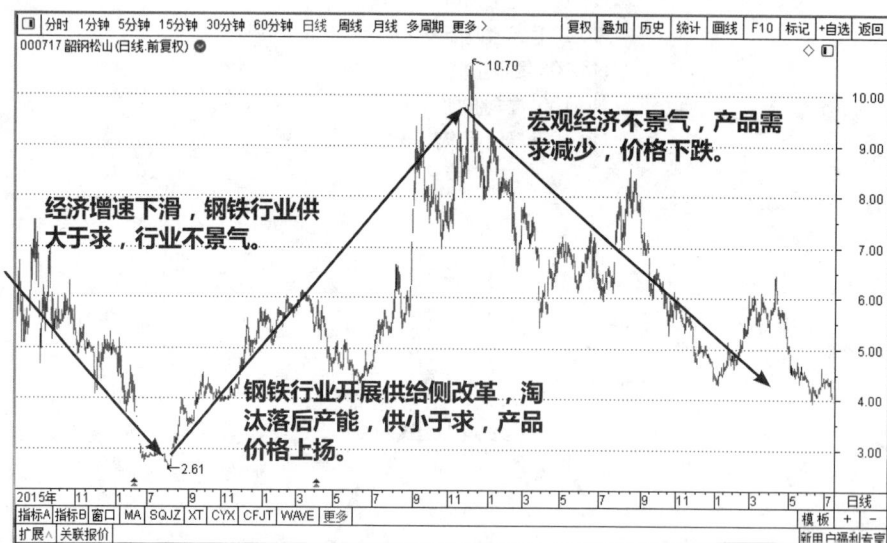

要点剖析

周期性行业的特征就是产品价格呈周期性波动的，产品的市场价格是企业盈利的基础。在市场经济环境下，产品价格形成的基础是供求关系，而不是成本，成本只是产品最低价的稳定器，但不是决定的基础。

周期性行业的周期循环常常沿着产业链按一定的顺序依次地发生，通常复苏始于汽车、房地产、基础设施建设、机械、装备制造等下游行业，然后传导至化纤、非金属矿制品、有色金属冶炼压延、黑色金属冶炼压延等中游的加工制造业，最后是上游的有色金属、石油、煤炭、石化等行业。衰退也是从下游行业开始，依次传导至中游、上游行业。

投资者要做的第一步就是明确企业所处的行业是不是周期性行业，若是周期性行业，那么需要明确该行业处于哪一个阶段内。

实例分析 新希望（000876）行业周期——猪周期

新希望2013年4月至2020年9月走势如下图所示。

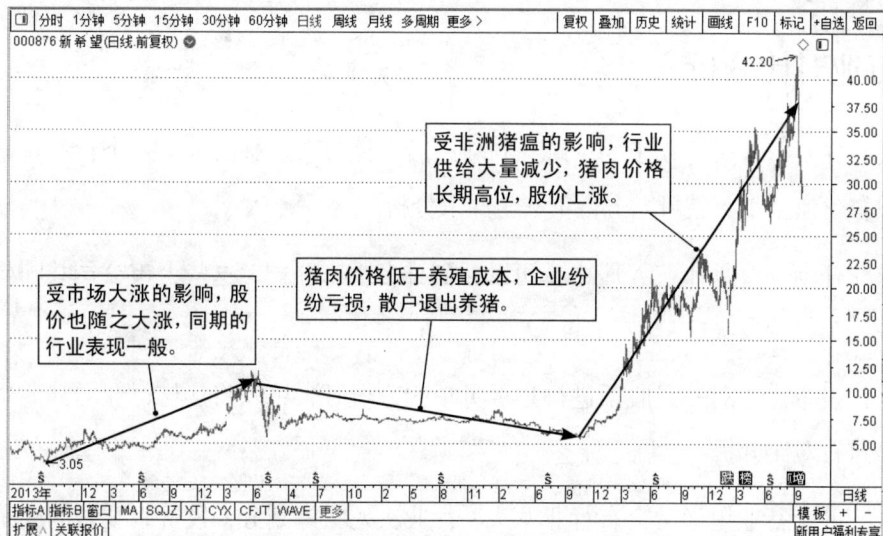

图 新希望2013年4月至2020年9月的走势

过往经验表明，猪肉价格受需求变化的影响相对有限，主要由生猪供给决定，而后者主要由养殖利润驱动。当生猪养殖利润下降、进入持续亏损时，部分产能退出、生猪供给减少，进而带动猪肉价格修复；随后养殖利润上升，又引发产能扩张、生猪供给增加，猪肉价格再度下跌，养殖利润下降，如此循环。

从上图可以看到，新希望从2013年至2020年约7年的走势大致可以分为3个阶段。

第一个阶段，股价从3.00元上涨到10.00元左右，同期的猪肉价格并未明显上涨，股价的上涨主要源于市场的整体上涨。

第二个阶段，股价从10.00元上方跌至7.00元附近，随后股价在7月附近横向震荡了2年多时间。此时的猪肉价格偏低，甚至低于养殖成本，养猪企业纷纷亏损，养猪散户纷纷退出。

第三个阶段，股价从7.00元上涨到40.00元上方，股价涨幅巨大。此时是因为受到非洲猪瘟的影响，行业供给大受影响，且养猪散户的退出，猪肉价格长期运行在高位，养猪企业利润大增，促使股价大涨。

No.101
行业对比分析

在对行业进行初步的了解和判断以后，投资者若是认定某一个行业具备投资价值，那么就可以进行下一步深入分析。

任何一个行业在A股中都可以找到许多上市公司，这些上市公司共同构成一个行业板块。

投资者在对一只股票进行是否见顶的分析时，可以将其与行业内其他个股进行对比分析。

一个行业里通常会有行业龙头、行业次龙头等划分，投资者要做的就是明确手里这只股票是行业龙头还是次龙头，抑或是行业里的"后起之秀"。

一图展示

板块分析-行业板块 今日:2020-09-18,五 点右键操作

	板块名称	均涨幅%↓	加权涨幅%	涨股比	涨5%数	龙头股	龙头涨幅%	总成交	市场比%	换手率%	市
1	保险	7.54	7.57	7/7	6	西水股份	10.03	244.8亿	2.93	1.20	
2	证券	5.45	5.20	47/47	17	国联证券					
3	旅游	4.19	2.26	22/25	8	腾邦国际					
4	多元金融	3.36	3.57	26/28	5	新力金融					
5	煤炭	3.15	3.88	35/35		兖州煤业					
6	航空					三角防务			1.27	2.02	
7	食品饮料					N德利	43.95	150.0亿	1.80	1.40	
8	银行				0	成都银行	4.84	218.8亿	2.62	0.23	
9	有色	2.19	2.66	88/103		云南铜业	10.00	230.0亿	2.75	1.37	
10	房地产	2.17	2.96	116/123	6	深振业A	10.03	224.7亿	2.69	1.18	
11	建材	2.10	2.86	66/75	7	北京利尔	10.00	136.0亿	1.63	1.57	
12	商贸代理	1.94	2.27	23/23	1	上海物贸	10.00	18.3亿	0.22	0.85	
13	酒店餐饮	1.84	1.10	10/10	0	金陵饭店	4.96	12.4亿	0.15	2.07	
14	仓储物流	1.80	1.70	32/41		华贸物流	8.87	73.8亿	0.88	1.84	
15	建筑	1.73	2.16	99/119	7	建科院	19.97	155.0亿	1.86	1.07	
16	交通设施	1.72	1.64	40/42	2	盐田港	10.02	37.2亿	0.44	0.42	
17	化纤	1.68	2.52	22/29	3	苏州龙杰	6.00	45.4亿	0.54	1.02	
18	公共交通	1.62	2.09	8/8	1	强生控股	5.53	4.52亿	0.05	0.96	
19	家用电器	1.57	0.86	35/46	4	春兰股份	10.02	88.2亿	1.06	0.96	

（标注）行业分类，根据当天行业板块涨幅进行排序，可以观察当前市场重点关注的行业板块。

（标注）各个行业板块中当天涨幅最大的个股，也是当时市场中的龙头股，可以观察市场中最受资金青睐的个股。

所有板块 自定义板块 地区板块 行业板块 概念板块 风格板块 指数板块 组合板块 证监会行业

要点剖析

行业龙头股根据划分依据不同，表示的意义也不同。

从行业规模来看，通常将行业内主营业务收入最高、净利润最高的企业称为行业龙头。

从市场表现来看，通常将一个交易日或某个时间段里股价涨幅最大，成交最活跃的个股称为板块龙头。

投资者若是持有行业龙头，那么其股价表现一定是最稳的，股价是否见顶可以参考同行业板块中表现最好的个股。

投资者若是持有板块龙头，那么判断其是否出现顶部，主要从技术层面和市场资金进场、离场的情况进行综合分析。

投资者中的任何分析都不是孤立的，即使是行业分析，也需要与上下游行业、与行业内部进行对比分析，这样才能得到全面、真实的分析结果。

实例分析 长城汽车（601633）行业对比分析

长城汽车2020年5～9月的走势如下图所示。

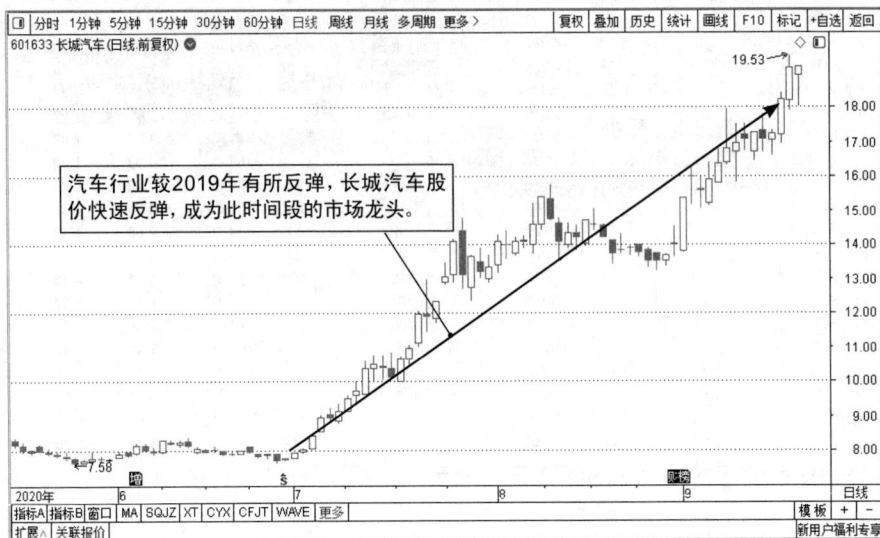

图 长城汽车2020年5～9月的走势

从上图可以看到，2020年5～6月底，长城汽车的股价在低位震荡，整体表现弱势。

进入7月后，股价开始强势上攻，第一波从8.00元涨到14.00元左右，经过近一个月的调整，第二波上涨到18.00元上方，两个月的时间里涨幅超过100%。

长城汽车所在的汽车制造业在2020年上半年来看整体表现一般，但相对于2019年的行业弱势相比，2020年有了明显的提升。

但长城汽车在汽车制造业中算不上行业龙头，另外，如上汽集团市值达到了2000多亿元，比亚迪也是2000多亿元，广汽集团市值1000多亿元，而长城汽车的市值在7月以前还不足1000亿元。

但对比整个汽车制造行业内的个股走势来看，长城汽车的涨幅却是最大的，涨势是最凶猛的。

上汽集团2020年4～9月的走势如下图所示。

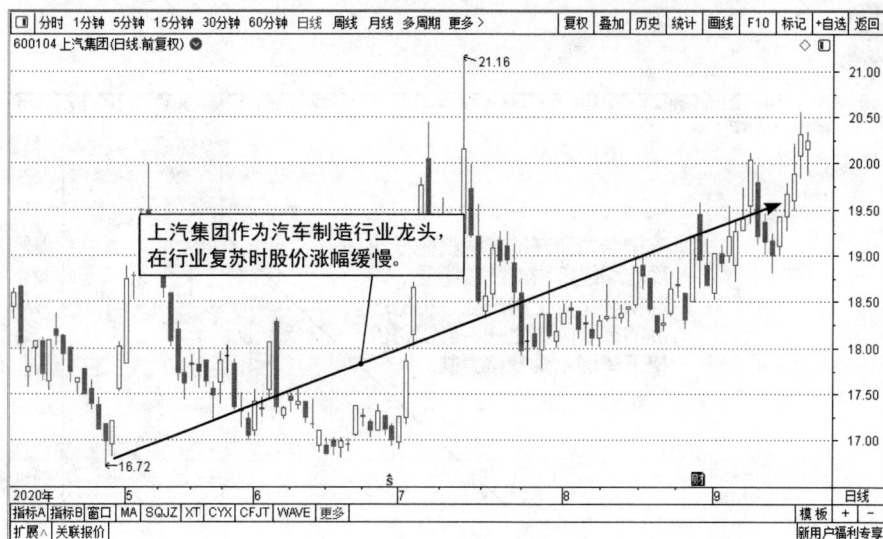

图　上汽集团2020年4～9月的走势

对比长城汽车与上汽集团的走势，可以清楚地看到上汽集团作为汽车制造行业的龙头，其股价涨幅明显不如长城汽车，说好听点叫"稳健"，实际上是在行业复苏初期，体量大的企业业绩弹性不如体量小的企业。

对于长城汽车和上汽集团在行业内的不同角色定位，判断顶部需要关注不同的东西。

长城汽车的顶部要重点关注技术指标等层面，而上汽集团的顶部则要看长城汽车何时见顶。

No.102
行业上下游分析

在周期性行业里，对行业上下游进行分析是非常有必要的，若下游陷入不景气中，那么中游行业和上游行业也必然会受到影响。若上游陷入不景气中，那么中游行业和下游行业可能会直接受益。

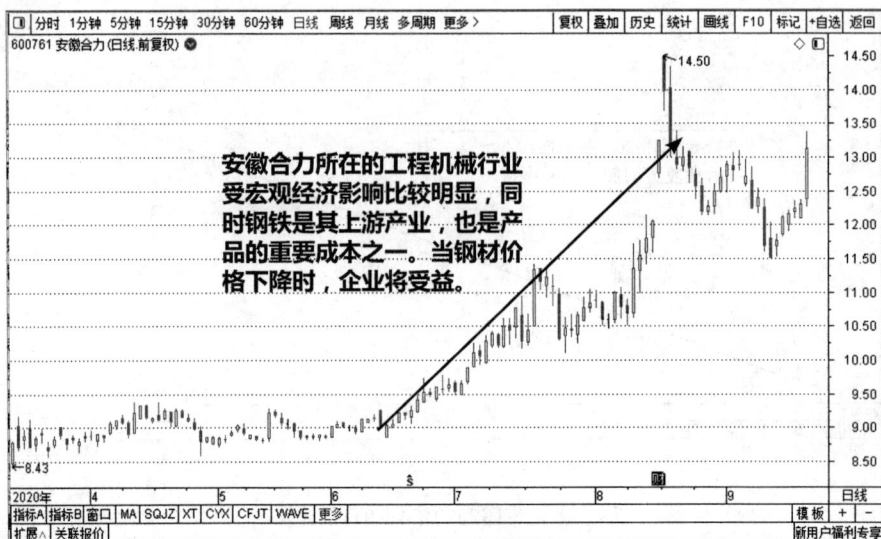

图中文字：安徽合力所在的工程机械行业受宏观经济影响比较明显，同时钢铁是其上游产业，也是产品的重要成本之一。当钢材价格下降时，企业将受益。

要点
剖析

　　行业上下游之间的关系比较复杂，可以简单化地去理解。上游企业为下游企业提供原材料，当上游企业陷入衰退，其产品价格往往大幅下滑，对下游企业而言将以更低的成本为消费者提供商品，下游企业可以因此获得更高的利润。

　　当上游企业处于景气期，原材料价格处于上涨中，下游企业的成本将逐渐增加，影响利润，从而不利于股价。

　　当下游企业不景气时，商品滞销，对原材料的需求下降，从而影响上游企业的销售。

　　总而言之，上游企业对下游企业的影响是反向的，下游企业对上游企业的影响是正向的。对行业所处的上下游地位和经济景气程度进行分析，有利于投资者对个股顶部的把握。

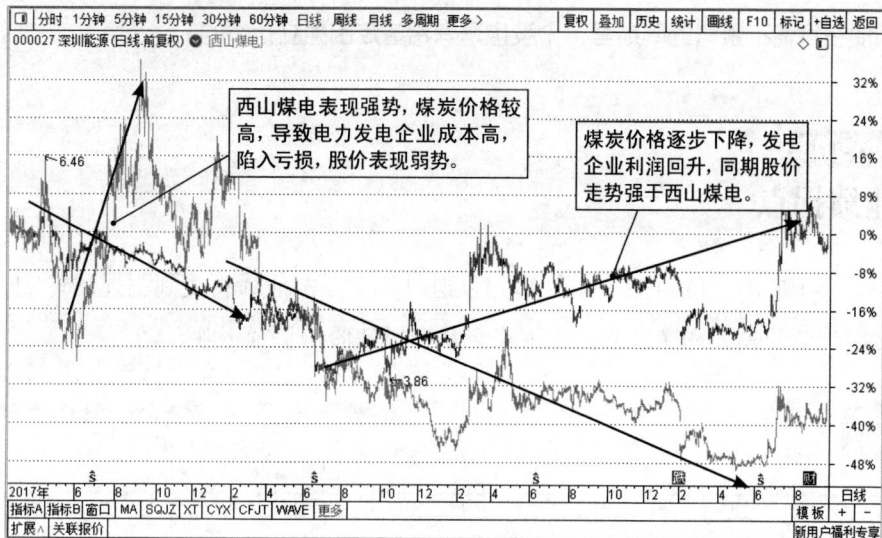

实例分析 **深圳能源（000027）行业上下游分析**

深圳能源2017年3月至2020年8月的走势如下图所示。

图 深圳能源2017年3月至2020年8月的走势

煤炭行业与火电行业是典型的上、下游企业，煤炭企业为火电企业提供火力发电的原材料——煤炭，对于火电企业而言，煤炭价格直接决定了企业的利润高低。

从上图可以看到，在2017—2018年这一个阶段里，受益于国家供给侧改革的政策利好，煤炭价格持续走高，企业利润表现良好。对于下游的火电行业而言，这个时间阶段里发电成本高，深圳能源的业绩明显下滑，导致股价表现不佳。

进入2018年以后，伴随煤炭行业产能扩大等原因，煤炭价格持续走低，深圳能源直接受益，企业利润开始回升，因此在2018年以后的股价走势上，西山煤电股价持续走低，而深圳能源却震荡走高。

对于持有深圳能源的投资者而言，当煤炭行业开始再次复苏，煤炭价格拐头向上时，就需要警惕深圳能源的顶部。

10.2 个股分析定方向

在对个股所处的行业进行全面深入的分析后，还是要回归到个股本身，毕竟即便在行情不景气的周期里，个股也是有希望走出独立行情的。

No.103
业绩拐点

当个股所处的行业从景气转为衰退时，个股的业绩将受到明显的影响，表现为营业收入和净利润同比下降，从而导致股价见顶下跌。

一图展示

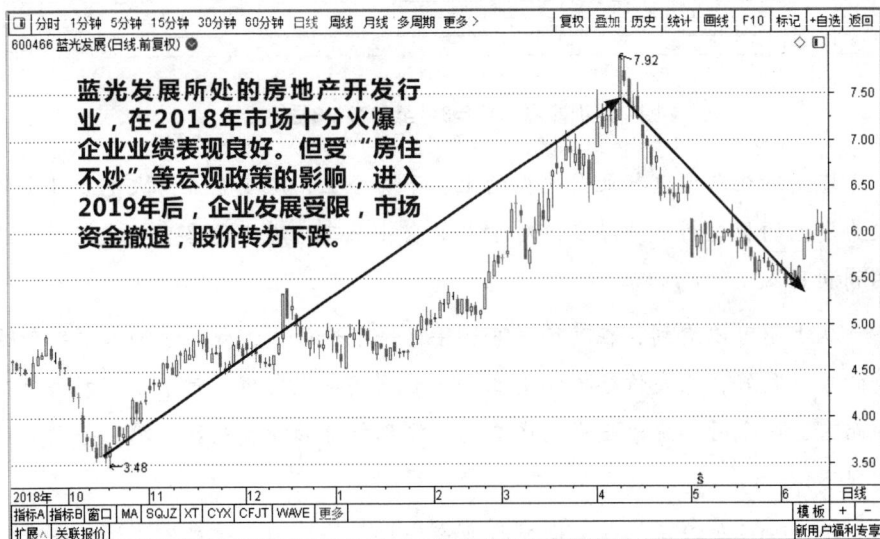

要点剖析

投资者首先要分辨股价上涨的根本动力是什么，如果是纯概念炒作，那么也没有太大必要关注业绩表现。如果助推股价上涨的是基本面改善，是业绩和净利润增长，那么投资者就需要紧跟个股基本面的变化，一旦企业经营受限，业绩预告不及预期就要及时进行操作，避免收益受损。

通常而言，关注业绩的投资者都是中长期投资者，因此对于企业业绩变化的情况要进行分类分析。

如果只是某一个季度受不可抗力等外部因素的影响，导致业绩不及预期，后市待外部因素消除后业绩能够回归正轨，那么就没有必要离场。

如果个股基本面发生根本性变化，企业的商品和服务开始大幅度降价以提升销量，甚至出现商品滞销等情况，说明行业出现拐点，企业基本面短期内难以改善，这时就需要积极操作，尽早离场。

实例分析 万年青（000789）业绩拐点

万年青2018年12月至2019年9月的走势如下图所示。

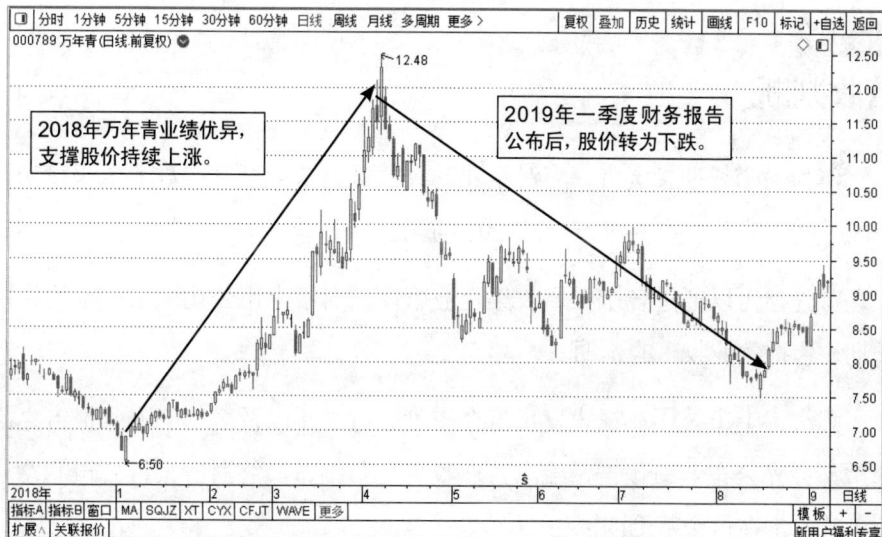

图 万年青2018年12月至2019年9月的走势

从上图可以看到，万年青在2019年1～3月期间股价处于单边快速上涨趋势中，股价从6.50元上涨到12.48元，涨幅超100%。

分析股价上涨的原因基本可以确定为业绩的表现优异。2018年，万年青实现营业收入102.08亿元，同比增长43.9%，归属于上市公司股东净利润11.38亿元，同比增长145.79%。

但是在4月20日，万年青公布了2019年一季度的财务报告，报告显示万年青2019年一季度营业收入为18.41亿元，同比增长6.73%，净利润实现2.18亿元，同比下滑3.4%。

相较于2018年的亮丽业绩，2019年一季度的业绩令市场大失所望，分析其业绩下滑的原因是下游需求不足，行业发展短期承压。

因此，股价在业绩迎来拐点时必然会有所反应。在一季度报告公布后，万年青的股价从11.00元多跌至8.00元附近，跌幅巨大。

从万年青后续的走势来看，直到2020年4月之后，股价才重新回到11.00元上方，投资者若在业绩拐点时没有及时卖出，将会被套超过一年。

No.104
营收判断

作为一个长期投资者，应对企业的经营做到了如指掌，对于企业在未来一段时间内的营业收入应该有自己的判断。

首先，可以通过各个渠道收集企业管理层对于上市公司未来一年的经营预期，包括营业收入的预期。

其次，上市公司在正式发布每个季度、每半年以及全年的财务报告之前通常都会先公布业绩预告，给出营业收入的范围，最终财务报告公布的营业收入基本都在这个范围内。

最后，对于那些与生活息息相关的上市公司，投资者还可以通过草根调研的方式对企业的收入进行判断，如在超市里看商品的生产日期可以判断商品是否畅销，通过电商平台查询商品的网络销售量等。

投资者若能对企业的收入有一个正确的预期，可以作为对股价运行趋势分析的辅助，比市场中其他投资者甚至是专业投资者提前一步进行操作。

一图展示

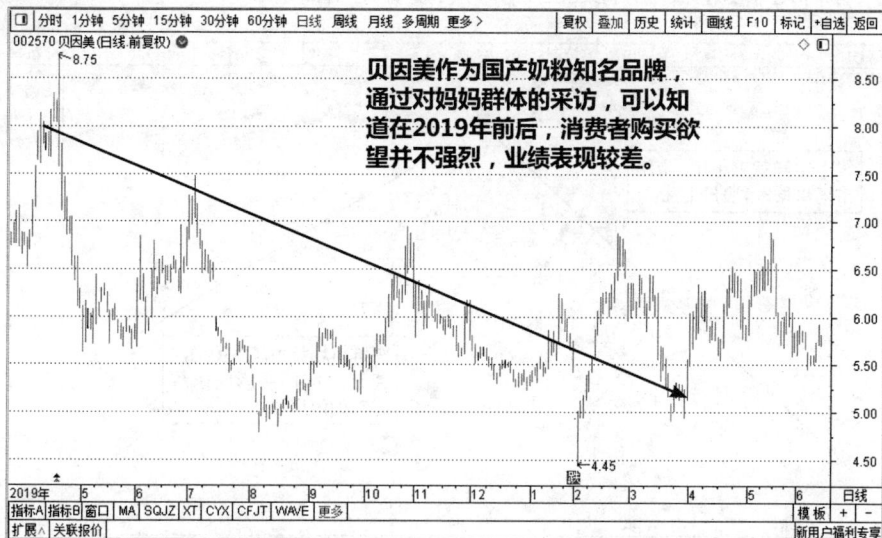

贝因美作为国产奶粉知名品牌，通过对妈妈群体的采访，可以知道在2019年前后，消费者购买欲望并不强烈，业绩表现较差。

要点剖析

从一定程度上来说，投资源于生活，也会高于生活。

生活中我们每个人每时每刻都会产生消费，这些消费将影响着上市公司的营业收入和业绩表现。

一个对生活有深刻理解的人，大概率能够做好投资，在投资中盈利的可能性更高。

投资者在没有好的投资方向时，可以环顾生活周遭，看看哪些需求、哪些商品正在热销，并在未来能够保持长久的畅销力度，那么这背后上市公司的收入自然能节节攀升。

反之亦然，如果上市公司的产品在货架上长期摆放都无人问津，那么账面收入自然会很难看，股价还能好吗？

实例分析 永辉超市（601933）营收判断

永辉超市2019年12月至2020年9月的走势如下图所示。

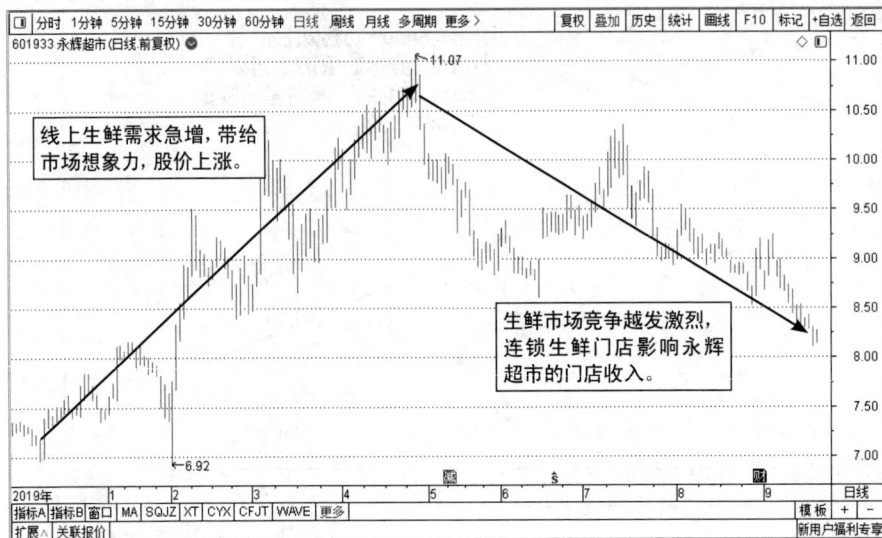

图　永辉超市2019年12月至2020年9月的走势

从上图可以看到，在2019年12月至2020年5月这段时间里，永辉超市股价出现了较大的涨幅，其背后原因并不是2019年的业绩表现多么优秀，毕竟通过财报可以看到，永辉超市2019年实现营业收入848亿元，同比增长不过20%，净利润15.64亿元，同比增长5.6%，算不上特别优秀。

促使其上涨的是2020年上半年永辉超市线上生鲜需求的急增，给予了市场较大的想象空间。

但是投资者通过切身感受可以发现，伴随着生鲜市场的快速发展，许多生活聚集区包括每个居住小区都会开设许多连锁以及小规模的生鲜门店，给消费者提供了许多便利。

这些生鲜门店基本能够满足消费者日常的生活需求，所以降低了消费者到更远的永辉超市去购买的频率，可以想象永辉超市未来的单店收入将面临极大的增长压力。

伴随着连锁生鲜品牌的崛起，市场中对永辉超市的看法越来越悲观，股价也因此不断下跌，从11.00元跌至8.00元附近。

No.105
利润预测

利润预测与营业收入的判断有一定的共同点，但也有细微的区别，在部分情况下，企业的收入增加也不一定就能带来利润的增长。

一图展示

韶钢松山2018年实现收入271亿元，净利润33亿元；2019年实现收入291亿元，净利润18亿元。收入增加并未带来净利润的增加，但股价同期却大幅下跌。

要点剖析

净利润能否与收入同步增长，取决于上市公司提供的商品和服务的价格是否平稳甚至上涨。如果销量上升，但价格下降，那么就会表现为营业收入增加而净利润下跌。

另外，投资者也要重视非经营净收益这个概念，通常包括企业收到政府补贴、出售子公司股权以及投资收益等内容。

10.3 经典财务指标的利用

在对个股进行宏观、中观的分析后，最终财务分析还是要聚焦到微观层面，即上市公司的财务指标，通过对财务指标的分析，可以准确把握企业的运行情况。

No.106
净利润增长率

净利润增长率是指企业当期净利润比上期净利润的增长幅度，指标值越大代表企业的盈利能力越强。

在实战中，投资者不应该盲目选择那些净利润增长率突然猛然增长的上市公司，而是要注重上市公司长期稳定的净利润增长率。

一图展示

财务指标	2020-06-30	2020-03-31	2019-12-31	2019-09-30
审计意见	未经审计	未经审计	无保留意见	未经审计
归属母公司净利润(万)	2260165.51	1309377.02	4130647.10	3045485.54
净利润增长率(%)	13.29	16.69	17.05	23.1
扣非净利润(万)	2207272.69	1915521.67	4140690.90	3053422.09
营业总收入(万元)	4563437.13	2529849.20	8885433.75	6350866.30
总营收同比增长率(%)	10.84	12.54	15.10	15.53
加权净资产收益率(%)			8	24.92
资产负债比率(%)			22.49	19.52
净利润现金含量(%)			109.72	89.69
基本每股收益(元)	17.9900	10.4200	32.8000	24.2400
每股收益-扣除(元)	18.0500	10.4722	32.9600	24.3069
每股收益-摊薄(元)	17.9921	10.4233	32.8025	24.2437
每股资本公积金(元)	1.0945	1.0945	1.0945	1.0945
每股未分配利润(元)	90.3867	102.6798	92.2564	83.9342
每股净资产(元)	109.2396	118.6947	108.2714	99.7122
每股经营现金流量(元)	10.0470	1.8334	35.9900	21.7445

【9.现金流量表摘要】 【10.环比分析】

【1.主要财务指标】

长期稳定的净利润增长率，将助推股价长期稳定的上涨。

要点剖析

净利润增长率 =（当期净利润 − 上期净利润）/ 上期净利润 ×100%。

有的上市公司在某一个季度或某个时间段里，净利润突然大幅度增加，使净利润增长率大幅度增加，投资者要去分析这样的净利润增长率是否可持续，若不可持续，那么实际的意义并不大，反而会导致当期基数过大，影响下一期的净利润增长表现。

真正的牛股，净利润增长率在某个财报期甚至每个年度都能保持稳定、高效的增长。例如，五粮液（000858）在2017—2019年的3年间，净利润分别增长42%、38%和30%。

投资者在进行基本面分析时，要注意那些净利润增长率突然下滑的股票，若下滑是因为企业经营问题，且短期无法扭转，则需要及时逃顶。

实例分析 格力电器（000651）净利润增长率

格力电器2019年9月30日至2020年6月30日的财务指标如下图所示。

财务指标	2020-06-30	2020-03-31	2019-12-31	2019-09-30
审计意见	未经审计	未经审计	无保留意见	未经审计
归属母公司净利润(万)	636213.74	155801.35	2469664.14	2211749.64
净利润增长率(%)	−53.73	−72.53	−5.75	4.73
扣非净利润(万)	599653.76	142958.35	2417151.19	2156549.62
营业总收入(万元)	7060172.61	2090868.11	20050833.36	15667629.60
总营收同比增长率(%)	−28.21	−49.01	0.24	4.42
加权净资产收益率(%)				23.02
资产负债比率(%)				64.92
净利润现金含量(%)				147.98
基本每股收益(元)	1.0000	0.2600	4.1100	3.6800
每股收益-扣除(元)	1.0000	0.2376	4.0200	3.5849
每股收益-摊薄(元)	1.0576	0.2590	4.1053	3.6766
每股资本公积金(元)	0.0155	0.0155	0.0155	0.0155
每股未分配利润(元)	15.4482	15.8502	15.5916	15.1975
每股净资产(元)	18.8859	18.7747	18.3109	16.7548
每股经营现金流量(元)	−0.7510	−1.9570	4.6368	5.4407

（图中注释框：格力电器在这个阶段里净利润增长率出现大幅下滑。）

图 格力电器2019年9月30日至2020年6月30日财务指标

从格力电器2019年9月30日至2020年6月30日的财务指标来看，在这一期间，其净利润从2019年的小幅度滑落到2020年上半年的大幅度下滑，这对于家电行业的龙头——格力电器而言简直是毁灭性的打击。

格力电器2019年8月至2020年10月的走势如下图所示。

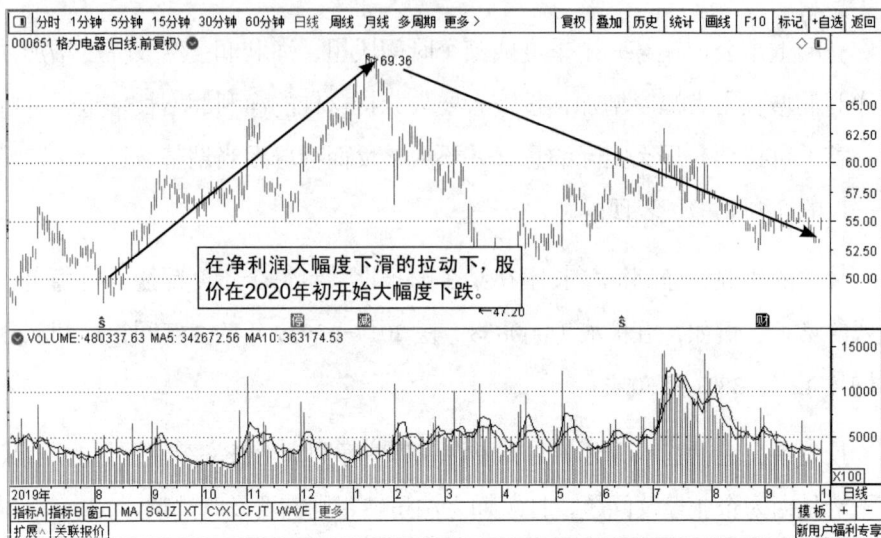

图　格力电器2019年8月至2020年10月的走势

从上图可以看到，格力电器在净利润保持小幅度增长的同期，股价表现非常强势，从50.00元上涨到将近70.00元，这就是利润推动股价上涨。

但是在进入2020年后，伴随着净利润的大幅度下滑，格力电器的股价也同期大跌，从将近70.00元下跌至不足50.00元，这就是所谓"涨也净利润，跌也净利润"。

No.107
净资产收益率

净资产收益率（Return On Equity，ROE）可能是国内证券市场使用频率最高的一个财务比率，原因是它被视为衡量上市公司首次发行（IPO）、增发、配股资格的主要指标之一。

净资产收益率是公司税后利润除以净资产得到的百分比率，该指标反映股东权益的收益水平，用于衡量公司运用自有资本的效率。指标值越高，说明投资带来的收益越高。

一图展示

【1.主要财务指标】

财务指标	2020-06-30	2020-03-31	2019-12-31	2019-09-30
审计意见	未经审计	未经审计	无保留意见	未经审计
归属母公司净利润(万)	1250751.96	124935.93	3887208.69	1824074.51
净利润增长率(%)	5.62	11.49	15.10	30.43
扣非净利润(万)	1211420.79	101720.30	3831438.75	1817556.26
营业总收入(万元)	14634950.67	4777434.28	36789387.75	22391475.75
总营收同比增长率(%)	5.05	-1.24	23.59	27.21
加权净资产收益率(%)	6.44	0.66	22.47	11.16
资产负债率(%)	83.88	84.25	84.36	85.06
净利润现金含量	180.74	-236.43	117.53	9.51
基本每股收益(元)	1.1067	0.1110	3.4700	1.6910
每股收益-扣除(元)	1.0700	0.0900	3.4200	1.6082
每股收益-摊薄(元)	1.0766	0.1105	3.4394	1.6139
每股资本公积金(元)				1.0557
每股未分配利润(元)			8.4366	8.6845
每股净资产(元)			16.6392	14.8002
每股经营现金流量(元)	1.9458	-0.2614	4.0423	0.1535

净资产收益率波动较大，翻看股价走势可知，表现较为一般

要点剖析

对于投资者而言，尽量选择那些同行业中净资产收益率偏高、长期保持平稳的上市公司，这样的企业在行业中地位更高，经营优势更明显，且经营稳定，能够为股东带来稳定的收益。

投资者在进行基本面分析时应特别注意 ROE 的变化趋势，在 ROE 逐渐上升时买入，在 ROE 由高变低时及时逃顶卖出。ROE 的变化主要体现上市公司的产品或服务在市场中竞争力的强弱高低。

对那些产品和服务竞争力由强转弱的上市公司而言，其不断投资扩大经营规模，并未能实现营业收入和净利润的同步增长，那么就可能导致业绩下滑甚至亏损，从而反映到股价上，因此投资者应及时回避那些 ROE 下滑的企业。

投资者需要注意，如果上市公司在开拓新业务时，可能会出现净资产收

益率下降的情况，因为新业务、新产品前期都是以投入为主，所以上市公司的净资产收益率出现波动时要先分析其背后的原因。

实例分析 牧原股份（002714）净资产收益率由下滑到上升的实战应用

牧原股份2018年9月30日至2019年6月30日的财务指标如下图所示。

财务指标	2019-06-30	2019-03-31	2018-12-31	2018-09-30
审计意见	未经审计	未经审计	无保留意见	未经审计
归母净利(未调整:万)	-15570.19	-54093.75	52020.88	35019.08
归母净利(调整后:万)	-15570.19	-54093.75	52020.88	35019.08
净利润增长率(%)	-97.95	-497.64	-78.01	-80.68
扣非净利润(万)	-20209.50	-55974.97	46150.73	31813.66
营业总收(未调整:万)	715986.47	304810.93	1338815.77	918143.01
营业总收(调整后:万)	715986.47	304810.93	1338815.77	918143.01
总营收同比增长率(%)	29.87	10.62	33.32	28.28
加权净资产收益率(%)	-1.28	-4.50	2.84	2.81
资产负债比率(%)	57.01	57.72	54.07	55.55
净利润现金含量(%)	-906.28	24.12	260.98	205.67
基本每股收益(元)	0.1700	0.1700		
每股收益-扣除(元)	0.1400	0.1526		
每股收益-摊薄(元)	0.2495	0.1679		
每股资本公积金(元)	1.4090	1.4090	1.4090	1.4090
每股未分配利润(元)	1.9581	1.8233	2.0827	2.1196
每股净资产(元)	4.5892	4.4545	4.7139	4.7130
每股经营现金流量(元)	0.6767	-0.0626	0.6511	0.3454

牧原股份这个阶段的ROE表现十分惨淡。

图　牧原股份2018年9月30日至2019年6月30日的财务指标

从牧原股份2018年9月30日至2019年6月30日的财务指标来看，这个阶段内的净资产收益率表现极差，2018年的三、四季度，ROE约为2.8%，进入2019年上半年后，ROE表现继续变差，甚至为负数，意味着上市公司每投资一元钱都在亏损。

想要理解牧原股份的ROE表现为何会如此之差，首先要了解其业务模式，以养猪对外销售为主要业务模式的牧原股份，其收入和利润完全依赖猪肉价格的变化。当猪肉价格长期保持较低水平，甚至低于牧原股份的养殖成本，那么对于牧原股份而言，每卖一头猪都在亏损，故ROE会表现为负数。

因此在ROE由正转负的这个阶段里，投资者应及时卖出逃顶。

当猪肉价格逐渐上升，牧原股份每销售一头猪赚取的利润越来越高，那么其投资用于新建养猪场的收益就会越来越高，表现为ROE的上升。

牧原股份2019年9月30日至2020年6月30日的财务指标如下图所示。

财务指标	2020-06-30	2020-03-31	2019-12-31	2019-09-30
审计意见	未经审计	未经审计	无保留意见	未经审计
归属母公司净利润(万)	1078403.28	413139.17	611436.37	138691.27
净利润增长率(%)	7026.08	863.75	1075.37	296.04
扣非净利润(万)	1081078.74	418874.34	593752.82	134945.43
营业总收入(万元)	2103285.46	806994.28	2022133.25	1173328.87
总营收同比增长率(%)	193.76	164.75	51.04	27.79
加权净资产收益率(%)	37.84	16.41	35.28	10.29
资产负债率(%)	45.37	42.35	40.04	46.19
净利润现金含量(%)	103.31	106.13	163.37	340.74
基本每股收益(元)			2.8200	0.6600
每股收益-扣除(元)			2.7300	0.6242
每股收益-摊薄(元)			2.8282	0.6415
每股资本公积金(元)	2.3806	4.6073	4.5547	3.6259
每股未分配利润(元)	5.2524	6.4616	4.6782	2.6022
每股净资产(元)	8.2346	11.3807	9.5509	7.4424
每股经营现金流量(元)	2.9725	1.9889	4.6204	2.1860

（伴随猪肉价格的大幅上涨，牧原股份ROE快速增长。）

图　牧原股份2019年9月30日至2020年6月30日的财务指标

进入2019年后，猪肉价格逐渐攀升，对于牧原股份而言，ROE的提升是明显的。从2018年的2.8%到2019年上半年负数，到2019年三季度的10%，再到2020年上半年的高达37.8%。

牧原股份2018年2月至2020年4月的走势如下图所示。

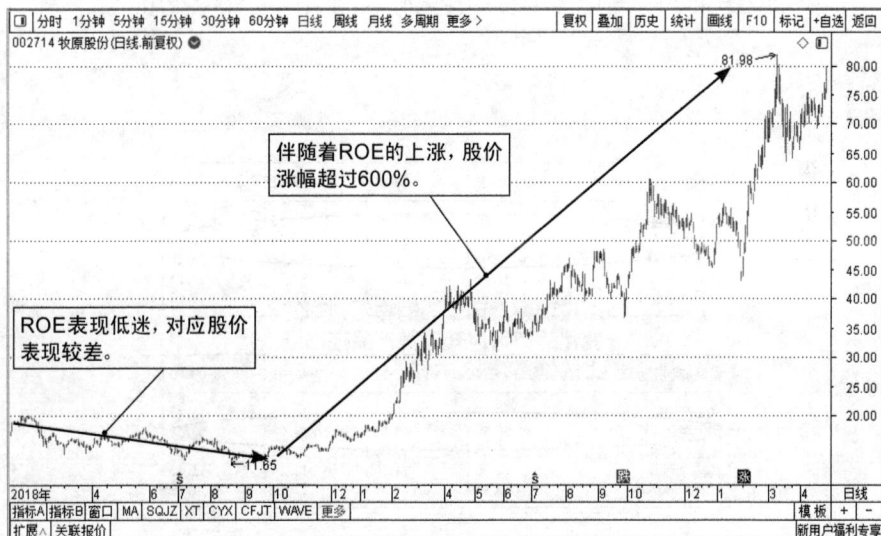

图　牧原股份2018年2月至2020年4月的走势

从上图可以看到，牧原股份的走势可以分为两个阶段。第一个阶段是

2018年2～10月，同期的ROE表现较差，股价表现也十分一般，保持在低位震荡，投资者应伺机卖出逃顶。

第二个阶段是在进入2018年底后，伴随着ROE的回升和快速增长，股价也表现出同步大涨的趋势，从最低11.65元上涨到最高81.98元，涨幅超过600%，这就是ROE下滑与增长的魅力。

No.108
毛利率

毛利率是毛利润（税前）与销售收入（或营业收入）的百分比。

毛利率反映一家企业对原材料进行生产转换以后增值的那一部分。也就是说，增值的越多，毛利自然就越多。

这种增值可能是技术层面的，对应需要企业长期投入较高的研发费用；也可能是品牌方面的，对应需要长期投入较高的销售或宣传费用。

一图展示

盈利能力指标(%)	2020-06-30	2020-03-31	2019-12-31	2019-09-30
净资产收益率	8.50	3.69	19.35	12.87
销售毛利率	59.90	59.90	63.96	63.85
营业利润率	17.02	17.86	14.78	14.25
销售净利率	12.55	12.62	11.73	11.21
总资产净利率	5.91	2.71	13.45	8.63

通过观察上市公司销售毛利率的变化趋势可以知道其产品在市场上的销售情况。

盈利能力指标(%)	2019-03-31	2018-12-31	2018-09-30
净资产收益率	9.67	5.09	16.95	11.45
销售毛利率	65.78	63.83	64.03	63.11
营业利润率	15.94	18.50	16.43	14.60
销售净利率	12.70	14.10	12.14	11.63
总资产净利率	6.44	3.25	11.12	7.42

要点剖析

毛利率大小通常取决于以下3个因素。

◆ **市场竞争**：所谓物以稀为贵，如果市场上没有这类产品，或这类产品很少，那么产品价格自然长期高企，公司的毛利率也偏高，如贵州茅台。

◆ **企业营销**：通过长期的高额广告费用，将上市公司的品牌打造成为人们耳熟能详的品牌，那么其无形资产价值提高，自然也会给商品带来很多品牌溢价。

◆ **研发成本**：企业的研发投入量大，通常其取得的发明创造成就多，受到专利保护所取得的利益就多，新兴产品在成本、功效上就有极大的优势，其产品毛利也高。

实例分析 分众传媒（002027）毛利率

分众传媒2018年9月30日至2020年6月30日的盈利能力指标如下图所示。

盈利能力指标(%)	2020-06-30	2020-03-31	2019-12-31	2019-09-30
净资产收益率	6.03	0.27	13.61	10.10
销售毛利率	50.84	37.55	45.21	44.05
营业利润率	23.41	3.81	19.50	19.44
销售净利率	17.72	1.77	15.29	14.98
总资产净利率			9.95	7.38

分众传媒的毛利率从近70%一度下滑到不足40%。

盈利能力指标(%)	2019-06-30	2019-03-31	2018-12-31	2018-09-30
净资产收益率	6.08	2.42	41.00	35.55
销售毛利率	42.01	36.54	66.21	69.24
营业利润率	17.12	16.33	47.78	53.44
销售净利率	13.30	12.68	39.81	44.03
总资产净利率	4.16	1.83	33.68	28.26

图 分众传媒2018年9月30日至2020年6月30日的盈利能力指标

观察分众传媒2018年9月30日至2020年6月30日的盈利能力指标，从销售毛利率的变化趋势来看，2018年三季度毛利率达到69%，但是随后不断走低，2019年一季度甚至只有36%，2019年全年的毛利率为45%，明显低于2018年的66%。

毛利率的下滑代表着分众传媒产品和服务的销售价格在下滑，从而导致其业绩下滑，最终导致股价下跌。

分众传媒2018年6月至2020年6月的走势如下图所示。

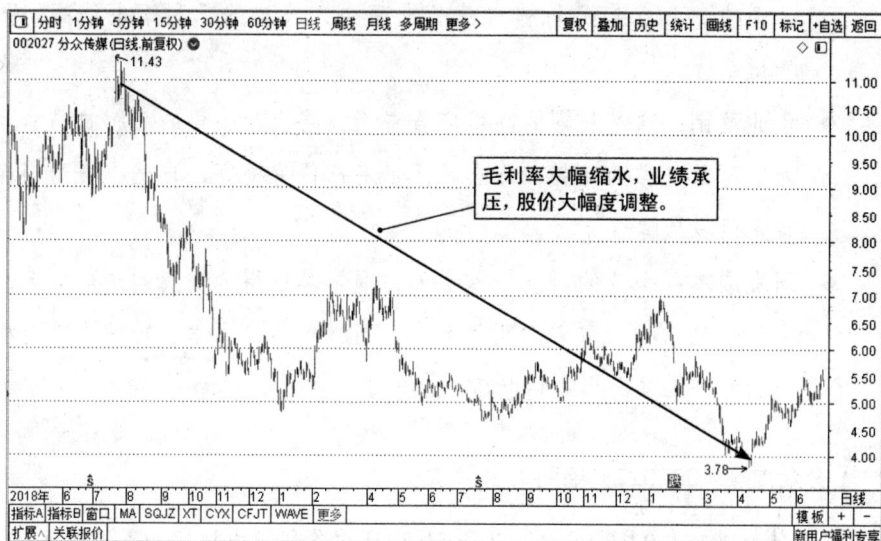

图　分众传媒2018年6月至2020年6月的走势

从上图可以看到，分众传媒的股价在2018年7月前后见顶，随后进入大幅度下跌的趋势中。

经过对比可以发现，股价见顶的时间和毛利率拐点的时间非常接近，也从侧面证实了毛利率的拐点将带来股价的顶部，这也是通过财务分析逃顶最直接有效的方式。

No.109
存货周转率

存货周转率是企业一定时期营业成本与平均存货余额的比率，用于反映存货的周转速度，即存货的流动性及存货资金占用量是否合理，促使企业在保证生产经营连续性的同时，提高资金的使用率，增强企业的短期偿债能力。

存货周转率是对流动资产周转率的补充说明，是衡量企业投入生产、存货管理水平、销售收回能力的综合性指标。

一图展示

营运能力指标	2020-06-30	2020-03-31	2019-12-31	2019-09-30
应收账款周转率	2.13	1.13	4.67	3.09
存货周转率	3.26	1.59	7.58	5.20
流动资产周转率	0.88	0.42	1.95	1.31
固定资产周转率	0.63	0.29	1.30	0.89
总资产周转率	0.32	0.15	0.67	0.46

存货周转率整体保持平稳，代表企业生产销售稳定。

营运能力指标	2019-06-30	2019-03-31	2018-12-31	2018-09-30
应收账款周转率	1.92	0.94	4.65	3.05
存货周转率	3.01	1.34	8.63	4.7
流动资产周转率	0.75	0.35	1.93	1.21
固定资产周转率	0.49	0.21	1.40	1.02
总资产周转率	0.26	0.11	0.70	0.48

要点剖析

通过存货周转率的计算与分析，可以测定企业一定时期内存货资产的周转速度，反映企业购、产、销平衡效率的一种指标。存货周转率越高，表明企业存货资产转化能力越强，存货及占用在存货上的资金周转速度越快。存货周转率指标的好坏反映了企业存货管理水平的高低，它影响企业的短期偿债能力，是整个企业管理的一项重要内容。

一般来讲，存货周转速度越快，存货的占用水平越低，流动性越强，存货转换为现金或应收账款的速度越快。在对存货周转率进行分析时，除了观察上市公司在最近几年的比率变化趋势以外，还要将其比率与同行业内其他上市公司进行比较。

投资者在基本面分析时，要注意上市公司最近几年的存货周转率，对于存货周转率出现异常变化的要重点关注。特别是当存货周转率由小变大，意味着企业从买入原材料到卖出商品的时间在变长，大概率将导致原材料和商品积压，导致企业业绩受损，这时需要及时逃顶。

No.110
研发费用占营收比例

研发费用是指企业在产品、技术、材料、工艺、标准的研究、开发过程中发生的各项费用。分析研发费用占销售收入的比例，可以分析企业对于研发的重视程度。

一图展示

变动科目	变动原因	本期数值(万)	上期/期初数(万)	变动幅度(%)
营业收入	—	391663.88	339155.41	15.4
营业成本	—	58425.71	56049.57	4.24
销售费用	—	123934.37	117410.35	5.56
管理费用	—			
财务费用	主要原因是本报告期利息收入增加所致			
所得税费用			21500.60	25.26
研发投入	—	28863.49	23168.90	24.58
经营活动产生的现金流量净额		81321.92	84918.57	-4.24

研发投入均在2亿元以上，将研发投入处于营业收入可得研发费用占营收的比例。

要点剖析

研发费用不仅影响企业的财务数据，还可以从研发费的数据占比中看到企业真正的研发能力。销售收入越多，研发费用也就越高，意味着公司在研发上的投入越大，产品的含金量越高。

投资者在进行基本面分析时要注意一家公司研发费用的变化趋势，如果突然减少，那么其技术水平或许将逐渐落后于行业发展，股价也会有不同程度的反应。对于长期优秀的企业而言，保持长期高水平的研发费用是十分有必要的。因此，对于那些研发费用波动明显或突然减少的股票，要注意逃顶。

第 11 章

技术逃顶进阶

注意仓位管理

　　一个投资者对技术指标再了解，对财务分析再擅长，最终都需要落在实际操作中。这里不仅仅是指买和卖，更重要的是仓位管理。只会全仓买进和全仓卖出的投资者不是一个合格的投资者。

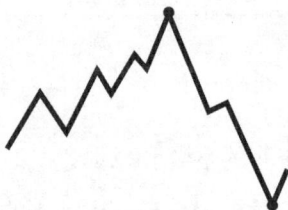

11.1 逃顶过程中的仓位管理

逃顶过程包括收益了结和止损两种情况。无论是收益了结还是止损，投资者都需要加强对仓位的管理，通过仓位管理可以提升收益，也可以降低亏损。

No.111
仓位管理的重要性

进行仓位管理不仅是为了提升投资收益或降低投资亏损，更是让投资者保持良好投资心态的重要方式。

一图展示

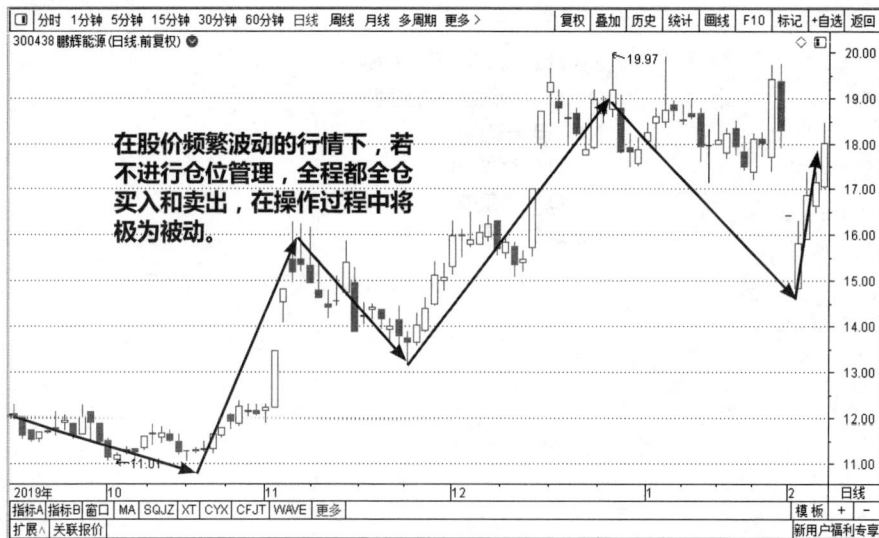

在股价频繁波动的行情下，若不进行仓位管理，全程都全仓买入和卖出，在操作过程中将极为被动。

要点剖析

股市调整是常态，投资者的贪婪和恐惧之心时常会出现，如果是满仓持有，心态很容易失衡，调整时被套，赚一点就走的心态会时常出现。通过良好的仓位管理，手里持有一些现金，在调整中就能变被动为主动，投资者的心态会好很多，主仓位做到长线持有就轻松多了，这一点是仓位管理最重要的作用。

股市的底部和顶部是不可预测的，但底部区域和顶部区域是完全可以研判的，不希望买到最底部，但买到底部区域就好，不希望卖在最高点，但卖在顶部区域就好。

投资者要做的就是在股价出现见顶信号后逐步卖出，将手中大部分仓位卖在顶部区域，这样才能保住大部分收益。

No.112
分散投资的重要性

顾名思义，分散投资就是把投资者手中的资金按照一定的比例分散投资到不同的股票中。

一图展示

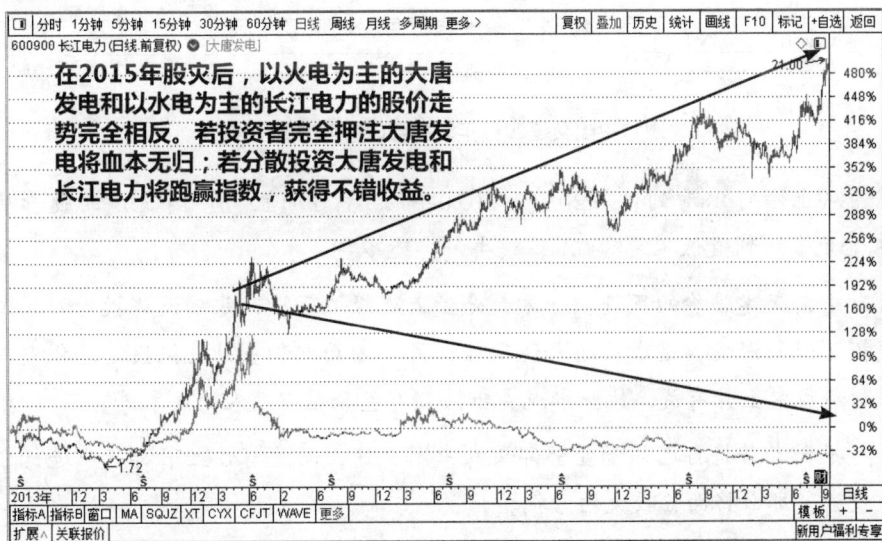

要点剖析

实行分散投资的意义在于降低投资风险，保证投资者收益的稳定性。因为一旦一种证券不景气时，另一种证券的收益可能会上升，这样各种证券的收益和风险在相互抵消后，仍然能获得较好的投资收益。

实例分析 中国交建（601800）分散投资

中国交建2017年5月至2020年8月的走势如下图所示。

图　中国交建2017年5月至2020年8月的走势

从上图可以看到，在2017—2020年的3年时间里，中国交建的股价从18.00元多跌到最低不足8.00元，跌去一半还多。

中国交建股价的下跌，一方面是受宏观经济下滑、基础设施投资和开工规模下降的影响，造成业绩表现不佳；另一方面也和基础设施投资过程中各项材料成本上升有关，比如水泥、钢铁、有色金属以及人力成本等。

投资者若将自己的资金全部买入中国交建，而没有在上下游行业进行分散投资，那么将面临较大的亏损。

投资者若进行分散投资，买入中国交建上游材料行业中的水泥股，那么将完全对冲中国交建股价下跌带来的风险。

上峰水泥2017年6月至2020年9月的走势如下图所示。

图　上峰水泥2017年6月至2020年9月的走势

从上图可以看到，在2017—2020年的3年时间里，上峰水泥的股价经历了两个阶段，第一个阶段同样因为宏观经济下滑，下游开工不足造成需求下滑，股价在低位震荡。

但是在进入2019年后，股价从不足8.00元上涨到最高超过30.00元，涨幅巨大。投资者若能将中国交建与上峰水泥作为一个投资组合进行分散投资，那么在这3年的时间里也将获得不错的投资收益。

11.2　逃顶减仓法

投资者在实战中逃顶最需要注重减仓的节奏和方法，如同带兵打仗一般，一场大胜之后如何撤退也是一门学问。能够及时撤退，既能保住前期的投资收益，甚至能再次小幅度提升投资收益。即使是对于那些追高买入的仓位在亏损的情况下，也可以通过合理的减仓手法，尽可能降低亏损。

No.113
一刀切

从字面意思来看，一刀切减仓法是指在理想的卖出点位上，全仓卖出，快速离场，避免更大的亏损。

一图展示

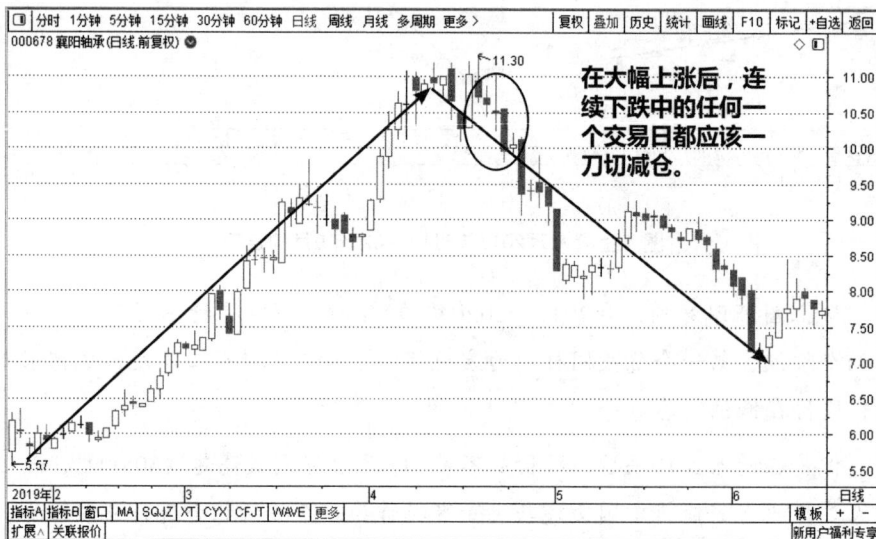

在大幅上涨后，连续下跌中的任何一个交易日都应该一刀切减仓。

要点剖析

当投资者判断出股票处于见顶或破位下跌时，应该什么都不管一股儿脑抛出，比如在波段性高位时出现放量大阴线、黄昏之星、阴包阳、黑三鸦等K线组合。

实例
分析 炼石航空（000697）一刀切减仓

炼石航空2020年6～9月的走势如下图所示。

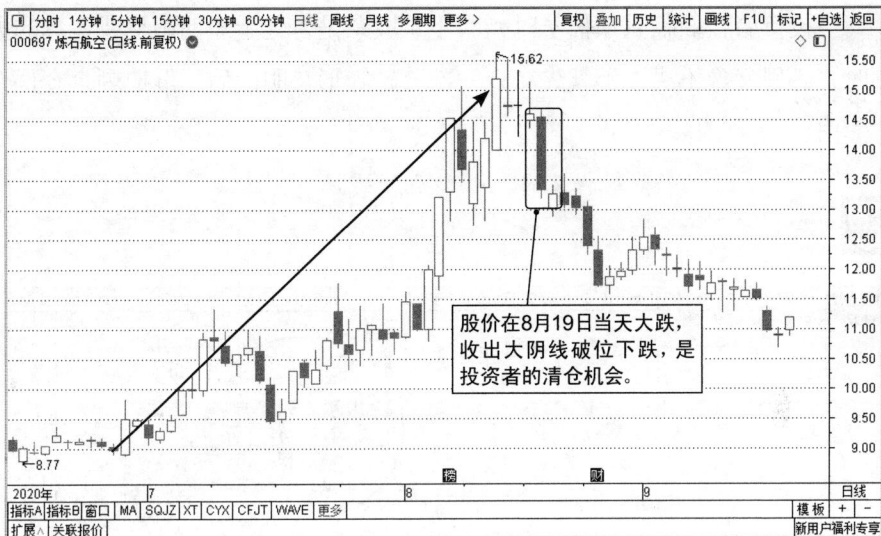

图 炼石航空2020年6～9月的走势

从上图可以看到，在2020年7月至8月初的这段时间里，炼石航空的股价从9.00元附近上涨到了15.00元，短期涨幅巨大。

分析这一波股价上涨的原因可以发现，是纯粹的市场概念炒作。在7～8月初的这段时间里，沉寂已久的军工概念被市场资金蜂拥炒作。

炼石航空于2019年3月11日接到全资子公司成都航宇超合金技术有限公司通知，成都航宇收到了相关部门颁发的《装备单位资格证书》。经审查，成都航宇符合相关要求，获得A类装备承制单位资格，有效期至2024年1月。本次取得《装备单位资格证书》，标志着成都航宇的研发能力、技术水平等方面达到了军用装备采购标准。

对于业绩持续亏损的炼石航空而言，经过短暂的市场概念炒作后，股价必然快速回落，投资者要做的就是在回落之初果断全仓离场。

8月19日，股价大跌8.77%，从K线走势上来看是破位下跌，也是投资者最后应该全仓离场的机会。

No.114

逐步减仓

当投资者在面临见顶信号时判断不了股票是否处于短期调整或者真的见顶时，心里犹豫不决，那就先减仓一部分，等形势明朗后，再把剩余仓位全部卖出。

一图展示

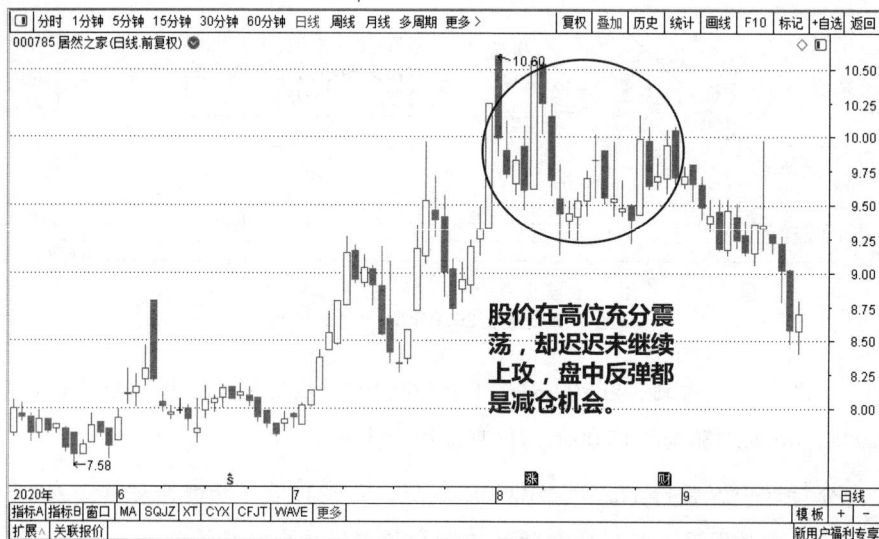

股价在高位充分震荡，却迟迟未继续上攻，盘中反弹都是减仓机会。

要点剖析

逐步减仓法对投资者的执行力要求非常高，因为第一步在见顶信号出现之后减几成仓，需要投资者对行情有准确的判断，在随后的第二次甚至第三次减仓时，对减仓时机和减仓数量的要求非常高。

通常建议逐步减仓法可以分为两次和三次进行减仓。其中，两次减仓法可以是五五减仓，也可以是六四减仓；三次减仓法可以是五三二减仓或六二二减仓。这些比例都是灵活的，需要根据股价的实际走势进行判断。

实例分析 京山轻机（000821）逐步减仓法

京山轻机2020年6～9月的走势如下图所示。

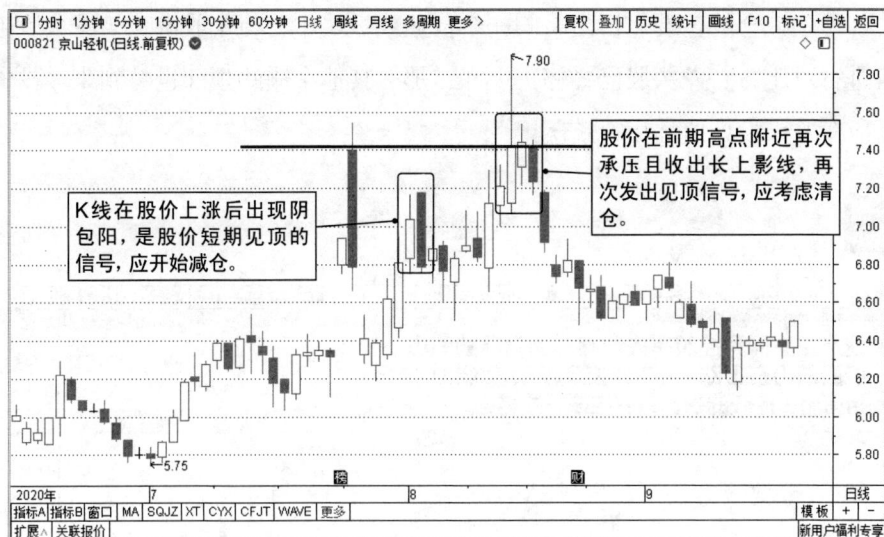

图　京山轻机2020年6～9月的走势

从上图可以看到，进入2020年7月后，京山轻机的股价启动了一波震荡上涨走势，从5.75元上涨到最高7.90元。

在上涨过程中，当股价上涨到7.00元附近时，K线收出了阴包阳的走势，第一次发出股价见顶的信号。此时，理智的投资者就应该进行减仓，因为股价前期涨幅并不算大，所以这个位置减仓的数量可以少一些，五成仓左右比较合适。

随后股价小幅度调整后继续上涨，在股价上涨到7.40元左右时明显受阻，首先是股价在8月14日当天冲高回落，收出长上影线，随后几个交易日股价都无法突破前期高点，也就是7.40元，股价再次发出见顶信号，结合基本面进行分析，京山轻机既不具备热门概念，也不具备业绩支撑，由此可以判断股价未来上涨的空间有限，建议在7.40元附近将剩余仓位卖出。

No.115

落差减仓

落差减仓的主要宗旨是将同一个行业或板块中，将个股走势与龙头股走势进行对比，若龙头股已经停止上涨，那么其他个股的顶部也将到来，投资者应在龙头股见顶时开始减仓。

一图展示

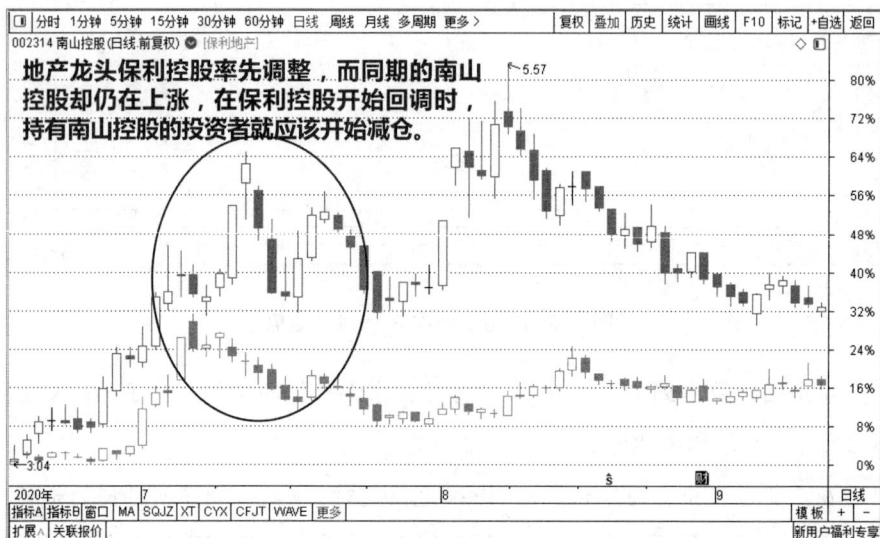

要点剖析

落差减仓法最为重要的是找准对标的上市公司，而且对标的上市公司不应该只有一家，应该包括行业龙头以及当前市场涨势最"凶猛"的龙头股，多次对比才能得到比较准确的结果。

No.116

倒金字塔减仓

倒金字塔减仓是指在卖出股票时，用倒金字塔卖出法，股票上涨到一定区间后，慢慢卖出少量仓位股票，涨得越多卖出得越多。

这样操作的好处是不会满仓或重仓持有到股价的顶部，避免在操作上面临被动，也不会错过或者丢失逼空上涨的牛股。

一图展示

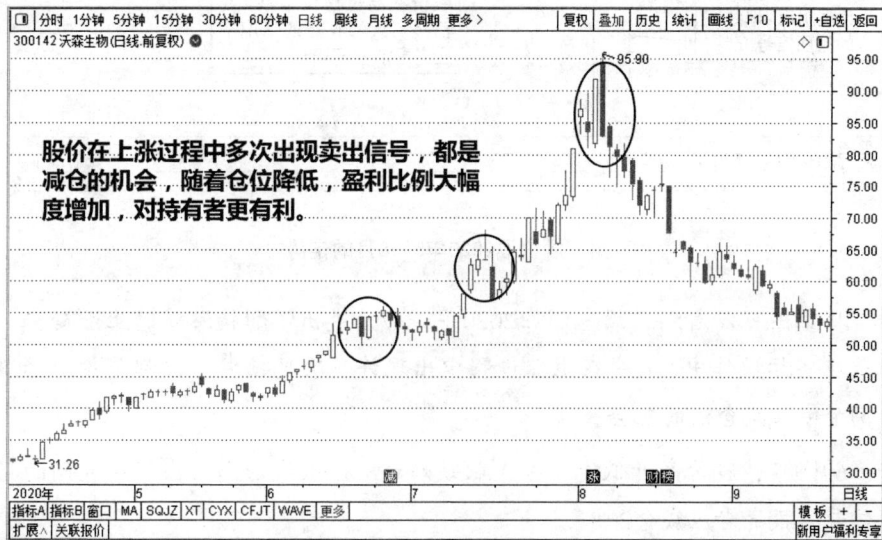

股价在上涨过程中多次出现卖出信号，都是减仓的机会，随着仓位降低，盈利比例大幅度增加，对持有者更有利。

要点剖析

倒金字塔减仓法中第一次减仓的比例极小，一般不会超过20%，随后每次减仓的比例递增。

在盈利的情况下，每一次减仓后，剩余持股的盈利幅度都会大比例增加，这样对于投资者而言更有持股信心，更不惧怕股价的短期调整，从而帮助投资者长期持有，抓住牛股大部分的涨幅。

实例分析 酒鬼酒（000799）倒金字塔减仓法

酒鬼酒2020年5～8月的走势如下图所示。

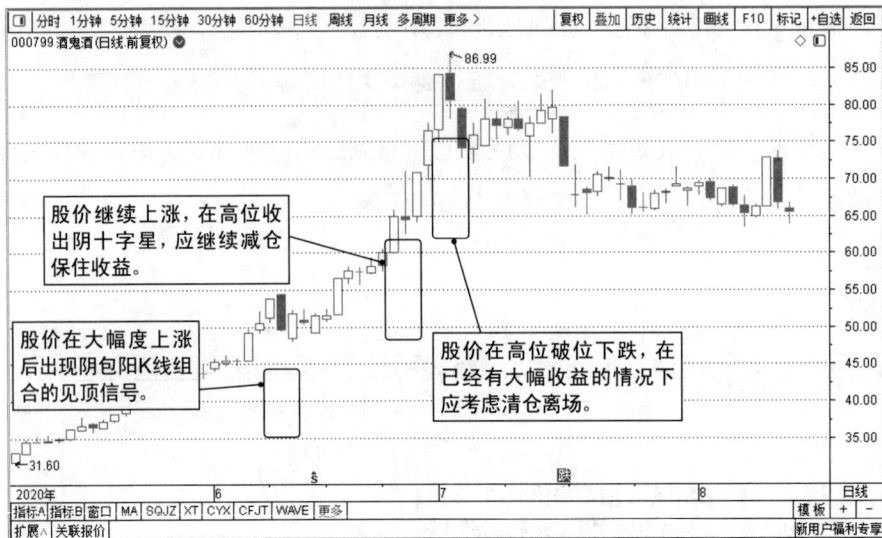

图 酒鬼酒2020年5～8月的走势

从上图可以看到，酒鬼酒在2020年5～7月走出了酣畅淋漓的上涨趋势。但是在实际操作中，K线在上涨过程中出现许多次见顶信号，都是投资者践行倒金字塔减仓法的机会。

6月9日，股价高开低走，全天收跌超过8%，K线形态上出现阴包阳的见顶信号，投资者应减仓20%。

6月24日，股价继续上涨，但当天股价冲高回落，在高位收出阴十字星，是典型的见顶信号，投资者应继续减仓30%。

7月3日，当股价上涨到80.00元上方后迅速回落，在当天大跌超过8%，出现破位下跌走势，投资者应将最后50%的仓位卖出。

通过倒金字塔减仓法，投资者保证了大多数涨幅中都有持股，避免了提前离场的尴尬。